U0139814

三才图会 明 王圻 王思义 辑 万历三十五年槐荫草堂刻本

王立群读史记

千古一帝

秦始皇

王立群 著

上册

東方出版社

中国历史上最说不得的皇帝

说起中国历史上的皇帝，秦始皇最难下嘴。

一是说不得。

二是说不清。

三是说不完。

何谓说不得？

一谈秦始皇“焚书坑儒”是“焚诗书坑术士”，马上有人说：这是为秦始皇翻案！

一说秦始皇“统一文字”未取得完全成功，马上有人说：这是诬陷秦始皇！

无论是引用司马迁在《史记·儒林列传》中所说的“焚诗书坑术士”代替通行的“焚书坑儒”，还是从大量出土的秦简多为秦隶得出秦始皇以小篆统一天下文字并未得到广泛流行的结论，两者似乎都不容置喙。只要谈及秦始皇，都必须以流行说法为准，不许说三道四！

何谓说不清？

秦始皇的贡献说不清。一般认为，秦始皇的贡献中最核心的两个字是“统一”。统一中国、统一文字、统一度量衡、统一车轨。

其实，秦始皇的最大贡献不只是这些。他的最大贡献之一是开创了中国历史上的一种政治制度——帝国制，或曰中央集权制。

秦始皇被称为“千古一帝”并非虚言。他是中国古代史上帝国制度的开创者。从公元前221年秦始皇开创帝制到1912年辛亥革命推翻帝制，两千多年的中华民族历史就是一部帝国制度史。邦国制、帝国制、共和制成为中国自古至今的政治制度，其中，秦始皇开创的帝国制持续时间最长、影响最大，这么一大贡献能被忽略吗？

政治人物的最高成就是开创一种政治制度。秦始皇是中国历史上帝国制的开创者，仅此一条，足以让其不朽。无论是颂扬他，抑或是贬斥他，对于中华民族来说，他都是一个难说再见的人物。人教版高中历史课本“中外历史人物评说”在中国史部分只评述了三位皇帝：秦始皇、唐太宗、清康熙。可见我们在传承历史的过程中，无论如何也少不了秦始皇，而且他在进入历史课本的三位大佬中排“老大”。

为什么他是“老大”？因为他是开创者，一种在中国历史上流传最长的政治制度的总设计师。

秦国至秦始皇时已是超级大国。邦国制早已不复存在，高度中央集权的帝国制已经呼之欲出。秦始皇顺应了历史潮流创立了帝国制。秦帝国短命，十五年玩儿完了，但帝国制却生命力旺盛，一传就是两千多年，至清末才为国人所抛弃。

秦始皇的最大贡献之二是创建了一个庞大的帝国。在现代世界中，人们往往忽略了大国的重要性。其实，一部国际关系史就是一部大国博弈的历史。小国很难有资本玩国际游戏。当然，大国也要强，孱弱的大国还是砧板上任人宰割的羔羊。但是，弱可以变强，小不可以变大。尤其是在二战之后，再想通过战争吞并他国已经不是一件容易的事了。虽然还有，但付出的代价太大了。小国随时可能被大国作为牺牲品牺牲掉，20世纪的历史让人们看到了太多这样的悲剧。秦始皇创建统一的帝国，为中华民族留下了一个至今仍然能够成为大国的基本框架。这算不算贡献？当然要算，而且是大贡献。

何谓说不完？

一千年后，两千年后，我们仍然绕不开秦始皇。千年之后仍然能够留名青史者叫千古留名，留下美名者叫千古流芳，留下恶名者叫遗臭千年。秦始皇留的是什么名？恐怕又要见仁见智了。

精彩讲述摘引

1. 历史最吊诡的是它往往记住了见证者，却忘记了奠基者。

2. 大国的崛起无不有一定的历史机遇，抓住机遇者盛，失去机遇者衰。机会成就赢家！

3. 有的机会是等出来的，有的机会是争出来的，有的机会是让出来的，有的机会是创造出来的。

4. 赞扬是一门大学问：赞扬与自己实力相当的人，是胸怀宽广；赞扬不值得赞扬的人，是借力打力；赞扬比自己更强大的人，是勇敢无畏。

5. “缘”是天时、地利、人和等各种外部条件的集合，一旦加入某个新元素，无缘可成奇缘，无缘未必无分。

6. 世界上任何职业只要做到极致，都能够相通。这是一条铁律！

7. 用权而不恋权，到位而不越位。

8. 历史的贡献往往与历史的罪孽是一对孪生兄弟。

9. 一个人要想有所作为，要想让人生有些光彩，必须具备四个“行”：第一，自己要“行”；第二，要有人说你“行”；第三，说你“行”的人得“行”；第四，你的身体得“行”。

10. 懂得进退是人生的大智慧。人生懂得“退”比懂得“进”更难，因为“进”是人性的本能追求，“退”则是人生的生存智慧。

11. 人们常说“闻过则喜”，但是这个世界上“闻过则喜”的人少之又少，但凡是个普通人，闻过则怒叫正常，闻过不爽已是修养极高之人了。

12. 选择有时候是一件极其困难的事情。选择的困难缘于有太多的选择。所以有时候，没有选择是令人痛苦的，但有太多的选择也不见得是好事。

13. 执着是一种品质，也是一种人生态度，本无所谓好坏，关键要看执着的对象。选对了方向的执着能让人成功，误入歧途的执着则无异于自戕。缺乏执着一事无成，太过执着亦能致命。

目录

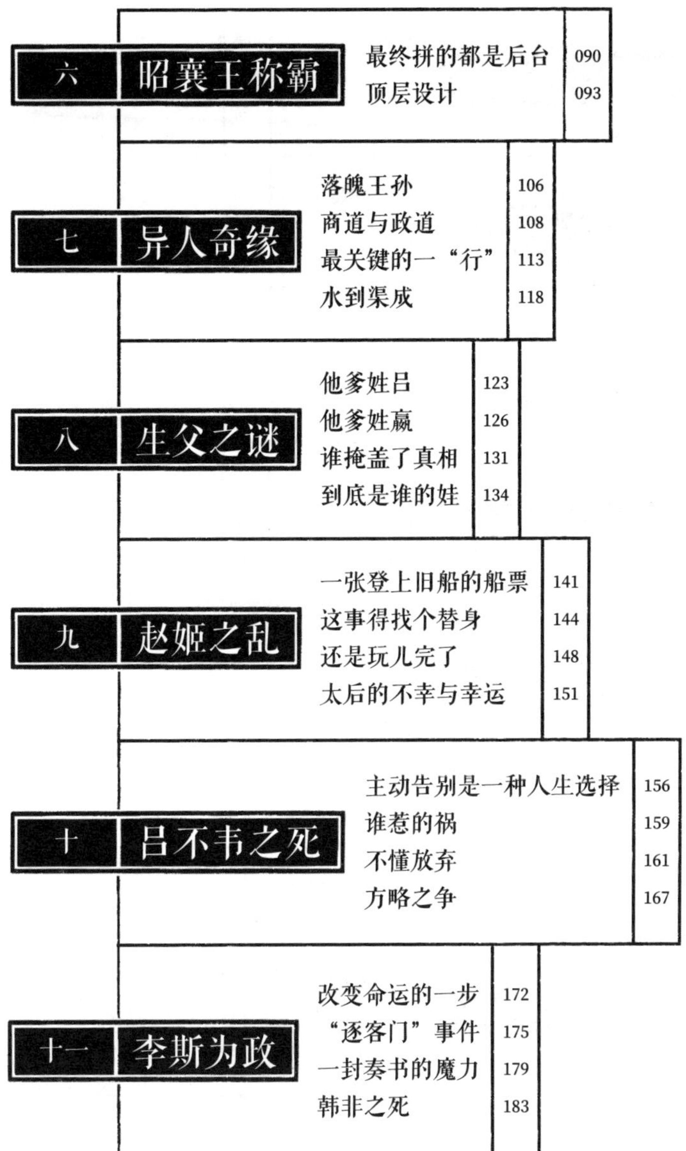

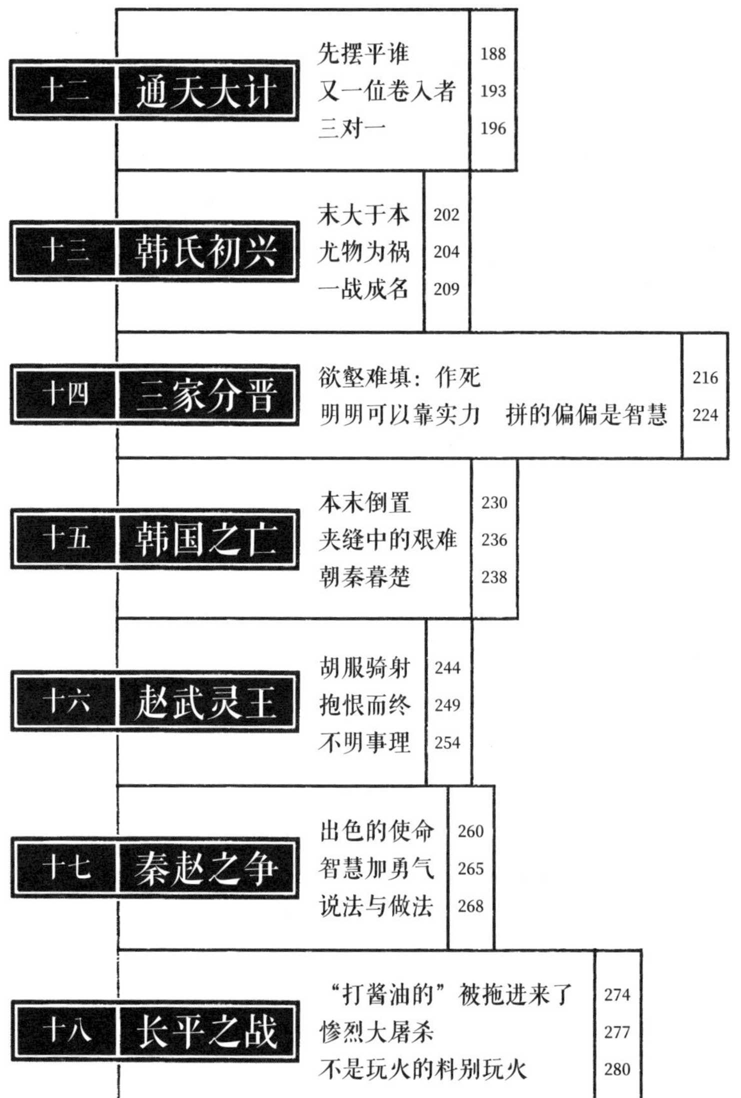

引子

公元前259年的农历正月，一个男婴在赵国都城邯郸降生了。没有人会想到，他就是中国历史上第一个统一帝国的缔造者。他十三岁即位，二十二岁亲政，三十九岁完成统一大业。他自称始皇帝，幻想他建立的帝国能够传至一世、二世、三世，乃至千秋万代。然而，这个当时世界上数一数二的庞大政权，在几个戍卒首发的反秦起义中轰然倒塌。十五年历史长河里弹指一瞬的短暂，十五年政治文化中革故鼎新的巨变，造就了惊人的历史反差。

让我们穿越时空隧道，追溯秦始皇祖先的崛起之路；穿过后世对他的高歌，透过后人对他的唾骂，梳理他纠缠不清的身世之谜。荆轲的匕首与箕踞笑骂，挡不住大秦帝国的金戈铁马，滚滚烟尘中的那柄利剑，势如破竹地挑起了六颗高贵的头颅；焚烧竹筒那扭曲跳动的烈焰中，映照出四百余士人在坑边依稀游荡的魂灵；从蜿蜒的长城上吹来的阴山凛冽的寒风，吹不散孟姜女的千年哭咒；黔驴技穷的两个方士沿着咸阳城墙迅速逃命，远渡东瀛的千名童男童女跷足凝望故乡；阿房宫的朝歌夜弦能否唤起他昔日的春梦？骊山的陵墓却永久地隔绝了他的视听。他不会听到佞臣赵高的密谋，更不会听到大泽乡的振臂高呼；他不会看到太子扶苏拔剑自刎血沾衣，更不会看到荥阳城头变换大王旗。

“龙盘虎踞树层层，势入浮云亦是崩。一种青山秋草里，路人唯拜汉文陵。”〔唐〕许浑《途经秦始皇墓》

秦王
荆轲刺

一

秦王政二十年（前227）的一天，咸阳宫中格外喜庆。秦王政换上了正装，喜气洋洋，用最隆重的九宾礼（九位迎宾赞礼的官员延引上殿）迎接即将到来的两位使者，他们即将带来秦王政梦寐以求的觐见大礼。但是，这个喜庆十足的场面最后竟然大煞风景，瞬间定格为中国历史上一出著名的悲剧。那么，是哪国的使者让秦王如此高兴呢？他们带来了什么觐见大礼？为什么这场喜庆大典最终又演变成为一出悲剧呢？又是谁导演了这出悲剧？

一支匕首传千秋

原来，这一天在秦国宫殿中即将举行的是燕国的献礼仪式。燕国专门派来了两位使者，这两位使者到了秦国都城咸阳，先用重金买通了秦王政宠信的中庶子（国君的侍从）蒙嘉，由蒙嘉向秦王政报告：燕王被大王的威风吓得心惊胆战，“愿举国为内臣”。闻风丧胆的燕王，不敢亲自来秦，特派使者送来了一颗人头与一卷地图。使者出发时，燕王还在朝廷上举行了隆重的拜送仪式。

遂至秦，持千金之资币物，厚遗秦王宠臣中庶子蒙嘉。嘉为先言于秦王曰：『燕王诚振怖大王之威，不敢举兵以逆军吏，愿举国为内臣，比诸侯之列，给贡职如郡县，而得奉守先王之宗庙。恐惧不敢自陈，谨斩樊於期之头，及献燕督亢之地图，函封，燕王拜送于庭，使使以闻大王，唯大王命之。』——《史记·刺客列传》

这颗人头可不是一般的人头，他是秦王最痛恨的叛将樊於（wū）期的人头。这卷地图也不是普通的地图，它是秦王目前最想得到的燕国的督亢（dū gāng，今河北固安县、涿州市一带）地图。秦王听后怎能不兴奋万分？因此，这天他穿上正装，用最隆重的礼节迎接两位燕国的特使。

秦王闻之，大喜，乃朝服，设九宾，见燕使者咸阳宫。——《史记·刺客列传》

樊於期原是秦国大将，因为攻赵战败，惧怕秦王政的军法严惩，逃往燕国，投奔燕国太子丹。太子丹在秦国做人质时与樊於期私交甚好，因此收留了他。秦王政获悉此讯，怒不可遏，杀了樊於期的全家，仍未能解其心头之恨，必将置其死地而后快。这个该死的叛将头颅终于被燕国送来，秦王政内心能不喜悦吗？

督亢是燕国的领土，这里土地肥沃，是燕国最富庶的地区。秦王政对督亢之地垂涎已久，怎奈，秦国始终未能拿到督亢地图。在冷兵器时代，地图对作战来说，意义极大。此时秦军已经灭了韩国、赵国，陈兵易水，兵临燕国。但是，因为燕国地处偏远，秦国对燕国的地理形势所知甚少。因此，督亢地图对秦王政来说，干系甚大。而且这次是燕国特使来秦廷拱手奉送督亢地图，对燕国来说即意味着向秦国献地投降。如果真是这样，燕国的投降意味着秦王政在统一中国的道路上，又向前迈出了至关重要且几乎不费吹灰之力的一步，秦王政能不心花怒放吗？

一切准备就绪，仪式开始。

两位燕国使者来到秦宫中。正使荆轲手捧盛有樊於期头颅的匣子，副使秦舞阳拿着督亢地图，伴随着九位迎宾赞礼的导引，走进了威严富丽的秦宫。到了秦廷台阶之下，燕国副使秦舞阳突然面如土色，浑身哆嗦，秦国的大臣们好生纳闷，不知道这位燕使是犯病了，还是出现了意外。原来，这个十三岁就在燕国杀过人、燕人都不敢和他对视的燕国副使秦舞阳，在燕国耀武扬威，到了秦廷，目睹了秦廷上上下下的武士成林，戒备森严，内心的勇气顷刻间土崩瓦解，突然感到了极度的恐惧。

荆轲奉樊於期头函，而秦舞阳奉地图柙，以次进。至陛，秦舞阳色变振恐，群臣怪之。——《史记·刺客列传》

荆轲回头看了看吓得面如土色、战栗不止的秦舞阳，笑着对秦王政说：北方偏远地方的粗人，从没亲身感受过大王的威风，没有经历过这样威严壮观的场面，所以怯场了。希望大王宽容他，让他能在大王面前完成出使的任务。

北蕃蛮夷之鄙人，未尝见天子，故振慑。愿大王少假借之，使得毕使于前。——《史记·刺客列传》

听了荆轲的解释，秦王政看了看镇定自若的荆轲，又看了看浑身哆嗦不止的秦舞阳，若有所思地说：荆轲，你拿着秦舞阳手中的督亢地图上殿吧。

荆轲从秦舞阳手中接过督亢地图，步履沉稳地走上了秦廷，在与秦王零距离接触时，缓缓展开了督亢地图。这幅督亢地图是卷轴，需要一点一点地展开。当督亢地图完全展开之时，藏在地图中心的匕首突然露了出来。

正在兴致勃勃地看地图的秦王政看见匕首大吃一惊，但是，此时荆轲的左手已经紧紧地抓住了秦王右边的袖子，右手也一下子握住了剧毒的匕首，直刺秦王的胸膛。

荆轲手持的徐夫人匕首是当时最知名的“品牌”，是太子丹花重金买到的，锻造时曾在剧毒的药水中多次淬火。因此，毒性渗入匕首之中，只要它划破秦王政的皮肤，即可见血封喉，置其于死地。

于是太子豫求天下之利匕首，得赵人徐夫人匕首，取之百金，使工以药焠之，以试人，血濡缕，人无不立死者。——《史记·刺客列传》

巨大慌乱中的秦王政本能地拼命挣脱，结果用力过猛，被荆轲左手紧紧攥住的衣袖竟然从肩部撕开了，袖子撕开之时，也就是秦王挣脱之际。

秦王谓轲曰：『取舞阳所持地图。』轲既取图奏之秦王，发图，图穷而匕首见。因左手把秦王之袖，而右手持匕首揕之，未至身，秦王惊，自引而起，袖绝。——《史记·刺客列传》

挣脱了荆轲的秦王立即拔腿就跑。荆轲一看

秦王袖子断了，人跑了，穷追不舍。一场刺客与秦王之间的“百米竞赛”竟然在偌大的秦廷之上开演了。场面之激烈堪比现代奥运会的百米冲刺。

惶恐中的秦王一边绕着大殿的柱子转圈，躲避荆轲；一边想拔出腰间的长剑，对付荆轲。但是，剑身太长，秦王从腰间抽剑的空间短于剑身，因此，慌乱中的秦王怎么也拔不出剑来。

秦朝宫廷的大臣从来没有遇见过这种紧急的场面，慌乱之中不知所措。按照秦法，大臣上殿不得携带任何兵器，台阶下的武士没有命令也不能持兵器上殿，这才造成秦王前面拼命逃跑、荆轲后面死追不舍的紧张场面。大臣们只能徒手阻拦荆轲，这对手持剧毒匕首的荆轲并没有任何威胁。在这千钧一发之际，身背药囊上朝的御医夏无且，突然解下身上背的药囊，冲着荆轲砸了过去。荆轲远远看见一件东西向他飞了过来，不知道它是什么，但是，为了自己的安全，不得不为避开这一击放缓了一下脚步，这给了秦王数秒钟的喘息之机。

拔剑，剑长，操其室。时惶急，剑坚，故不可立拔。荆轲逐秦王，秦王环柱而走，群臣皆愕，卒起不意，尽失其度。而秦法，群臣侍殿上者不得持尺寸之兵；诸郎中执兵皆陈殿下，非有诏召不得上。方急时，不及召下兵。以故荆轲乃逐秦王。而卒惶急，无以击轲，而以手共搏之。——**《史记·刺客列传》**

是时侍医夏无且以其所奉药囊提荆轲也。——**《史记·刺客列传》**

愣在一旁的大臣这时也看出了问题的症结是秦王的佩剑拔不出来，于是，齐声大呼：“王负剑！王负剑！”这种众人齐呼的场景，真像百米跑道两边的啦啦队一样，整齐有力。所谓“王负剑”，就是让秦王把长剑推到背后去。这样，剑柄向下，剑锋向上，秦王就可以从下部向上向前抽剑，这就有足够的空间让秦王顺利地抽出长剑。

一旦秦王拔出长剑，手持短小匕首的荆轲就完全处于劣势了。因此，荆轲尚未接近秦王，秦王的长剑就砍伤了荆轲的左腿，荆轲一下子瘫倒在地，受伤的荆轲孤注一掷，将匕首投向秦王，秦王打了个激灵，迅速躲闪，匕首击中了柱子。又怒又惊的秦王上前连刺手无寸铁的荆轲八剑，荆轲知道大势已去，倚着柱子，放声大笑，用最能侮辱人的方式，叉开双腿（由于古代中国衣服的形制，叉开双腿，即意味着“走光”，这一姿势对对方是最大的侮辱），大骂秦王：今天之所以让你小子保住小命，完全是因为我想劫持个活人，逼你立个契约，以回报太子。

荆轲有所待，欲与俱；其人居远未来，而为治行。顷之，未发，太子迟之，疑其改悔，乃复请曰：『日已尽矣，荆卿岂有意哉？丹请得先遣秦舞阳。』荆轲怒，叱太子曰：『何太子之遣？往而不返者，竖子也！且提一匕首入不测之强秦，仆所以留者，待吾客与俱。今太子迟之，请辞决矣！』遂发。——**《史记·刺客列传》**

秦王左右的人此时也一拥而上，杀死了已经受了重伤的荆轲。

轲自知事不就，倚柱而笑，箕踞以骂曰：『事所以不成者，以欲生劫之，必得约契以报太子也。』——**《史记·刺客列传》**

每读至此，我都不禁在想：如果秦舞阳能够上来帮助荆轲，而且是拦腰抱住了秦王政会怎么样呢？如果陪同荆轲前来的不是秦舞阳而是荆轲最知己的那位朋友，又会怎么样呢？如果荆轲的剑术再精到一些呢？如果荆轲投掷匕首的技艺像飞刀小李一样呢？如果秦王的动作再慢零点几秒呢？如果荆轲的动作再快零点几秒呢？如果秦王的衣袖扯不掉呢？如果御医夏无且想不起来用药囊砸荆轲呢？如果笔者猜想中的任何一个“如果”出现了，历史将会怎么样呢？

按照《史记》的这段记载，荆轲与秦舞阳应该是同时上殿，既然捧着督亢地图的是秦舞阳，因此，负责展开地图的也应当是秦舞阳，而且秦舞阳有十三岁就杀人的“光辉历史”，照此推断，担当刺杀任务的应当是秦舞阳。但是，秦舞阳一进秦廷的关键时刻突然“掉链子”，让秦王政多了个心眼儿，只准荆轲奉图上殿，秦舞阳不能上殿。

虽然荆轲替秦舞阳做了解释，但是秦舞阳在关键时刻的意外表现还是让整个计划大打折扣，功亏一篑：

第一，秦舞阳因为形迹可疑不能上殿，这使得刺杀秦王的千斤重担只能由荆轲一人承担了。两人一块儿行动，成功的概率肯定远远高于一人行动。

第二，从整个行动来看，秦舞阳负责持凶劫持秦王，荆轲的任务只是忽悠秦王。现在秦舞阳根本上不了殿，忽悠秦王与劫持秦王的双重任务必须由荆轲一人来完成，这就叫“双肩挑”，两人分工协作尚无把握就一定能够成功，何况现在是由荆轲一人来完成呢？其难度之大可想而知。

荆轲表面上非常豪放不羁，曾在集市上与人一会儿高歌，一会儿大哭，其实他是一位做事十分精细的人。他重点考虑了两个问题：一是如何才能靠近秦王，二是选谁来做助手。所以，他向太子丹索要樊於期的人头与督亢地图，因为樊於期的人头是一张进入秦宫的通行证，督亢地图则是燕国投降的标志。荆轲还考虑了助手。他在太子丹为他准备好匕首和助手秦舞阳之后，却还迟迟不出发，他在等什么？等朋友！这位朋友是谁史书无载，但是，这位朋友一定是荆轲非常信任的一位朋友，一定是比秦舞阳更为可靠的杀手！

荆轲对自己的剑术当然非常清楚，他知道自己尚未达到化境的剑术可能会在关键时刻出问题，所以，他坚持要等自己亲自挑选的朋友；但是，他的这位朋友因为某种原因失期未至。太子丹又一再催逼，甚至怀疑荆轲不敢去了，这才激怒了荆轲。在“风萧萧兮易水寒，壮士一去兮不复还”的慷慨悲歌之中，在太子丹和众人的目送下，匆匆带着樊於期的人头和督亢地图，义无反顾地踏上了不归之路。

荆轲什么都考虑到了，唯独没有考虑到太子丹为自己选配的助手秦舞阳外强中干，会在关键时刻“掉链子”，真是百密一疏啊！

荆轲被当场杀死了，但是，秦王政看着荆轲在殿上的横尸，呆坐了很久很久没有出声，心中的惊恐伴随着他，后怕更是缠绕着他。这场虚惊使秦王政第一次领教了什么是死亡，第一次懂得了什么叫作一只脚踏进了鬼门关。

> 秦王不怡者良久。
> ——《史记·刺客列传》

事后，秦王论功行赏，御医夏无且理所当然地被赏了黄金二百镒（古代计量单位，合二十两，一说二十四两）。秦王当着所有朝臣们的面说：无且爱我，才会想起来用药囊砸荆轲。

无且爱我，乃以药囊提荆轲也。
——《史记·刺客列传》

后来，夏无且把这些事情告诉了他的好友公孙季公、董生，公孙季功与董生又详细地给司马迁讲述，司马迁就把这件事写进了《史记·刺客列传》。于是，荆轲刺秦王这件事成了中国历史上万人瞩目、千年流传的历史故事。直至今日，各种影视作品、文学作品还在不断演绎着这段历史。它像历史长河中的一朵浪花，永远定格在了那里。

合理撞上合法

我们究竟应该怎么看待荆轲刺秦王这件事呢？

秦始皇兼并六国、统一中国是千古伟业，但在兼并六国的血腥过程中，遭遇了六国的顽强抵抗。原因非常简单，秦始皇兼并六国虽然符合历史前进的潮流，但他主观上却是想当天下的霸主。因此，他成为六国的公敌，成为天下的公敌，想杀他的岂止是一个荆轲。荆轲只是当时众多想行刺秦王政且最终几乎得逞的一人，荆轲不自觉地代表了六国的反秦力量。秦始皇一生遇刺多次，荆轲刺秦只是其中最著名的一次。就在荆轲刺杀秦王后不到十年，秦王又经历了两次暗杀。

一次可以视为荆轲刺秦王的延续。荆轲死后，秦王政追杀荆轲的朋友时，密友高渐离逃亡。后来，高渐离隐姓埋名为人打工时，对这家主人的一位客人的击筑水平多次进行点评。高渐离精到的点评传到了主人的耳朵里，主人让高渐离击筑。高渐离太忘情于自己的击筑技艺，以至于忽略了危险，高超绝伦的击筑技艺让所有“评委”与观众为之倾倒。于是，高渐离开始再次走进公众视野，重操旧业，声名大噪。

此时的秦王政已经统一了中国，成为秦始皇，他听说此事后，下诏召见高渐离。因为秦始皇非常喜欢流行音乐，他喜欢击瓮叩缶、弹筝搏髀的本土音乐，也喜欢郑、卫之地的异国之音。

然而，高渐离不久就被秦始皇身边的人认出。秦始皇酷爱高渐离的技艺，舍不得杀他，便熏瞎了他的双眼，让他继续为自己演奏。高渐离在一步步取得秦始皇的信任之后，利用这种信任，在筑中藏铅，企图砸死秦始皇。高渐离在双目失明的情况下的行刺，命中率大打折扣，没有成功，被杀。秦始皇杀了高渐离，从此再也不敢接近六国之人。一个人的偏执与爱好有时是要付出代价的，甚至是生命。

秦皇帝惜其善击筑，重赦之，乃矐其目。使击筑，未尝不称善。稍益近之，高渐离乃以铅置筑中，举筑朴秦皇帝，不中。于是遂诛高渐离，终身不复近诸侯之人。——《史记·刺客列传》

但是，秦始皇不接近六国之人仍然免不了被刺杀。后来成为刘邦手下重要谋士的张良在韩国被灭、秦始皇统一天下之后，变卖家产，收买刺客，在博浪沙行刺秦始皇，也未能成功。

由此可见，秦始皇兼并六国、统一中国的千秋伟业并非一帆风顺，六国的顽强抵抗让他多次遇险。

如果秦始皇不统一六国，战国纷争的局面仍将继续下去，对中华民族来说，无疑失去了一次建立统一帝国的历史机遇。强秦翦灭六国可谓合理。但是，六国拥有维护自己国家生存的权利，六国的拼死抵抗同样合法。

最具争议的刺杀案

从古至今，对荆轲的解读有着不同的观点。

第一种观点：侠义英雄。从战国末年直至司马迁的《史记·刺客列传》，荆轲始终被视为一个侠义英雄、千古义士。看看历代咏叹荆轲的诗篇就可明白这个道理。“其人虽已没，千载有余情”〔晋〕陶渊明《咏荆轲》，“易水悲歌歇，秦庭侠骨香”〔元〕善住《荆轲》，这些诗句都高度赞颂了荆轲的侠义精神。

荆轲曾经漫游邯郸，与一位叫鲁句(gōu)践的游戏，发生争执。鲁句践发怒，大声呵斥他，荆轲默无声息地逃走了，于是不再见面。后来，荆轲刺杀秦王的消息传至鲁句践那里，鲁句践深表后悔。这

荆轲游于邯郸，鲁句践与荆轲博，争道，鲁句践怒而叱之，荆轲嘿而逃去，遂不复会。——《史记·刺客列传》

鲁句践已闻荆轲之刺秦王，私曰：『嗟乎，惜哉其不讲于刺剑之术也！甚矣吾不知人也！曩者吾叱之，彼乃以我为非人也！』——《史记·刺客列传》

件小事，说明荆轲不好冲动，而是一个办事沉着冷静的人。荆轲不是一个愤青，也不是殉国志士，是一位侠义英雄，所以，他刺秦王绝非一时冲动。

因此，中国历史对荆轲的评价较多的是从道德角度肯定荆轲的侠义精神。

第二种观点：愚蠢之人，匹夫一个。最先提出这一观点者是西汉的扬雄，发挥其观点者是司马光。扬雄认为荆轲不能算是一个义士，以君子的眼光来看，不过是个强盗罢了。司马光则进一步认为，荆轲为了报答太子丹一个人的豢养之恩，不顾家族无数条性命，企图用一把小刀使秦国衰落、燕国强盛，明摆着就是一个傻瓜。朱熹也认为荆轲只不过是一介匹夫，其勇、其事何足挂齿，不值一谈。

荆轲，君子盗诸！——《资治通鉴》卷七

荆轲怀其豢养之私，不顾七族，欲以尺八匕首强燕而弱秦，不亦愚乎！——《资治通鉴》卷七

所以，荆轲绝不是“义士”，而是一个愚蠢之辈。

轲匹夫之勇，其事无足言。——《楚辞集注》卷一

第三种观点：雇佣兵。这是今人提出的。荆轲刺秦王并不是为了天下苍生，他只是个“雇佣兵”，因为他欠太子丹的太多，太子丹通过各种手段拉拢、收买荆轲，最后荆轲以命相还，充当了职业雇佣兵。

第四种观点：反动派。中国的统一是历史的必然，秦始皇是第一位统一中国的皇帝，因此，秦

始皇的作为顺应了历史发展的潮流，是名副其实的时势英雄。

荆轲刺秦王是逆历史潮流而动，所以，荆轲刺秦王是自不量力的螳臂当车。他之所以享有盛名是因为他刺杀的是秦始皇，是秦始皇成就了荆轲的盛名，这是荆轲的幸运。荆轲是最幸运的刺客，但并不是最伟大的刺客。因为，逆历史潮流而动的荆轲是反动派。刺客以为杀掉某个人就可以改变历史走向，或改变两个集团军力的对比，这是不可能的。刺杀最多能做到的是延缓历史进程，使其出现波折，而绝不可能改变历史走向。

元人郝经《咏荆轲》中“纵使杀一秦，宁无一秦生”这句诗讲得非常有道理。因为，即使荆轲刺杀了秦王政，秦国还会推举出一个新的继位者，他凭借秦国的优势照样可以横扫六合、一统天下。

这一派认为，“士为知己者死”的信条不可取。这个信条的标准就是有恩于己，或信任自己，但是，这种牺牲是否值得，是否是正义之举，刺客们都缺乏理性分析。

所以，荆轲代表了一股逆历史潮流而动的死硬派的垂死挣扎。

一个荆轲，各自表述。

在解读荆轲这位历史人物时，我们不能不提当代两部电影：张艺谋的《英雄》与陈凯歌的《荆轲刺秦王》。两位著名导演各自按照自己的理解，演绎了两千多年前的荆轲刺秦王事件。

张艺谋的《英雄》套用了荆轲刺秦王的历史框架，但是，其中的刺客连名字都不叫荆轲。

残剑、飞雪、长空三人曾联合起来刺杀秦王，但均以失败告终。最后只有无名获得了秦王的信任，打入秦宫内部。无名怎样获得秦王的信任呢？无名练就“十步一杀”的独门武功，这种武功可以在十步之内迅速置对方于死地。无名“杀死”了著名的刺客长空、残剑、飞雪，获得了接近秦王政十步的机会。但就在无名接近秦王决定下手时，却改变了主意。因为他发现，自己试图刺杀的秦王政其实也是一位“英雄”；因为，秦王政要统一天下，给百姓带来和平。

在《英雄》中，张艺谋借残剑之口说出：我们不能再刺秦王了，因为刺了秦王，天下会更乱，受苦的还是百姓。不如让秦王顺利地灭了六国，天下从此就太平了，人民也就安居乐业了。

所以，在《英雄》这部电影中，英雄必须是和平的代言人。只有追求和平的人，只有为和平而战而死的人，才能算得上英雄。无名为赵人安宁想刺杀秦王是英雄，残剑为天下太平不杀秦王也是英雄，他们的行为取向是一致的，都是为了和平。长空舍身保无名，是英雄。残剑不杀秦王是取天下之大义，是英雄。秦王临危不惧、“刺客”当前识英雄，是英雄。无名不计个人恩怨、不计赵国一国的得失，着眼于整个天下的太平，留得英雄秦王性命，成就天下一统的伟业，自己却背负“刺客”骂名，走完万箭穿心的生命旅途，是天大的无名英雄。

这是当代电影艺术家对“英雄”的一种诠释。

陈凯歌的《荆轲刺秦王》较之张艺谋的《英雄》更贴近《史记》中的荆轲。陈凯歌认为：荆轲在那样一个历史潮流中去刺秦，不是出于一个概念、出于一种简单的民族大义，或许他只是为燕国，或者只为太子丹本人。他是一个自发、自觉去刺秦的民族英雄。

陈凯歌给荆轲的定位是：普通的平民。他以杀人为职业，他经历了职业杀手的良知觉醒的过程，荆轲用自己的死证明了生命的意义和价值。

那么，我们今天究竟应该怎样看待荆轲与秦王政呢？

首先，我们应当承认，中国历史上对荆轲的赞扬是出于对一种对抗暴力的侠义精神的赞扬。侠为名节，为尊严，为知己者死。“三杯吐然诺，五岳倒为轻”〔唐〕李白《侠客行》。侠客一诺千金，不负于人。自古艰难唯一死，而荆轲却从容赴死，悲壮苍凉，感动千载。在传统中国人的道德观中，荆轲是一位侠义英雄。

其次，我们不能因为承认秦王统一中国顺应了历史潮流就简单地否定荆轲的行为。如果这样简单化地看问题，屈原为了楚国不被秦国吞并，多次抗争，直至沉江殉国，不也是逆历史潮流而动吗？如果这样看，屈原岂不也成了反动派？秦国要统一天下，楚国也要统一天下，齐国也可以统一天下，主观上要统一天下的并非只有一个秦国，我们不能因为最终是秦国统一了天下，就把所有曾经想统一天下的各国反秦志士都说成是反动派。所以，我们应当有一个“大英雄”的观念：秦王政统一天下，是时势英雄。荆轲刺秦王，是侠义英雄。屈原为自己的国家奋斗终生，自沉汨罗，是悲情英雄。他们都是中华民族的英雄！

荆轲为刺秦王死了，被荆轲在秦廷上追杀得绕柱而逃的秦王政又是一个什么样的人？他就是中国历史上鼎鼎大名的秦始皇。秦始皇在中国历代皇帝之中是一个留下了谜团最多的皇帝：

第一，秦始皇的生父是吕不韦还是子楚？

第二，秦始皇到底长什么样？

第三，秦始皇为什么不立皇后？

第四，秦始皇为什么不立太子？

第五，秦始皇陵到底是个什么样子？真如司马迁《史记》所写的那样吗？

所以，这位千古一帝是一位让人说不尽的皇帝，他既是西周分封制的终结者，又是帝国制度的开创者。因此，要说清楚这位皇帝必须说清楚这个时代、说清楚秦国的崛起之路。秦王政是站在秦国历代先君的肩膀上完成统一天下大业的英雄。那么，秦国究竟是怎样一步步崛起的呢？

请看：襄公立国。

二

秦朝作为统一多民族国家的肇始，在史册上留下了彪炳千秋的浓重笔墨。秦始皇作为这个统一帝国的缔造者，从公元前230年到公元前221年，只用了十年时间，先后灭掉了韩、赵、魏、楚、燕、齐东方六国。然而，在秦始皇之前，他的家族为这个目标奋斗了将近六百年。秦始皇的丰功伟业自然会被大书特书，但他的先辈们的不懈奋斗亦不能小觑。秦始皇的祖上并无显赫家世，但因一技之长得到了周孝王的任用和赏识，周王封其为卿大夫，遂有食邑，踏入了从政的第一步。但是，此后近百年，秦始皇的祖上并没有太大的作为。随着周王室的衰微，尤其是到了爱美人不爱江山的周幽王时代，秦始皇家族抓住了历史机遇，被周平王封为诸侯，在形式上获得了与东方诸国平起平坐的地位。虽然秦始皇家族实际上并没有太多的土地，但是却获得了周王“尊王攘夷”、攻伐西戎大片土地的正义号令。面对强大善战的西戎，秦穆公最终称霸西戎，益国十二，开地千里，这完全得力于一个人的援助。那么，秦始皇的祖上是干什么的？他们抓住了怎样的历史机遇？是谁有这么大的能耐，帮助秦穆公称霸西戎的？

第一桶金

据历史记载，秦始皇继位之前，秦国的先君有三十五位，秦始皇是第三十六位秦王。从有确切时间记载的秦庄公开始到秦王政继位将近六百年，这六百年恰恰是中国的西周、东周时期。

在中国历史上，从公元前十一世纪的周武王灭商，到公元前771年周幽王被杀，这一段历史被称为西周。从公元前770年周平王东迁洛邑（今河南洛阳市），到公元前256年被秦所灭，这段历史被称为东周。

东周又分为春秋与战国两个时期。一般认为春秋时期从公元前770年周平王东迁开始，到周敬王四十四年（前476）为止，周元王元年（前475）至公元前221年秦始皇统一中国为止是战国时代。

周武王灭商之后，大封诸侯，但是，在周初分封的诸侯中，不见秦国的踪迹。由此可知，西周初年的秦没有诸侯的名分，只不过是一个小族群。

到西周第八位天子周孝王时期，秦人的地位有了转机。这个时候，秦人的首领是非子，非子很喜欢马和其他牲畜，善于养殖，他养的马繁殖快，而且长得膘肥体壮，当地人报告到周王那里，周孝王召见了他。于是，善搞养殖业的非子被派到汧（qiān）水与渭水之间主管马匹。由于业务精湛，成绩卓著，颇受周孝王赏识，因此被封于秦（今甘肃陇西县），并让秦人“复续嬴氏祀，号曰秦嬴”，这是秦人得到采（cài）邑的开始。

采邑是古代天子、诸侯封赐给所属卿大夫世禄的封地，卿大夫世代以采邑为食禄，故也称食邑。这样，非子成为秦嬴的合法继承人。

采邑只是卿大夫的封地，还远远不是真正的诸侯。因此，得到采邑的秦嬴只是一个卿大夫。

那么，卿大夫与诸侯是什么关系呢？

自周初开始，周天子把天下划分为若干领地（领主管理的土地），分给他的亲属、功臣，让他们成为诸侯。诸侯要服从周天子的王命，定期朝贡述职；但是，在诸侯的领地中他们又是世代相袭的最高统治者。诸侯在其国中又分封领地给卿大夫，卿大夫只有领地，没有政权。卿大夫的领地就是他们的采邑。所以，卿大夫比诸侯的地位要低。

因此，秦人最初比东方的诸侯如晋、齐、燕的地位要低得多。尽管如此，秦人凭借一技之长，总算是在以周天子为塔尖的金字塔政体中占据了一席之地，这意味着秦人掘得了第一桶金。第一桶金是起点，是登上历史的平台。任何人、任何集团，没有一个属于自己的平台就永远不能成功。秦人受封采邑，让秦国踏上了崛起的第一步。

于是孝王曰：『昔栢翳为舜主畜，畜多息，故有土，赐姓嬴。今其后世亦为朕息马，朕其分土为附庸。』邑之秦，使复续嬴氏祀，号曰秦嬴。——**《史记·秦本纪》**

机会成就赢家

秦人获得封邑，是秦始皇家族走向政治舞台的第一步，但是自此之后近百年，秦始皇的家族一直没有太大的作为，直到西周王朝走向穷途末路的时候，秦始皇家族才抓住了一个历史机遇，为其发展奠定了基石。那么这个历史机遇究竟是如何形成的呢？秦始皇家族又是如何把握这个历史机遇的呢？

这个机遇和西周王朝的衰败密切相关。西周王朝从公元前十一世纪武王伐纣建国，到周幽王时期亡国。伴随着这场历史巨变，秦国由卿大夫提拔为诸侯。周天子地位逐步下降，西周王制走向衰落的过程很漫长。但是，在这个漫长的过程中，有三位周王负有不可推卸的责任。

第一位是周厉王。

周厉王的重大失误有两点：一是与民争利，二是压制言论。

周厉王在位时期，不准“国人”（“国人”是西周、春秋时期住在国都之人的通称，他们在国都有户口，有公民权，可以从军，充当基层官吏，参加祭祀。和“国人”对立的是“野人”，因此，“国人”是一股重要的政治力量。）利用山林和水面，把这些生产资料收归国有。严重损害了“国人”的利益，引发了“国人”强烈的不满。

面对“国人”的强烈不满，周厉王不但不思悔改，反而派了大量“便衣警察”，监视“国人”。谁敢在背后议论他，杀无赦，导致“国人”在路上碰见了熟人不敢打招呼，只能以眼色示意，可见“白色恐怖”的严酷。

> 使监谤者，以告，则杀之。……国人莫敢言，道路以目。——《史记·周本纪》

周厉王严厉控制言论，短期之内产生了两种结果：

一是公开的批评少了，二是诸侯不来朝拜周天子了。周厉王本人沾沾自喜地对他的大臣召公说：我能禁止他人说我的坏话了，哈哈，他们都不敢说了！

> 其谤鲜矣，诸侯不朝。——《史记·周本纪》

> 厉王喜，告召公曰：『吾能弭谤矣，乃不敢言。』——《史记·周本纪》

召公对厉王进谏说：堵住百姓的嘴不让他们说话，比堵住河水不让它流淌的危害还要大。堵住河水不让它流，最终会导致决堤，会伤害很多人，堵住百姓的嘴不让他们说话，何尝不是这样呢？有朝一日也会决堤的，那时恐怕后悔也来不及了。但是，周厉王还乐呵呵地沉浸在短期的政治高压的效应中，对召公的谏言充耳不闻。

> 防民之口，甚于防水；水壅而溃，伤人必多，民亦如之。——《史记·周本纪》

一时间，国内的确没有人敢讲话了。不过，三年以后，也就是公元前841年，忍无可忍的“国人”，终于联手叛乱，偷袭周厉王。周厉王从镐京（今陕西西安市）出逃，逃到了彘（今山西霍州市）。

> 乃相与畔，袭厉王，厉王出奔于彘。——《史记·周本纪》

周厉王从镐京出逃时，他的太子静藏在召公的家里。“国人”听说后，包围了召公的私宅。

召公不想让太子被围杀，只好让自己的儿子为太子顶包，太子才得以脱身。

厉王太子静匿召公之家，国人闻之，乃围之。召公……乃以其子代王太子，太子竟得脱。——《史记·周本纪》

周厉王逃亡后，由大臣召穆公、周定公主持政事，史称“共和行政”（一说朝政由共［gōng］伯和执掌。共伯和是西周时期的共国［今河南辉县市］国君，周厉王被驱逐之后，他受诸侯的拥戴，代行王政）。这一年（共和元年，前841）成为中国历史有确切纪年的开始。

又过了十四年（前828），周厉王在流放地死亡，太子静被拥立为王，他就是周宣王，召穆公、周定公交还政权。

周天子被“国人”赶出京城，客死于流亡之地，天子的颜面扫地、权威全失。这次事件成为西周王朝衰落的开始。

第二位导致西周衰亡的周天子是谁呢？

周宣王。

周宣王登基后，采纳大臣召公等人的意见，整顿朝政，曾经一度出现过中兴的局面；但是，周宣王晚年连续用兵失利，先是败于姜氏之戎，后来，又在南征中损失了“南国之师”，军力受到重创，再次陷入危机。

三十九年，战于千亩，王师败绩于姜氏之戎。——《史记·周本纪》

西周初年，周王室拥有“西六师”“成周八师”“殷八师”等大量军队，周天子的军力远远大于诸侯。这是周天子得以号令天下诸侯的军事保证。但是，到宣王时期，周天子的兵力损失极大，已经严重不足。大臣劝谏周宣王，举行天子籍田助耕的礼仪，这虽然只是一种形式，但是需要各国诸侯齐至，是强化权威的有利时机，然而，周宣王不听劝谏。曾经一度中兴的周宣王没能担当起重振周室的权威，反而大大削弱了军力，失去了号令诸侯的保证。

第三个导致西周灭亡的周天子是谁呢？

周幽王。

周幽王怎样摧毁了西周呢？

曾经号令天下诸侯的西周亡于犬戎之手。公元前771年，申侯联合缯侯、犬戎，对周幽王的都城镐京发动突然袭击。周幽王见势不妙，立即点燃烽火，希望诸侯能够率兵保卫京城。但是，各地诸侯看到镐京的烽火，却很少有诸侯率兵勤王。结果，西周的京城被犬戎攻破，幽王逃到骊山被杀，镐京的财宝与美女褒姒（si）都被掠走。西周王朝宣告灭亡。

幽王举烽火征兵，兵莫至。遂杀幽王骊山下，虏褒姒，尽取周赂而去。——《史记·周本纪》

周天子自立国之初就拥有号令诸侯的权力，如果诸侯不听从周天子的号令，周天子可以进行征伐，所以，孔子说：“天下有道，则礼乐征伐自天子出。”《论语·季氏》为什么周幽王点燃烽火竟然无人勤王呢？

这件事和一个女人有关，她就是美女褒姒。

周幽王本来就是一个昏庸之王，他宠信一个贪财图利而善于逢迎、能说会道的大臣，并由其主持朝政，导致民怨鼎沸。后来，褒国进献了一个美女褒姒，周幽王非常宠爱褒姒，对褒姒的话言听计从，废掉王后申后和太子宜臼，立褒姒做王后，立褒姒的儿子伯服为太子。太子宜臼被废，只好和母亲逃回了申国。

褒姒虽然美艳绝伦，却是个冷美人，超级严肃，不爱笑。幽王想尽了一切办法，希望博得褒姒一笑，但始终未能成功。黔驴技穷的幽王竟然下令：点燃烽火台。烽火台本是周王朝的国都镐京遇险时紧急征召天下诸侯勤王的标志，烽火一起，说明国都有警，各地诸侯纷纷率兵前来救驾。但是，各地勤王的诸侯赶到京城，却看不到敌兵。褒姒看到各地诸侯心急火燎地奔到京城城外又看不到敌兵的尴尬情景，放声大笑。美人一笑，幽王开心极了，很有成就感，各地赶来的诸侯却满腔怒火。因为镐京并无凶险，外敌并没有来犯，幽王举烽火不过是为了博得美人莞尔一笑。但是，大家敢怒而不敢言。幽王并没有到此为止，因为没有其他的娱乐项目，所以“数举烽火”，一发而不可收了。

褒姒不好笑，幽王欲其笑万方，故不笑。幽王为烽燧大鼓，有寇至则举烽火，诸侯悉至，至而无寇，褒姒乃大笑。——《史记·周本纪》

一位大臣劝周幽王，烽火台是救急用的，这个玩笑开不得。大王如此戏弄诸侯，真有急事，诸侯又认为大王在戏弄他们，不派兵相救，那会怎么样？但是，周幽王此时像着了迷一样，为了博得褒姒一笑，根本听不进忠言劝告。

所以，后来周幽王再举烽火，各地诸侯都不再来救援。这就是中国历史上非常有名的“周幽王烽火戏诸侯”。周幽王大玩“狼来了”的游戏，终于自食恶果，就是这一“点”一“笑”，美人没了，江山没了，自己的性命也没了。

其后不信，诸侯益亦不至。——《史记·周本纪》

申后的太子被废，申后的父亲申侯十分恼火，便联合缯国与犬戎，攻灭幽王。幽王被杀之后，诸侯与申侯共同立幽王原来的太子宜臼继位，史称周平王。周平王继位之后，犬戎仍然时刻威胁着镐京。周平王没有力量保卫镐京，只好东迁远离犬戎，公元前770年，将周王朝的都城迁到洛邑。这一年，在中国历史上是东周的开始。

申侯怒，与缯、西夷犬戎攻幽王。——《史记·周本纪》

于是诸侯乃即申侯而共立故幽王太子宜臼，是为平王。——《史记·周本纪》

平王立，东迁于雒邑，辟戎寇。——《史记·周本纪》

周平王东迁洛邑之后，周王室的力量更加衰弱。东周时代，天下的诸侯相继称霸，这些霸主成为天下真正的主宰者，这就是孔子说的“礼乐征伐自诸侯出”的时代。历史由此进入了春秋时期，公元前770年就成为春秋时代的开始。

平王之时，周室衰微。诸侯强并弱，齐、楚、秦、晋始大，政由方伯。——《史记·周本纪》

西周王朝的逐渐衰亡为秦始皇家族走上历史舞台创造了一个千载难逢的历史机遇。当周幽王烽火戏诸侯、视国家大政如儿戏的时候，大部分诸侯对周王朝丧失了信心，没有勤王，周幽王最终兵败被杀，西周灭亡。但是秦人审时度势，奋起勤王，之后又亲率大军护送周幽王的儿子周平王东迁，建立了东周。

这个人是谁呢？他为什么要这么卖力地帮助周王室呢？

他就是秦始皇之前三十五位秦君中的第六位——秦襄公。秦襄公这一次勤王很了不得，它成为秦国在崛起之路上极为重要的一环。这次勤王至少说明秦襄公具备两点政治素质：第一是有政治眼光，他知道这是一个历史机遇。第二是有政治魄力，他敢于带兵救援周幽王，是因为他知道要想得到封赏，必须讨好周天子，别人不去救我去救，别人不来我来，别人不打我打。

秦襄公抓住了这次历史机遇，勤王作战非常卖力，立下了赫赫战功。周平王东迁的时候，为了报答秦襄公的救援，封秦襄公为诸侯，并把自己现在守不住、将来管不了的岐山以西的大片土地（西戎之地）赏给了秦襄公。他对秦襄公说：犬戎不讲道义，屡屡侵夺我岐、丰之地。如果秦能攻占其地，驱逐犬戎，就把岐、丰之地封给你们，并且赐予秦襄公爵位。

> 而秦襄公将兵救周战甚力，有功。周避犬戎难，东徙雒邑，襄公以兵送周平王。平王封襄公为诸侯，赐之岐以西之地，曰：『戎无道，侵夺我岐、丰之地。秦能攻逐戎，即有其地。』与誓，封爵之。襄公于是始国，与诸侯通使聘享之礼。——《史记·秦本纪》

没有利，不起早。秦襄公这次勤王没有白干，他得到了两样珍贵的回报：一是立国封侯，二是经营西戎。

先说立国封侯。秦襄公由于率兵勤王被正式封为诸侯，可以和其他的诸侯国开始互派使者。周初分封诸侯没有秦，所以，秦人在秦襄公正式封侯之前的政治地位十分低下，与已经封国多年的齐、楚、燕等国根本不能平起平坐。秦襄公的立国封侯使秦国获得了一笔重要的政治资本——和其他的诸侯国平起平坐了。

周代社会非常重视名分。秦人在此之前只是个卿士，没有资格与关东诸侯分庭抗礼，更谈不上称霸天下、统一全国了。秦人自襄公起，有了诸侯的名分，这是秦国最终统一天下的基础。所以，在秦国的发展史上，秦襄公是第一位有巨大贡献的君主。

再说经营西戎。西戎是中国古代西部的一个族群，他们占据了大片土地。杀死周幽王的犬戎即属于这一族群。当时西戎的势力很大，周平王为了躲避西戎的侵扰，不得不离开自己的发祥地迁到洛邑。为了答谢秦襄公的出兵，周平王将自己无法控制更无力收复的西戎之地封给了秦襄公。因此，从实际意义上讲，周平王的这一赏赐只是一纸空文，但是，这一纸空文对秦国来说意义非凡，它使秦国获得了攻占西戎大片土地的合法性。周平王无法拿下西戎不等于秦部族拿不下。从此秦国可以公开打着“尊王攘夷”的旗号，大张旗鼓地攻取西戎之地，建立起以关中为中心的根据地。

这就好比赏给你一套房子，房产证也给你了，不过，房子里目前有别人住着；但是，这个“证”非常重要，它证明这套房子从法律上讲是属于你的。至于何时收回，那只是个时间问题。

所以，对于秦国来说，襄公立国是秦国兴盛发达的重要一步，也是秦部族日后统一中国的关键一步。秦襄公锐意进取，一生致力于夺取西戎之地，最终战死在与西戎作战的战场之上，连名字都没有留下来。但是，对于一步步崛起的秦国来说，秦襄公无疑是第一道巍巍丰碑。甚至可以说秦襄公是秦始皇统一中国的奠基者。相对于秦襄公，名垂千古的秦始皇是秦国扬名立万的见证者。见证者很重要，奠基者同样很重要。没有奠基者，何来见证者？但是，历史最吊诡的是它往往记住了见证者，却忘记了奠基者。

我们不厌其烦地讲述周幽王的亡国，是想说明一点：西周的亡国给秦国崛起创造了一个历史契机，秦襄公抓住了这个历史机遇，使秦国走上了一条振兴之道。

大国的崛起无不有一定的历史机遇，抓住机遇者盛，失去机遇者衰。机会成就赢家！

创造出来的机会

秦襄公拿着周平王亲自颁发的"土地证"想把土地收回来，并一生致力于此，但一直到最后战死，秦襄公也没有把西戎之地夺回来。秦襄公战死之后，秦国经历了七代国君，近一百七十年都没有什么作为，也没有从周王的封赏中得到实惠。可见，不作为者并非一人，而是大多数。但是，到了秦穆公（也作秦缪公）时期，周平王的恩赐才使秦国获得了极大的回报。

这叫作：襄公有其名，穆公得其实。

秦襄公战死疆场都没有得到的东西，秦穆公凭什么就得到了呢？

这主要得力于一个人。

这个人是谁？他为什么能够让秦穆公得到这么大的回报呢？

这个人叫由余。

由余的祖上是晋国人，后来逃到了戎地。戎王听说秦穆公非常贤明，为了了解秦穆公，于是派由余来秦国做实地调研。

听说戎王的使者来了，秦穆公特意安排由余参观巍巍壮观的秦宫和宫中大量价值连城的财宝。秦穆公为什么要这样做？只能有一个答案：炫富。

但是，由余看完之后却淡淡地说了四句话：这些东西如果让鬼神造出来，也能把鬼神累死。你让人民造出来，那真是苦了天下的民众啊！

戎王使由余于秦。由余，其先晋人也，亡入戎，能晋言。闻缪公贤，故使由余观秦。秦缪公示以宫室、积聚。由余曰：『使鬼为之，则劳神矣。使人为之，亦苦民矣。』——**《史记·秦本纪》**

由余并没有羡慕富丽堂皇的秦宫和令人眩目的稀世珍宝，反而直截了当地提出了批评。由余为什么要批评秦穆公呢？因为由余既看到了华丽宫殿和奇珍异宝背后的滥用民力，又感到秦穆公的炫富非常可笑。

由余的回答让秦穆公大为惊诧，于是问：中原各国用德（诗书礼乐）和法来治理国家，还不时出现战乱；戎人没有诗书礼乐与法律，他们靠什么来治理国家？

缪公怪之，问曰：『中国以诗书礼乐法度为政，然尚时乱；今戎夷无此，何以为治，不亦难乎？』——**《史记·秦本纪》**

由余笑答：这就是中原各国出现战乱的原因啊！自从黄帝创造了礼乐法度，并亲自带头贯彻执行，也只是实现了低水平的太平。到了后代，君主一天比一天骄奢淫逸。仗着法律的威严监督民众，民众不堪忍受了，就怨恨君上，要求实行仁义。上下互怨，篡夺屠杀，甚至灭绝家族，都是由礼乐法度引发的。戎人不是这样。在上位者怀着仁德来对待臣民，臣民怀着忠信侍奉君上，整个国家的政事就像一个人支配自己的身体一样轻松自如，根本不需要什么治理的方法，这才是真正的圣人治国。

此乃中国所以乱也。夫自上圣黄帝作为礼乐法度，身以先之，仅以小治。及其后世，日以骄淫，阻法度之威，以责督于下，下罢极则以仁义怨望于上。上下交争怨而相篡弑，至于灭宗，皆以此类也。夫戎夷不然。上含淳德以遇其下，下怀忠信以事其上。一国之政犹一身之治，不知所以治，此真圣人之治也。——《史记·秦本纪》

秦穆公听了由余的这番高论，大为惊讶。会见一结束，秦穆公便立即召见内史王廖，说：邻国有了圣人，就是我国的灾难。这个由余太有才了，将来必然是我们秦国的大麻烦。我们怎么办呢？

今由余贤，寡人之害，将奈之何？——《史记·秦本纪》

内史王廖回答穆公说：我告诉你三个字——送、扣、怠。一送，戎王地处偏僻，没有听过中原各国的音乐，送给西戎漂亮的歌女舞伎，让他整天沉迷于歌舞声色之中，丧失斗志。二扣，扣留由余，不让他按时回去，延误他回国的日期，并且积极主动向戎王给由余请功，这样，戎王一定会产生怀疑。一旦他们君臣之间有了隔阂，我们就可以设法得到由余了。三怠，戎王一旦喜欢上歌舞声色，一定也没心思处理国事了，必然会怠政荒政。

内史廖曰：『戎王处辟匿，未闻中国之声。君试遗其女乐，以夺其志；为由余请，以疏其间；留而莫遣，以失其期。戎王怪之，必疑由余。君臣有间，乃可虏也。且戎王好乐，必怠于政。』——《史记·秦本纪》

秦穆公一听，大喜过望，说：好，就这么

办。于是，秦穆公一方面盛情款待由余，另一方面让内史王廖送给戎王十六名漂亮歌女组成的辣妹歌舞团。戎王非常喜欢这些美女，整日沉迷在声色歌舞之中，缓歌曼舞凝丝竹，尽日戎王看不足。

过了很长时间，秦国才让由余回国。由余看见戎王整天泡在歌吧舞池里，便多次向戎王进谏，戎王一概听不进，由余非常郁闷。

穆公放由余回戎地后，一直密切关注着由余的动向；当他得知由余郁闷后，屡次派人秘密潜入戎地，盛情邀请由余到秦国上班。看着戎王整天泡在女人堆里，无所作为，无可奈何的由余只好痛下决心，离开戎王，投奔秦国。

由余遂去，降秦。缪公以客礼礼之，问伐戎之形。——《史记·秦本纪》

穆公得知由余到来，用最隆重的宾客之礼接待由余，非常尊敬地向他询问应该在什么样的形势下进攻戎族。

秦穆公三十七年（前623），秦国用由余的计谋攻打戎王，一下子吞并了十二个西戎之国，开辟了千里疆土，终于在西戎之地称霸。看来，只要在法理上属于自己的东西早晚都要回归自己，唯一存在

益国十二，开地千里，遂霸西戎。——《史记·秦本纪》

变数的是回归自己的时间。

周天子听到这个消息，亲自派召公带着金鼓前来祝贺。

周天子派人祝贺有两个原因；一是报仇，秦穆公替周天子报了当年戎王杀死幽王之仇。二是拉拢，通过嘉奖秦穆公拉拢秦国。因为，平王东迁之后周天子的实力更加衰弱，笼络有实力的诸侯已经成为周天子生存的一项重要法则。

秦襄公当年得到的封赏，终于在秦穆公手里变成了现实。秦国因此有了幅员广阔的根据地。两年后（秦穆公三十九年，前621），当秦穆公仙逝之时，他留下了一个疆土更为广阔的秦国。

有的机会是等出来的，有的机会是争出来的，有的机会是让出来的，有的机会是创造出来的。秦国崛起的机会是自己创造出来的。

秦穆公继承秦襄公的遗业，开地千里，称霸西戎，奠定了秦国的基业。但是，西戎之地毕竟偏远，秦国要想成为大国，必须向东发展。而且，秦穆公对西戎用兵，是在其晚年，他在位三十九年，称霸西戎是在其在位的第三十七年，那么，秦穆公在位的前三十多年在干什么？他在秦国进军中原方面有没有什么作为呢？

请看：穆公东扩。

三

秦国西临诸戎，东接强晋。秦穆公晚年称霸西陲，大大扩大了秦国的疆域，奠定了秦国长期发展的根据地。但是，秦国要想成为诸侯中的大国，偏安西方一隅肯定不行，东扩是秦国不二的历史选择。秦穆公在位三十九年，三十六年都在与东方诸侯周旋，寻机东扩，东扩首先就必须和强大的晋国打交道，秦穆公在东扩的道路上也能像称霸西戎一样大有作为吗？

秦穆公在位三十九年，东扩用去了其中三十六年的时间。

但是，秦国的东邻是强大的晋国，秦国东扩，晋国出自本能和利益必然要阻击。秦国要想进入中原，第一个打交道的就是晋国。当时的晋国，地广人众，势力非常强大。秦穆公一方面积极网罗人才，另一方面针对晋国不同国君，区别对待：对于晋惠公，道义与武力两手并用。对于负秦的晋怀公，扶持反对派公子重耳。对于在外流亡多年的公子重耳，帮助其归国继位为君，是为晋文公，并与他全面合作。晋文公死后，秦国开始东进，大胜晋国于韩原，终于打败了强大的晋国。

其实并不难

发现人才，网罗人才，难坏了天下的国君。其实，这件事说难也难，说不难也不难。说白了，就两个字：眼光。

为了东扩，秦穆公继位之后的第一件事就是网罗人才。秦穆公的头脑非常清醒，如果没有王佐之才，自己不可能完成东扩大业。

秦穆公是怎样网罗人才的呢？

我们先看第一例。

秦穆公二年（前658），晋国国君晋献公为了讨伐虢国，向虞君请求借道。这是当时的国际惯例，要想从一个国家经过，必须经得这一国家的同意，但是，这件事对于虞国来说，又不是一般的借道那样简单。虢国与虞国都是小国，两国毗邻，唇亡齿寒，彼此支援，关系很密切。晋献公想要讨伐虢国，按照当时虢国虞国两国的历史关系，虞国必定会鼎力支持，施以援手，晋国劳师远征，能否顶得住两国的联手抗击，是一个大问题。在这样的考虑之下，晋献公决定先将两国的同盟关系破坏掉。一番调查之后，晋献公了解到虞公生性好贪，而且是贪得无厌，晋献公知道只要有爱好便是有缺陷，便能从中打开口子。于是，晋献公便投其所好，拿出了晋国的看家宝贝——屈产之乘（屈地所产良马）与垂棘之璧（垂棘所产美玉），都是稀世珍宝，晋献公也是狠了狠心才将两件国宝送给了虞君。但是，晋献公的大臣荀息认为，虞国有贤臣宫之奇，恐怕难以得手。但是，晋献公认为，宫之奇左右不了虞君的决策。

晋荀息请以屈产之乘与垂棘之璧假道于虞以伐虢。公曰：『是吾宝也。』对曰：『若得道于虞，犹外府也。』公曰：『宫之奇存焉。』对曰：『宫之奇之为人也，懦而不能强谏，且少长于君，君暱之，虽谏，将不听。』乃使荀息假道于虞。——《左传·僖公二年》

晋国的狼子野心，虞国大夫宫之奇看得很清楚，他强烈建议虞君不要同意晋国的借道请求，但是虞君早已收了别人的稀世珍宝，当时正爱惜得不得了，一旦不同意借道，宝贝自然得还给人家，哪里还听得进去宫之奇的谏言呢？于是，晋国军队很顺利地从虞国经过，浩浩荡荡地去攻打虞国的友邻虢国去了，虞君当时对晋国是礼遇有加，更不用提什么替朋友出面了，现在虞君的朋友是晋献公，他“礼尚往来”地派兵帮助新朋友讨伐虢国，晋国则很顺利地夺取了虢国的下阳。

夏，晋里克、荀息帅师会虞师，伐虢，灭下阳。——《左传·僖公二年》

晋国军队夺取下阳之后，因为物资装备等原

因就回国了。回国之后的晋献公倍感痛快，他没想到两件宝贝真就换来了一座下阳城，这买卖划算得很呢！这次讨伐虢国，实际上是一颗试金石，就是试试虞君的真实态度，晋献公虽然当初投虞君所好，但终是心有担忧，怕虞君幡然悔悟，与虢国一起打自己，到那时自己便会被两国“包饺子”了。但是，经过这次尝试，晋献公断定虞君就是一个见钱眼开的短见之君，只要给他点甜头，他绝对不会为了所谓的“曾经的盟军”贸然出力。因此，尝到甜头的晋献公决意再次借道伐虢，自然这次不再是小试牛刀，而是奔着一口气灭掉虢国与虞国两个国家的目的去的。

秦穆公五年（前655），晋国第二次向虞国借路征伐虢国。

虞国大夫宫之奇认为，虞国与虢国的关系好像嘴唇与牙齿的关系，“唇亡齿寒”，虢国灭亡了，虞国还能存活吗？像晋国这样的强盗，和它玩一次就很冒险了，绝对不能和它玩第二次。但是，虞国国君认为晋国和自己的关系非常铁，就答应了晋国。宫之奇于是率领全族离开了虞国。

后来晋国果然在灭掉虢国之后，回过头来也灭掉了虞国。虞国灭亡之后，有个叫百里奚的大臣随同虞君一起成为晋国的俘虏。百里奚被俘到晋国后，晋献公决定将自己的女儿嫁给秦穆公，春秋时期诸侯

晋侯复假道于虞以伐虢。宫之奇谏曰：『虢，虞之表也；虢亡，虞必从之。晋不可启，寇不可玩。一之谓甚，其可再乎？谚所谓「辅车相依，唇亡齿寒」者，其虞、虢之谓也。』——《左传·僖公五年》

嫁女是要有庞大的陪嫁队伍的，百里奚便是这庞大的陪嫁队伍中的一员，跟着秦穆公夫人从晋国到了秦国。这种命运安排，对于素有高远志向的百里奚无疑是当头棒喝，他可不是一个向命运屈服的人，他不甘心自己沦落为一名下等奴仆，他要为自己的未来博一把，百里奚逃了。百里奚逃跑的目标也很明确，就是要回到自己的家乡，回到楚国，不管怎样，回到家乡还有足以依赖的亲人，以后可以再图东山再起。但是，等百里奚千辛万苦逃亡至楚国的北部重镇宛地（今河南南阳市）之时，百里奚破烂、低贱的衣着引起了镇守宛地的楚国士兵的注意，他们从百里奚的衣着、形迹推断出这是一名奴仆。春秋时代，奴仆属于私人财产，不能随便逃亡，所以楚国士兵便将百里奚扣留了。百里奚百般辩解，一再表明自己的身份，一再诉说自己的经历，楚国士兵在没有弄清楚真假之前，拒绝放他回家。

五年，晋献公灭虞、虢，虏虞君与其大夫百里奚，以璧马赂于虞故也。既虏百里奚，以为秦缪公夫人媵于秦。百里奚亡秦走宛，楚鄙人执之。——《史记·秦本纪》

百里奚逃亡、被抓的事情，传到秦穆公那里，秦穆公决定出手了。原来，秦穆公早就听闻百里奚的贤明，本想授予百里奚官职，重用百里奚，没想到自己的旨意还没来得及下，百里奚就跑了。于是，秦穆公派手下人一路追踪，追到宛地，还没有来得及将百里奚带回秦国，百里奚又被楚国人抓了。两次失之交臂，秦穆公非常惋惜，但是素爱贤才的秦穆公不想放弃百里奚，于是便派人到宛地去赎人。

为了得到百里奚秦穆公本不惜重金，但是赎金过重，容易引起楚国人的怀疑，一切明了之后，或许楚国人就不会放行了，最后秦穆公派人与楚国人沟通，希望能以五张黑色公羊皮赎回逃跑的陪嫁奴仆。五张公羊皮在秦穆公眼中不算太贵重，但是在楚国守城士兵眼里，五张羊皮的价值与一个奴仆相比，还是超值的。一个榨不出多少油水的“叫化子”，换来五张羊皮，这个买卖很划算，楚国守城士兵何乐而不为呢？

缪公闻百里奚贤，欲重赎之，恐楚人不与，乃使人谓楚曰：『吾媵臣百里奚在焉，请以五羖羊皮赎之。』楚人遂许与之。——《史记·秦本纪》

百里奚因此被交还秦国。百里奚回到秦国时，秦穆公亲自为他打开囚车，向他询问国家大事。百里奚当时已经七十多岁了，推辞说自己是亡国之臣，不值得询问。秦穆公说：虞国国君不用你，所以虞国才灭亡，这绝不是你的错。

当是时，百里奚年已七十余。缪公释其囚，与语国事。谢曰：『臣亡国之臣，何足问！』缪公曰：『虞君不用子，故亡，非子罪也。』。——《史记·秦本纪》

秦穆公与百里奚一连好多天谈论国事，越谈越投机，秦穆公十分赏识百里奚的才华，把国家大政交给百里奚处理，号称“五羖大夫”。羖，就是黑色公羊。

固问，语三日，缪公大说，授之国政，号曰五羖大夫。——《史记·秦本纪》

百里奚是秦穆公得到的第一位人才。

再看第二例。

当秦穆公大大称赏百里奚时，百里奚却说：我不如我的朋友蹇(jiǎn)叔，蹇叔才是真正的贤才，但是，没人了解他。

> 臣不及臣友蹇叔，蹇叔贤而世莫知。——《史记·秦本纪》

百里奚说：我过去外出游学求官，被困在齐国，沦落到沿街讨饭，蹇叔收留了我。我想当齐国国君无知的臣子，蹇叔阻止了我，我这才躲过了齐国政变的那场灾难。后来，我到了周，周王子颓喜爱牛，我想凭着养牛的本领求个官职，颓也想用我，但是，蹇叔又劝阻了我。我离开了王子颓，才没有和王子颓一起被杀。我到虞国做官，蹇叔也劝阻过我。我虽然知道虞君不能重用我，但我心里贪恋俸禄和爵位，就暂留下来。我两次听蹇叔的话，两次躲过灾难；一次没听，就遇到这次虞国亡国而被俘的灾难。所以，我知道蹇叔非常有才。

> 再用其言，得脱；一不用，及虞君难。是以知其贤。——《史记·秦本纪》

于是，秦穆公派人带着重礼迎接蹇叔，任命他为上大夫。

> 于是缪公使人厚币迎蹇叔，以为上大夫。——《史记·秦本纪》

这样，秦穆公得到了他一生最为重要的两位王佐之才：百里奚与蹇叔。

其实，何处无才？关键在于求才者自己。秦穆公得到两位王佐之才靠的是他敏锐的眼光、博大的胸怀与脚踏实地的行动。

两手都要硬

秦穆公一生经历了晋献公、晋惠公、晋怀公、晋文公、晋襄公五位国君，其中，秦穆公继位之时，晋献公已经在位十八年，步入晚年，晋襄公继位时秦穆公已经进入执政后期。所以，秦穆公与晋献公、晋襄公打交道的机会并不多。因此，秦穆公在位之时，打交道最多的是晋惠公、晋怀公、晋文公三位晋君。

秦穆公和三位晋国国君交往的诀窍是四个字：区别对待。

区别什么？人品。

秦穆公和晋惠公打交道是一个典型。他与晋惠公打交道牢牢抓住了“一个中心、两个基本点”。一个中心：东扩。两个基本点：道义和武力。无道义不足以服众，无武力则没有话语权。

秦穆公三救晋难，道义尽显。

一救晋难：拥立晋惠公。

晋献公生前宠幸骊姬，骊姬害死了太子申生，申生的两个弟弟重耳、夷吾出逃。晋献公去世后，立了骊姬的儿子奚齐，献公的大臣里克杀了奚齐。另一位大臣荀息在奚齐被杀后立了骊姬妹妹的儿子卓子，大臣里克又把卓子和荀息杀死了。

晋献公卒。立骊姬子奚齐，其臣里克杀奚齐。荀息立卓子，克又杀卓子及荀息。——《史记·秦本纪》

晋国为什么会出现这种混乱的政治状况呢？

周代宗法制盛行，嫡长子继承制深入人心。骊姬之子不是宗法制承认的法定继承人，大臣们不认可。此时的晋国出现了权力真空。出逃的公子夷吾在国外知道了晋国国内的消息，以割让河西之地八座城为代价，请求秦穆公协助他夺取君位。

秦穆公面对晋国国君的政治真空，毅然决然地派百里奚率兵护送公子夷吾回国，解决了晋国的君权继承之窘。

这是秦穆公一救晋难，拥立晋惠公。

但是，夷吾（晋惠公）即位后，立即背叛了自己“割晋之河西八城与秦”的承诺。

秦穆公虽然对晋惠公的言而无信很愤怒，但是，他并没有立即举兵伐晋，而是审时度势，静观待变。生气是需要本钱的，秦穆公此时尚不具备生气的本钱。

二救晋难：赈济晋灾。

秦穆公十二年（前648），晋国大旱，国内出现了严重的饥荒。晋国向西邻的秦国紧急求援。

秦穆公当时面临着三种选择：一是出兵晋国，二是坐视不救，三是开仓赈灾。

秦穆公本来可以利用晋国的自然灾害，出兵晋国，达到削弱晋国之实。但是，这样做是地地道道的乘人之危，虽然可收一时之利，但会严重损伤秦穆公的政治形象。坐视不救与出兵伐晋是同一性质，只是手段温柔了一点。开仓赈灾，帮助晋国渡过难关，政治上可以得分，但是，强晋会继续成为阻碍秦国东扩的障碍。

秦国大臣在这一问题上有两派意见：主战派主张趁“饥”讨伐，主和派认为不能见死不救。

秦穆公最后询问他最信任的百里奚，百里奚说：晋国

夷吾谓曰：『诚得立，请割晋之河西八城与秦。』——《史记·秦本纪》

国君夷吾从前背叛自己的诺言，得罪过你，但是，晋国的老百姓有什么罪呢？

夷吾得罪于君，其百姓何罪？
——《史记·秦本纪》

由于百里奚力主赈济晋国，秦穆公听从，向晋国大规模运粮。运粮队伍从秦国都城雍（今陕西宝鸡市凤翔区）出发，先用船水运，再用车转陆运，到达晋国都城绛（今山西曲沃县南），队伍绵延不断、络绎不绝，史称“泛舟之役”。就这样，秦穆公援劲敌天下称誉，重道义形象得分。

以船漕车转，自雍相望至绛。
——《史记·秦本纪》

秦穆公通过两救晋难，为秦国摸索出了一条大国崛起之道：重视道义。道义虽不能强兵富国，但可以为秦穆公赢来宝贵的声誉。春秋之际，天下已经进入大国称霸、吞并小国弱国的阶段。但是，一个大国，绝不单单要是个强国，也一定要是一个以道义和文明著称于世的国家。这样，才能让天下诸侯宾服。所以，秦穆公在秦晋关系上高举道义的大旗，在政治上得了重要的一分。

三救晋难：遣返晋惠公。

两年之后（秦穆公十四年，前646），秦国发生饥荒，向晋国请求援助。晋惠公夷吾和他手下的大臣们商议，有位大臣对晋惠公说：趁秦国发生灾荒出兵讨伐它，一定可以获得大功。

因其饥伐之，可有大功。
——《史记·秦本纪》

晋惠公采纳了这位大臣的意见，于秦穆公十五年（前645），趁秦国灾荒，出兵攻秦。

晋国饥荒，秦穆公大规模救灾；秦国饥荒，晋惠公却落井下石，兴兵伐秦。二者相比，晋国明显在道义上失了分。

但是，秦穆公是道义、军事两手都要抓，两手都要硬的国君。既然晋国要打，秦穆公当然要奉陪。于是，秦、晋两国在韩地开战，这就是著名的韩原之战。

韩原之战一开始，晋惠公扔下自己的大部队就往前冲，回来的时候，驾车的战马陷到泥潭里。秦穆公和部下看到这个情景，纵马追赶，想趁机抓住晋惠公，但是，秦穆公不但没能抓到晋惠公，反而被晋军包围了。晋军围攻秦穆公，穆公受了伤，形势非常危急。

在此危急之时，秦军三百多个士兵不顾个人危险，驱马冲入晋军，晋军的包围圈被撕开，不仅秦穆公得以脱险，反而活捉了晋惠公。

原来，秦穆公曾经丢失过一匹良马，岐山下的三百多个乡下人抓到这匹良马，把它吃了，官府抓到他们，要严办。秦穆公说：君子不能因为一头牲畜而伤害人，吃了良马肉，如果不喝酒，会伤身。于是，不但不处罚他们，还赐给他们酒，并全部加以赦免。

初，缪公亡善马，岐下野人共得而食之者三百余人。吏逐得，欲法之。缪公曰：『君子不以畜产害人。吾闻食善马肉不饮酒，伤人。』乃皆赐酒而赦之。——《史记·秦本纪》

后来，被秦穆公赦免的这三百人听说秦穆公要去攻打晋国，都要求跟着去。作战时，他们发现秦穆公被敌军包围，于是，个个高举兵器，争先死战，报答秦穆公的恩德。这就是秦穆公被困时冲上来的三百敢死队。结果，冲上来的三百勇士帮秦穆公解了围，还意外地俘虏了晋惠公，这就叫善有善报。

三百人者闻秦击晋，皆求从。从而见缪公窘，亦皆推锋争死，以报食马之德。——《史记·秦本纪》

回国后，愤怒的秦穆公发布命令：人人斋戒，独宿，我要用晋君祭祀上帝。秦穆公的这个决定可以理解。晋惠公知恩不报也就罢了，反而恩将仇报，兴兵伐秦，怎能不让秦穆公气急败坏，一定要杀他祭天。

周天子听说了这件事，说晋国国君与我同姓，我要替晋君求情。秦穆公的夫人听说这件事，穿上丧服，光着脚说：我是夷吾的姐姐，但是，我却不能救自己的兄弟。

晋我同姓，为请晋君。——《史记·秦本纪》

夷吾姊亦为缪公夫人，夫人闻之，乃衰经跣曰：『妾兄弟不能相救，以辱君命。』——《史记·秦本纪》

秦穆公在战场上俘虏了晋惠公，要杀要放，本来全凭秦穆公一句话；但是，周天子求情，夫人也求情，秦穆公该怎么做呢？秦穆公本可以我行我素，该怎么办就怎么办；但是，秦穆公却说：我俘虏了晋君，自以为办了一件大事，可是现在天子求情，夫人也为此事发愁。于是，秦穆公跟晋惠公订立盟约，答应让他回国，并以诸侯之礼相待。

缪公曰：『我得晋君以为功，今天子为请，夫人是忧。』乃与晋君盟，许归之，更舍上舍，而馈之七牢。——《史记·秦本纪》

秦穆公此举，在道义上再次得分。晋惠公背恩负义，战败被俘。秦穆公本可以杀了这个忘恩负义之徒，结果，秦穆公再次放他回国。

秦穆公在晋国内乱之际首立晋惠公，结束了晋国的内乱，一救晋难；在晋国旱灾之时，送粮赈灾，二救晋难；在晋惠公企图趁秦国灾荒而兴兵攻打秦国之时，俘获了晋惠公，并再次送他回国，三救晋难。

从秦穆公三救晋难中，我们可以看到一位成熟、大度、负责任的秦穆公。而且，在三救晋难的过程中，秦穆公不仅政治得了满分，秦国自身也有了重大收获——秦国势力在向东大规模地扩张。秦穆公送晋惠公回国，晋惠公献出晋国河西的土地。

同时，晋惠公还派他的太子圉（yǔ）到秦国做人质。秦穆公把自己的女儿嫁给了太子圉。这时候，秦国的地盘向东已经扩展到今陕西、山西交界的黄河一线。

秦妻子圉以宗女。是时秦地东至河。
——《史记·秦本纪》

再说武力。

秦穆公的武力不用多讲，拥立晋惠公，靠的是军事实力作后盾。秦穆公与晋惠公的韩原之战显示的也是军事力量，道义实施的话语权需要依靠背后的军事武力作支撑。所以，秦穆公是两手（政治、军事）都要抓、两手都要硬的国君。

道义是软实力，道义收获人心。军事是硬实力，军事反制邪恶。

该打的打　该帮的帮

秦穆公二十二年（前638），身在秦国的晋惠公的太子圉逃回晋国。原因是太子圉听说自己的父亲晋惠公病重，担心自己在秦国当质子会失去继位的机会，所以，三十六计，走为上计。

第二年（前637），晋惠公病故，太子圉被立为国君，他就是晋怀公。

这是秦穆公东扩要面对的第二位晋国国君。秦穆公三救晋难，对晋惠公施行的是怀柔政策。对晋怀公，秦穆公却决定将他拉下马来，另立新君。

秦穆公为什么要这样做呢？因为他对太子圉非常不满。

秦穆公对晋惠公自食其言也有不满，但是，他还是三救其难。对于晋怀公，秦穆公更为不满，其中一个非常重要的原因是晋怀公抛弃了自己的女儿秦嬴，偷跑回国继位。

此时，晋惠公的兄弟公子重耳在外流亡近二十年到达楚国，秦穆公既然认为晋怀公非常可恶，当然想找人取而代之。长期流亡在外的晋公子重耳，是一个不错的人选。于是，秦穆公派人到楚国迎来了重耳，并且把被晋怀公抛弃的自己的女儿再嫁给重耳，重耳开始不同意娶秦穆公这位二婚的女儿，但是，思量再三，最终还是把她娶了回来。

秦怨圉亡去，乃迎晋公子重耳于楚，而妻以故子圉妻。重耳初谢，后乃受。——《史记·秦本纪》

重耳是晋怀公的叔叔，娶了晋怀公的妻子，就是娶了自己的侄媳妇，有人说这是乱伦，其实当时并不在意这些，真正重视婚姻中的辈分是宋代之后的事情。

重耳娶了被晋怀公抛弃的秦穆公的女儿，让秦穆公非常敬重重耳，于是，他对重耳报以重礼，坚决支持重耳回国继位。

缪公益礼厚遇之。——《史记·秦本纪》

秦穆公二十四年（前636）二月，在晋国大臣的支持下，秦穆公武装护送重耳回国，继位为君，史称晋文公。晋文公重耳派人杀死了自己的侄子晋怀公。

二十四年春，秦使人告晋大臣，欲入重耳。晋许之，于是使人送重耳。二月，重耳立为晋君，是为文公。文公使人杀子圉，子圉是为怀公。——《史记·秦本纪》

晋文公是一代英主。他在城濮之战中打败了强大的楚国，迅速成为一代霸主。

面对晋文公治理下迅速强大的晋国，秦穆公首先采取了全面合作的态度。

一是协助晋文公解决周襄王时的内乱，二是秦穆公三十年（前630）帮助晋文公围郑。但是，这一次围郑，对秦穆公触动很大。

秦缪公将兵助晋文公入襄王。——《史记·秦本纪》

晋文公这一次攻打郑国主要是出于私怨。当年晋文公重耳流亡到郑国时，郑国国君对重耳很不礼貌，重耳耿耿于怀。因此，重耳当了晋国国君便要讨伐郑国，以雪此仇。

过郑，郑文公弗礼。——《史记·晋世家》

郑国面对秦、晋两个大国的围困，决定派出使者烛之武游说秦穆公。夜间，郑军将烛之武用绳子从被围困的城上缒（zhuì）下来，他面见秦穆公说：秦、晋两国攻郑，郑国已经知道自己要灭亡了。但是，灭了郑国，对秦国并不利，因为从地理上看，郑国与秦国之间还隔了一个晋国。灭了郑国，只能扩大晋国的领土，对晋国有利，而不是对秦国有利。邻国的土地增多了，只能使秦国的领土相对变小。而且晋国贪得无厌，灭了郑国，必然向西扩张，如果不侵占秦国的土地，它上哪儿去搞扩张？

> 亡郑厚晋，于晋而得矣，而秦未有利。晋之强，秦之忧也。——《史记·秦本纪》

> 夫晋，何厌之有？既东封郑，又欲肆其西封。不阙秦，将焉取之？——《左传·僖公三十年》

烛之武这番话深深触动了秦穆公，秦穆公马上与郑国订立盟约，而且派了三位将领帮助郑国防守，自己率先撤兵。可见，天下最能搅动人心的是利害。秦晋之间的利害权衡让秦穆公选择了撤兵。

> 秦伯说，与郑人盟，使杞子、逢孙、杨孙戍之，乃还。——《左传·僖公三十年》

秦穆公突然撤兵，晋文公无奈，亦撤兵而回。这次围郑，不了了之。

两年后（前628），晋文公去世。

人性的弱点

恰在此时，两年前秦穆公派驻郑国的秦将杞子捎信给秦穆公说：郑国人已经非常信任我们，让我们掌管了郑国北门的钥匙，如果派兵悄悄进军，就可以轻松地拿下郑国的国都。

> 我主其城门，郑可袭也。——《史记·秦本纪》

秦穆公听说后，立即征询秦国的两位重臣百里奚、蹇叔的意见。这两位重臣都坚决反对远程袭郑。理由很简单，秦国在今陕西，郑国的都城在今河南新郑市，中间隔着一个强大的晋国。所以，百里奚、蹇叔认为：我们从未听说过千里奔袭能成功的。因为，长途偷袭一个国家，最终只会拖垮自己的军队，对方也一定会有所准备，恐怕劳而无功。

穆公访诸蹇叔，蹇叔曰：『劳师以袭远，非所闻也。师劳力竭，远主备之，无乃不可乎？师之所为，郑必知之。勤而无所，必有悖心。』——《左传·僖公三十年》

但是，一向从谏如流的秦穆公这次是铁了心奔袭郑国，百里奚和蹇叔的话他一概听不进去。

在与晋国周旋的三十多年中，秦穆公一直非常谨慎，一直不急于东扩。但是，这一次秦穆公为什么铁了心地要东扩了呢？第一，晋文公下世了；第二，秦穆公自我感觉良好。

秦穆公自继位以来，和晋国四位国君晋献公、晋惠公、晋怀公、晋文公打过交道，刚刚继位的晋襄公他还没有来得及打交道。这四位晋国国君中，秦穆公最忌惮的是晋文公。晋文公的下世让他感到晋国有作为的国君已经没有了，他可以放心大胆地东扩了。

秦穆公之前三救晋难，打的都是政治牌。但是，此时秦穆公已经在位三十二年，人生的旅途已经走完大半，秦穆公的耐心也到了极限。所以，这一次，秦穆公决定重新洗牌，开始打军事牌了。

于是，他任命了三位将军，其中，就有百里奚的儿子孟明视、蹇叔的儿子西乞术。

出征那天，百里奚和蹇叔两位老臣放声大哭。蹇叔边哭边说：我可以看见大军出征，但是，我却看不到大军回国了。秦穆公派人冲着蹇叔大吼：你懂什么？如果你活个中等寿限，你墓地上的树都有两手合围那么粗了。秦穆公又怒气冲冲地对百里奚、蹇叔说：我派兵出征，你们俩一个劲地诅咒我们大秦的军队，到底为什么？两位老臣回答：我们不敢哭丧军队，只是我们俩的儿子都要从军。我们俩年龄大了，恐怕他们这一去我们就见不到儿子了。然后，两位老臣对他们的儿子说：你们肯定要打败仗，而且一定是在崤山。那就是秦军的葬身之地，我们只能等着在那里给你们收尸骨了。

尔何知？中寿尔墓之木拱矣。——《左传·僖公三十年》

秦穆公三十三年（前627），秦兵东进，到了滑国，郑国商人弦高带着十二头牛到周地贩卖，刚好碰见秦军，他害怕被秦军杀掉或俘虏，就献上自己的十二头牛，并且假托郑国国君的命令说：听说贵国要去讨伐郑国，郑君已认真做了防守和抵御的准备，还派我带了十二头牛来慰劳贵国士兵。秦国的三位将军一听这话，立即商量说：我们要去袭击郑国，郑国现在已经知道了，袭击肯定不能成功了。于是灭掉晋国的附属国滑国。

兵至滑，郑贩卖贾人弦高持十二牛将卖之周，见秦兵，恐死虏，因献其牛，曰：『闻大国将诛郑，郑君谨修守御备，使臣以牛十二劳军士。』秦三将军相谓曰：『将袭郑，郑今已觉之，往无及已。』灭滑。滑，晋之边邑也。——《史记·秦本纪》

此时，晋文公还没有安葬。晋襄公愤怒地说：秦国欺侮我刚刚丧父，趁我办丧事的时候攻破我晋国的属国滑国。于是发兵在崤山阻截秦军，把秦军打得大败，全军覆灭，还俘获了秦军三位将军。

当是时，晋文公丧尚未葬。太子襄公怒曰：『秦侮我孤，因丧破我滑。』遂墨衰绖，发兵遮秦兵于殽，击之，大破秦军，无一人得脱者。虏秦三将以归。——《史记·秦本纪》

晋文公的夫人是秦穆公的女儿，她替秦国三位被俘的将军求情说：我爹对这三个人恨之入骨，您放他们回国，好让我爹能亲自杀了他们。晋襄公听了夫人的话，放三位秦军将军归国。

文公夫人，秦女也，为秦三囚将请曰：『缪公之怨此三人入于骨髓，愿令此三人归，令我君得自快烹之。』晋君许之，归秦三将。——《史记·秦本纪》

一生谨慎的秦穆公终于在晚年犯了骄傲自大的毛病，并为此付出了惨重的代价。

孟明视等三位将军回国的时候，秦穆公穿着白色丧服亲自到郊外迎接他们，向他们哭着说：寡人因为没有听从百里奚、蹇叔的话，让你们三位受了屈辱，你们三位有什么罪？你们要准备全力洗雪这个耻辱。秦穆公不但恢复了三个人原来的官职俸禄，还厚待他们。

三将至，缪公素服郊迎，向三人哭曰：『孤以不用百里奚、蹇叔言以辱三子，三子何罪乎？子其悉心雪耻，毋怠。』遂复三人官秩如故，愈益厚之。——《史记·秦本纪》

秦穆公与晋国相处多年，从未失过手，为什么这次却听不进任何劝告，大败于晋国呢？人性。人，永远只会被自己人性的弱点打败。骄傲自满，自视甚高，终于让一生辉煌的秦穆公尝到了败绩。

秦穆公三十六年（前624），秦穆公派孟明视等人率兵进攻晋国，而且，秦军渡过黄河就把渡河的船全烧了，以示全无还心。我们都知道项羽在巨鹿之战中破釜沉舟大败秦军，却不知道沉舟这一战法的专利应当属于秦穆公。

秦穆公大玩沉舟之战，晋军吓得不敢接招，结果，这一仗大败晋军，夺取了王官（今山西闻喜县南）和鄗地，为崤山战役报了仇。穆公渡过黄河，亲自为崤山战役暴骨三年的将士筑坟，发丧，痛哭三天，并向秦军发誓说：古人办事都要虚心听取老年人的意见，所以不会有什么过错。自己没有采纳百里奚、蹇叔的劝告造成重大过失，并让后代永远记住自己的过失。

三十六年，缪公复益厚孟明等，使将兵伐晋，渡河焚船，大败晋人，取王官及鄗以报殽之役。晋人皆城守不敢出。——《史记·秦本纪》

秦穆公毕生致力于东扩，终于打败晋国，报了崤山战败之仇。但是，秦军虽然取得了这次胜利，晋国的军事实力仍然没有受到重创，晋国仍然是秦国东扩的最大障碍。可惜秦穆公并未完成这项历史使命就撒手人寰。

于是缪公乃自茅津渡河，封殽中尸，为发丧，哭之三日。乃誓于军曰：『嗟士卒！听无哗，余誓告汝，古之人谋黄发番番则无所过。』以申思不用蹇叔、百里奚之谋故作，此誓，令后世以记余过。——《史记·秦本纪》

秦穆公在位三十九年，东平晋乱，西伐诸戎；招贤纳士，用由余霸西戎，益国十二，开地千里；用百里奚、蹇叔与东方强大的晋国周旋，逐步蚕食其土，并在诸侯国中树立了良好的形象。秦国有穆公是其国运之幸，但是，穆公去世后，秦国历经十五代国君，近二百六十年，忙于争权，无所作为。直到秦孝公，才重新开始续写秦国的崛起之路。那么，秦孝公是如何续写秦国的崛起之路的呢？

请看：孝公变法。

孝公变法

四

公元前338年的一天傍晚，一位匆匆忙忙从秦国商地（今陕西商洛市商州区）逃往魏国的人，想在边关的客店里住上一夜，第二天再继续向东赶路。但是，客店的主人告诉他：商君立法，店主人不得留宿没有证件的人住店，如果擅自留宿，要连带判罪，你没有证件，我不能留你。此人听后，长叹一声说：商君变法怎么弄到这种程度！万般无奈的客人只好悻悻离去。这位要住店的客人就是立此法的商鞅。他在秦国成功地实施了变法，使秦国走上了富国强兵的道路，为秦国最终兼并六国奠定了坚实的基础。可是，这位对秦国做出如此巨大贡献的变法者，现在却如丧家之犬，惶惶逃命，最终他也未能逃脱五马分尸的悲惨结局。那么，商鞅到底是一个什么样的人？他为什么要逃离秦国？为什么他制定并实施的能使秦国富强的变法给他带来的是惨死的结局？

眼神差了不止一点点

商鞅原本是卫国国君的妾所生的儿子，原名公孙鞅，因为生在卫国，也叫卫鞅。

> 卫之诸庶孽公子也。——《史记·商君列传》

商鞅是一位顶级人才。他初入政坛是在魏相公叔痤（gōng shū cuó，《史记》作公叔座）手下做官。公叔痤很清楚商鞅的才能，但出于对自己健康的超强自信，一直没有及时向魏王力荐商鞅。公叔痤没想到，自己尚未来得及举荐商鞅，就病危了。魏惠王听说公叔痤病危，急吼吼地赶到公叔痤家中探视，向他咨询：万一您有什么不测，谁能像您一样辅弼我治国？公叔痤回答：我手下有一个叫公孙鞅的人，很年轻，但是位奇才，希望大王能把治国重任交给他。魏惠王听后，默然无语。魏惠王临走的时候，公叔痤斥退左右之人，悄悄对魏惠王说：如果大王不用公孙鞅，一定要杀了他，千万不要让他到其他国家去。魏惠王表面上答应了奄奄一息的公叔痤的请求。

> 公叔座知其贤，未及进。会座病，魏惠王亲往问病，曰：『公叔病有如不可讳，将奈社稷何？』公叔曰：『座之中庶子公孙鞅，年虽少，有奇才，愿王举国而听之。』王嘿然。——《史记·商君列传》

公孙痤请求魏王若不用商鞅必杀之的请求，本意可能是说服魏王重用商鞅的一种手段，所以，看透魏王不可能重用商鞅的公孙痤等魏王一走，马上把公孙鞅叫来说：刚才魏王问我谁可以代我为相，我推荐了你，但我看魏王没有重用你的意

> 王且去，座屏人言曰：『王即不听用鞅，必杀之，无令出境。』王许诺而去。——《史记·商君列传》

思。我做事只能先国家后个人，所以，我刚才告诉魏王，如果不能用你，一定要杀了你，千万不能让你到其他国家去。你赶紧逃命去吧，晚了就来不及了。

公叔座召鞅谢曰：『今者王问可以为相者，我言若，王色不许我。我方先君后臣，因谓王即弗用鞅，当杀之，王许我。汝可疾去矣，且见禽。』——《史记·商君列传》

公孙鞅听后，很平静地对公叔痤说：大王既然不能听你的话重用我，又怎么会听你的话杀我呢？商鞅料事如神。魏惠王从公叔痤家里出来，就对他身边的人说：公叔痤真是病昏了头，竟然想让我把国家交给毛头小子公孙鞅去治理，简直荒唐至极！

鞅曰：『彼王不能用君之言任臣，又安能用君之言杀臣乎？』卒不去。惠王既去，而谓左右曰：『公叔病甚，悲乎，欲令寡人以国听公孙鞅也，岂不悖哉！』——《史记·商君列传》

于是，公孙鞅没有离开魏国，魏王也没有杀他。公叔痤贵为魏相，已经是一人之下、万人之上，却对商鞅推崇备至，极力举荐，首先是因为商鞅确实有经天纬地之才，同时也彰显了公叔痤的胸怀和勇敢。

古今中外，一个真正有能力的人赞扬一个比他更有能力的人，不仅仅需要慧眼识才，更需要胸怀宽广、坦荡无私。可惜的是，公叔痤对商鞅的赞扬为时已晚。

赞扬是一门大学问：赞扬与自己实力相当的人，是胸怀宽广；赞扬不值得赞扬的人，是借力打力；赞扬比自己更强大的人，是勇敢无畏。

公叔痤了解商鞅却不了解魏惠王。商鞅断定

魏惠王不会杀害自己，证明了商鞅的聪慧。

魏惠王的眼神实在是太差了，绝不是差了一点点。尽管有名相公叔痤的全力举荐，但是，魏惠王还是看不上商鞅，商鞅还是不能在魏国一展其才。人生的成功不仅仅是才干，更重要的是要有机遇。

商鞅再有才，在魏国不过是已故魏国国相手下的一位小官（中庶子），他后来怎么跑到秦国施行变法呢？

“招商引智”的机会

商鞅人生的改变都是秦孝公的“招商引智”。

公元前361年，秦献公去世，年仅二十一岁的秦孝公继位。

秦孝公继位之时，秦国东边的六个强国韩、赵、魏、齐、楚、燕都已经成了气候。周天子的力量更加衰落，诸侯之间不断厮杀，互相吞并，秦国远处雍州，不能参加中原诸侯的会盟，被山东（崤山以东）六国当作夷翟（dí）看待，并且时刻有被他国侵吞的可能。

周室微，诸侯力政，争相并。秦僻在雍州，不与中国诸侯之会盟，夷翟遇之。——《史记·秦本纪》

这种政治局面使颇有雄心壮志的秦孝公忧心忡忡，他迫切希望能够恢复秦穆公时代“东平晋乱”“西霸戎翟”那种繁荣昌盛的局面。所以，秦孝公痛下决心，公开提出：谁能够出谋划策让秦国强大起来，我愿意给他高官厚禄，而且分土地给他。

宾客群臣有能出奇计强秦者，吾且尊官，与之分土。——《史记·秦本纪》

“与之分土”这句话出自一位国君之口，极其不易，极具分量。说它不易，因为它是中国历史上第一个许下分地与人的国君。说它极具分量，因为这句话对天下人才的杀伤力极强！谁不愿意在有生之年能够得到赏地？除非他一无所求。

秦孝公之所以许下如此优厚的条件网罗人才，变法图强，主要基于两大原因：

东平晋乱，以河为界，西霸戎翟，广地千里，天子致伯，诸侯毕贺。——《史记·秦本纪》

一是对秦穆公业绩的仰慕。当年，秦穆公东平晋国内乱，国界推至黄河。称霸西戎，扩地千里。周天子亲封诸侯，关东诸侯俱来朝贺。孝公对穆公取得的丰功伟业与荣耀钦羡不已。

二是对当时秦国地位低下的痛心。秦穆公时夺来的晋国河西之地又被夺走，东方诸侯看不起秦国，鄙视其为戎翟，不把秦国当成正式成员看待，这使秦孝公感到了强烈的耻辱。知耻而后勇，秦孝公痛感秦国必须变法图强，奋起直追，而要超越六国，做大做强，最需要的是什么？人才。

三晋攻夺我先君河西地，诸侯卑秦，丑莫大焉。——《史记·秦本纪》

所以，秦孝公决心求贤。秦孝公求贤不仅决心极大，而且范围极广。以他自己的话来说，选拔人才的范围是“宾客”和“群臣”。这就不仅限于秦国的“群臣”，六国来的“宾客”也不拒绝。这是面向全社会、面向全世界招募贤才，兼收并蓄啊。

秦孝公大张旗鼓地以土地与官爵为饵网罗天下人

才的政令，就像电波一样，越过边界，传至四方。有一个人匆匆忙忙从魏国赶来，参加秦国的人才招聘大会，他就是在魏国一直郁闷不得志的商鞅。

商鞅风风火火地赶到秦国，找到秦孝公最宠幸的景太监（景监），请他安排自己和秦孝公见面。太监在当时是被士人最看不起的人，后世不少人也曾经因为商鞅最初通过景监求见秦孝公一事批评商鞅。司马迁在著名的《报任安书》中亦说："商鞅因景监见，赵良寒心。"宋人甚至公开说：商鞅通过景监面君，最终被杀是应得的。但是，商鞅急于见到秦孝公，推行自己的一套富国强兵之术，他在秦国又无亲朋好友，不找秦孝公宠幸的景监能找谁？有着广泛人脉关系的人实在不知道"报国无门"者的窘境。

秦孝公接见商鞅了吗？见了。

怎么见的呢？

四场"面试"。

第一场"面试"，商鞅对秦孝公大讲"帝道"（五帝之道——黄帝、颛顼、帝喾、尧、舜的治国之道），秦孝公听得昏昏欲睡，事后大骂景监：你那位客人是个只会说大话的人（妄人）。第二场面试，商鞅大讲"王道"（三王之道——夏禹，商汤，周文王、周武王的治国之道），秦孝公还是听不进去。第三场"面试"，商鞅大讲"霸道"（春秋五霸的治国之道），秦孝公听得有点兴奋了，但还是没有特别感兴趣。第四场"面试"，商鞅大讲"强国之术"，秦孝公听傻了，一个劲儿向商鞅跟前凑，这才是他梦寐以求的富国强兵的人才。

自此，商鞅大得秦孝公的赏识，开始在秦国实施变法，商鞅没有辜负孝公的赏识与信任，秦国从此走上了国富兵强的道路，孝公兑现了当初寻觅人才时的承诺，给商鞅加官、晋爵、封地。求富得富、求贵得贵、要官有官、要地有地的商鞅怎么会在秦国待不下去了呢？怎么可能发生本章开头叙述的像丧家之犬匆匆逃离秦国的事呢？富贵，缘于变法；逃亡，亦缘于变法。商鞅到底进行了什么样的改革呢？

一个都不能少

要了解商鞅为何匆忙逃命，必须从他变法的具体内容谈起。

有了秦孝公的强力支持，商鞅对秦国的政治制度与经济制度进行了全面的改革。

第一，改革政治制度。

商鞅变法是一场政治制度的深刻变革。这种制度变革在商鞅变法中表现为四个方面：

一是中央集权制的雏形。

合并乡邑为县，全国设立三十一个县（《史记·秦本纪》作四十一县。），每县都安排县令、县丞，县令、县丞由国君直接任命。

而集小乡邑聚为县，置令、丞，凡三十一县。——《史记·商君列传》

这项制度看起来并不起眼，只是合并一些行政区划，但是，它意义非凡。把国家的基层政权设置为县，由国君直接任命县令、县丞，这一套基层政权的建制正是秦始皇兼并六国后在全国范围内设立郡县制的雏形。因此，此项措施具有划时代的重大意义：一是基层政权的长官由国君任命，国君直接任命从中央到地方的官吏，这是中国两千多年中央集权制的肇端。二是它初步打破了世卿世禄的世袭制，直接催生了官僚制。

二是官僚制的雏形。

西周、东周时期，从天子、诸侯到卿大夫、士，他们的爵位、封邑、官职都是父子相承，这叫世袭。这种制度的基础是血缘宗法关系。爵位和官职的世袭叫世卿，封邑的世袭叫世禄。世卿是政治地位，世禄是经济地位。世卿世禄制和分封制、宗法制三位一体、相辅相成。

这种世袭的次数从理论上讲是无限的，除非改朝换代或者拥有这个爵位、官职的家族在政治斗争中失败。但是，世卿世禄制度存在很大的弊端。

世卿世禄制度严重阻碍了优秀人才进入高官阶层。在世卿世禄的制度下，贵族享有世代任职高官的特权，优秀人才只能沦为下僚，无法脱颖而出。一个没有社会精英不断补充进来的政权，一个没有新鲜血液注入的政权，必然不可能是高效的政权。数代世袭后的领导者大多沢为平庸无能之辈，一旦出现精明强干的卿士，则有可能消解国君的权威。

世卿世禄的结果，产生了一批尾大不掉的卿士。他们把持朝政，瓜分国君权力，成为不少诸侯国分裂的根源。如晋国的六卿，相互吞并为韩、赵、魏三卿，最终韩、赵、魏三家瓜分了晋国。一个强大统一的晋国消失了，代之而起的是三个实力远逊于强晋的三国。强大而统一的晋国挡住了秦国的东扩之路，代之而起的三晋，由于相互之间的争夺、消耗，谁都没有能力阻挡秦国的东扩。如果秦国不施行商鞅变法，也可能出现尾大不掉的世袭卿士，最终将秦国瓜分为若干个小国，那么，秦国的东扩只能是一种梦。幸运的是，商鞅变法催生了中央集权制，从中央大员一直到各级地方官员，都不可能成为拥有权力瓜分秦国的卿士。

三是军功爵制。

废除世卿世禄制度改为官僚制绝不是一件轻而易举的事，它存在两个重要问题：一是世袭贵族会竭力反抗，二是必须有一套可以代替世卿世禄制的合理的配套制度。

商鞅是怎么做的呢？

商鞅采用了当时最能调动全国人才积极性的军功爵制代替世卿世禄制。

商鞅制定的军功爵共十八级，从最低的功士到第十八级的大庶长（一说二十级，第十九级是关内侯、第二十级为彻侯）。“有军功者，各以率受上爵”《史记·商君列传》，这个“率”怎么计算，就是敌人的首级。有了敌人的首级就可以得到上一级的爵位。

军功爵制具有双重效力：一方面，“宗室非有军功论，不得为属籍”《史记·商君列传》，就是贵族没有军功不能成为宗室成员；另一方面，平民有了功劳，也可以获得相应的爵位。这样，既限制了宗室贵戚的势力，又为社会下层的人打开了一条通往上层社会的可行通道。

由于军功爵制向所有人敞开了一条晋升大道，人人都可以通过获得军功爵而进入官僚阶层，所以，它得到了大多数非贵族阶层人群的坚决拥护。

有了军功爵制，在政治上，社会按照爵位的高低分别贵贱；在经济上，社会按照爵位的高低分配财富。即使是贵族，也只能是“有功者显荣，无功者虽富无所芬华”《史记·商君列传》。这种制度的建立使得社会财富的分配有了一个崭新的标准。

明尊卑爵秩等级，各以差次；名田宅臣妾衣服以家次。——《史记·商君列传》

对于出身下层社会的人来说，军功爵制为他们提供了一个通向权力与富贵的道路；对于旧贵族来说，军功爵制限制了他们仅凭血统就可以享受特权的待遇。因此，商鞅施行的军功爵制受到秦国旧贵族激烈、不遗余力地反抗。因为触及利益必触及灵魂，更让人感到震撼。但是，军功爵制激发了整个秦国的巨大潜力。

四是连坐制。

商鞅变法是一场波及面相当广泛的社会变革，它不仅削弱了贵族的世卿世禄制度，同时大大强化了对全国百姓的监管。具体措施是连坐法：全体居民每五家编为一伍，十家为一什，一家犯法，十家连坐。各家之间要相互监督，告发奸人，告奸者和杀敌者赏爵相等。如果不告奸人，一经发现，腰斩处死。反之，掩护奸人的人和战场上投敌的人受一样的惩罚。

令民为什伍，而相牧司连坐。不告奸者腰斩，告奸者与斩敌首同赏，匿奸者与降敌同罚。——《史记·商君列传》

这种连坐制是以什伍株连的恐怖手段恫吓全国百姓，将全国的百姓都编织在同一个政治密网之中，便于中央集权。

商鞅变法十年，“道不拾遗，山无盗贼”，“乡邑大治”《史记·商君列传》，整个社会的井然有序就是在这种强大的政治高压下出现的。

四种措施中，中央集权是核心，官僚制是中央集权制的必然产物，军功爵制是调动所有百姓为新制度服务的积极性，连坐制则是一种维护社会稳定的措施。

第二，改革经济制度。

商鞅变法首先是从富国开始，就是从经济制度的变革切入。商鞅怎样让秦国富起来呢？帝国制度下的社会经济主要是农业经济，所以商鞅首先从土地改革入手。

唐人杜佑在《通典》中对商鞅变法的土地制度有一段非常经典的评述：

> 鞅以三晋地狭人贫，秦地广人寡，故草不尽垦，地利不尽出。于是诱三晋之人，利其田宅，复三代无知兵事，而务本于内，而使秦人应敌于外。故废井田，制阡陌，任其所耕，不限多少。数年之间，国富兵强，天下无敌。《通典》卷一

商鞅认为，韩、赵、魏三国，人多地少。秦国和他们相反，是人少地多，所以，秦国的土地没有最大限度地在发挥“地利”。如何解决这个问题呢？以利诱之。商鞅认为：用利益引导韩、赵、魏三国的人到秦国来，给他们土地、住宅，免去他们三代人服兵役的义务，使

他们专心务农。原来秦国的农民，让他们当兵。当兵可以杀敌获得军功，比起种田来说，利大得多。

这样做有什么好处呢？

首先，打破井田制，富国。

什么叫井出制？井田制是商周时代的土地制度。这种土地制度一是规定土地为国家公有，二是把方圆九百亩的土地按“井”字形划分为九区，中间一区（百亩）为公田，其余八区（八百亩）为私田，分授给八家农户。公田由八家农户集体种植，收获全归国家。完成公田种植后，每家农户再种自己的百亩。西周实行井田制的根本原因是生产工具不发达，生产力低下，农户没有更多的力量种更多的地。战国时期，铁制农具大大提高了生产力水平，井田制却限制了每户农民的土地数量，他们不能多种地多打粮，因此抑制了农民种地的积极性。这种土地制度是和领主制度相配合的。

商鞅怎么彻底改变井田制的呢？首先，改一百步一亩为二百四十步为一亩，大大增加了每户农民的实际授田面积，并积极鼓励农民垦荒。其次，实行减税，农民的负担大大减轻。再次，地种得好，帛产得多，可以免除本人的徭役或赋税。农民的生产积极性空前高涨。

僇力本业，耕织致粟帛多者复其身。——《史记·商君列传》

同时，为了增加国家税收，强制分家。商鞅规定，凡是一家有两个男子的必须分家，如果不分家，强行增加一倍的赋税。这样，父子、兄弟就必须强制分家。国家按户征收军赋。分了家，必然增加纳税的户数。纳税的户数增加了，国家的税收必然大量增加。

民有二男以上不分异者，倍其赋。——《史记·商君列传》

所以，数年之间秦国富裕起来了。

其次，主民、客民分业，重奖杀敌以强兵。

国富了，不见得兵强，商鞅怎样解决强兵的问题呢？

一是主民、客民分业。主民，顾名思义是秦国本国的农民，客民是韩、赵、魏三国来的农民。吸引韩、赵、魏三国的客民到秦国种地是增加粮食产量的重要一环。反正秦国地广人稀，三晋地少人多。只要有利可图，三晋之民可以被大批吸引到秦国种地。客民种地，主民干什么？从军杀敌。为什么要主民从军杀敌？秦国东扩兼并的对象是三晋之地。秦民对待三晋之民下得了手，让主民当兵为秦国作战，也比客民当兵为秦国作战更可靠。而且，从军杀敌可以更快地得到爵位，享受各种特权。比起客民的种地，容易获得更多的利益。

二是重奖杀敌。据唐人《史记集解》引《汉书》曰："商君为法于秦，战斩一首赐爵一级。"这就是军功爵制。这种制度非常有刺激性，只要能斩杀一个敌人获得一颗首级即可以晋升一级爵位，愿做官者，可授以五十石俸禄的官职代替晋爵。

被这套激励机制激发起来的秦国军队，被六国视为“虎狼之师”。因为通过商鞅变法，秦国军人在战场上看见敌人如同饿虎扑食，务求杀敌斩首，晋升爵位。人性恶的一面被商鞅变法的政策充分调动起来了，秦军的战斗力空前高涨。这样的军队打起仗来怎么能不和虎狼一样凶狠！所以，秦军迅速成为当时最具战斗力的军队。

政治、经济、军事全面开花

商鞅变法内容广泛，既涉及政治制度，又涉及经济制度，也包括军事制度。一句话，商鞅变法是动了真格的改革。

但改革从来不会一帆风顺。改革的本质是社会利益的调整，既得利益集团必然会不遗余力地攻击与阻挠改革。商鞅变法在具体实施前引发了激烈的辩论。立志图强的秦孝公有些犹豫，按秦国惯例，国君一时决断不了的事，允许在朝廷上辩论。商鞅与坚决反对变法的两个代表甘龙、杜挚进行了激烈的辩论。这场廷辩是商鞅为变法扫清障碍的一次理论斗争。商鞅高举两面大旗：一是“三代不同礼而王，五伯不同法而霸”，二是“治世不一道，便国不法古”《史记·商君列传》。商鞅的意见得到了急切希望变法图强的秦孝公的大力支持，秦孝公任命商鞅为左庶长（第十级军功爵），推行变法。

“盗亦有道”。商鞅干了四件事，使变法得以顺利执行。

一是徙木树信立威。

商鞅变法是要依法治国。虽然从本质上讲，商鞅所处的战国后期不可能出现现代意义上的“以法治国”，但是，商鞅要变法就必须令行禁止，否则，“令而无信”比“言而无信”更为可怕。

为了树立新法的威信，商鞅创造了一个“立木为信”的神话。据《史记 · 商君列传》记载，商鞅在变法令拟定之后，特意在都城市场的南门立了一根三丈高的大木头，下令说：谁要能把它搬到北门，赏十金。赏金这么重，做起来又易如反掌，因此，谁都不信，所以没有一个人去搬。商鞅一看，立即加码：能将这根木头搬到北门的赏五十金。这下子，市场炸开了锅，谁信啊？有一个人，平时比较愣，他一听，赏金这么重，没多想就把这根木头从南门轻轻松松搬到北门。商鞅立即兑现诺言，赏五十金。商鞅“立木为信”的故事立即传遍全国。商鞅“立木为信”为新法的执行树立了广泛的信誉基石：商鞅言出必行。

二是严惩贵戚。

下层百姓没有特权，一般不敢轻犯王法。贵戚不同，世袭的政治地位和与生俱来的优越感让他们敢于冒犯王法。商鞅变法的第二年，就碰到了这样的大难题：太子犯法。这位太子就是秦孝公死后即位的秦惠文王。

太子犯法怎么办？

商鞅犯了大难。但是，要变法，就不能不管太子犯法这档事儿。刑不上太子，法就是一纸空文，必须依法惩办。但是，太子是“嗣君”，“不可施刑”，商鞅用变通的方法处理了这一大难题：太子的两位老师代为受刑。这条消息立即上了当日秦国新闻的头条。执法的第二天，秦国百姓立即尊法畏法。受到处罚的太子之师公子虔四年后也犯了法，受刑，鼻子被割。

处罚虽然没落在太子身上，但是，太子甭提多难受了。那叫罚在师傅身上，疼在太子心上，最终导致“公子虔杜门不出已八年矣”“公室贵戚多怨望者”《史记·商君列传》。

商鞅的强硬态度遭到以太子为首的一大批贵族的强烈反对。

秦孝公一死，多年杜门不出的太子傅公子虔立即诬告商鞅谋反，秦惠文王下令抓捕商鞅。这才有了我们开头讲的商鞅得知抓捕他的消息后逃离秦国的故事。但是，商鞅逃至秦、魏边境后，魏国因为商鞅曾打败过魏国名将公子卬，记恨商鞅，不准他入境，还将商鞅武装押解回秦。所以，无路可逃的商鞅最后惨遭车裂。

三是先经济后政治。

商鞅变法从经济改革入手，然后再进行政治改革。经济是基础，经济改革成功了，就为牵涉众多人事的政治改革打好了基础。

四是法典化。

商鞅变法之所以成功，非常重要的一条是变法的措施大多制度化、法制化，成为政令。

这种制度化的最重要结果是商鞅变法的内容不大可能会因秦孝公去世、商鞅被杀而废止，改变了中国社会最常见的“人存政存，人亡政息”的结局。这很了

于是太子犯法。卫鞅曰：『法之不行，自上犯之。』将法太子。太子，嗣君也，不可施刑，刑其傅公子虔，黥其师公孙贾。明日，秦人皆趋令。……公子虔复犯约，劓之。——《史记·商君列传》

不起啊！秦孝公去世以后，原本坚决抵制变法的秦惠文王继位，杀了商鞅，但对商鞅变法的措施并没有废除。

上述四条措施的第一条是立威取信，第二条是“打大老虎”，第三条是先易后难，最后一条是法制化。立威取信和“打大老虎”相辅相成，互为因果。由易到难是减少改革阻力。最后一条是将改革法制化，目的是严防人亡政息。因此，商鞅变法想不成功都不行。

商鞅变法取得了怎样的效果呢？

秦国的综合国力迅速增强，称霸诸侯：商鞅率秦军夺取魏国重镇安邑。周天子承认秦国的霸主地位，天下“诸侯毕贺”。

天子致胙于孝公。——《史记·商君列传》

秦孝公二十二年（前340），商鞅率秦军大败魏国军队，俘虏魏国主将公子卬，因此，封商鞅商於之地十五邑，号商君。此后，时人都习称商鞅为商君。

秦封之于於、商十五邑，号为商君。——《史记·商君列传》

魏国安邑被商鞅率秦军攻占后，被迫迁都大梁（今河南开封市）。魏惠王懊悔地说：我真后悔没有听公叔痤临终之言啊！

寡人恨不用公叔座之言也。——《史记·商君列传》

商鞅变法适应了战国后期的现实诉求，使秦国迅速摆脱困境，走上了崛起的大道。

重用商鞅的是秦孝公，支持商鞅的是秦孝公，没有秦孝公何来商鞅变法？真正使秦国迅速走上崛起之路的是秦孝公。秦孝公是继秦襄公、秦穆公后，在秦国崛起历史上又一位有重大贡献的国君。可惜秦孝公生命不永，四十四岁英年早逝。他的儿子秦惠文王继位后，立即车裂商鞅。但是，商鞅在秦孝公鼎力支持下创立的富国强兵的制度并没有被废除。

为什么对商鞅恨之入骨的秦惠文王残杀了商鞅却不废除商鞅变法呢？

最重要的原因是商鞅变法使秦国迅速富强起来，这个现实有目共睹。商鞅的改革制度化程度很高，不容易改变。还有一个重要因素，秦惠文王此人不简单。他虽然深受商鞅变法之“害”，但是，商鞅变法之“利”他亦拎得很清。专制政权下摊上一个明君叫幸运，遇上一个昏君叫正常，因为专制政权的政治制度决定了“正常”的概率远远高于“幸运”。

秦国的富强引起了其他六国的高度警惕，秦惠文王能在秦国崛起的大道上继续做出贡献吗？

请看：合纵连横。

五

秦惠文王接棒秦孝公，此时的秦国已经是一个迅速崛起的强国，同时也已经成为众矢之的。秦国一国独大的局面已初步形成，六国之中任何一国都没有能力再与秦国单独抗衡。面对这种新局面，六国只能调整策略想办法生存下去，秦国面对六国的生存策略大调整又该怎么应对？其实，六国的生存、秦国的反制和两个人的一生息息相关，正是这两个人，凭借三寸不烂之舌左右着天下大局。那么，这两个人是谁呢？

抱团取暖

这两个人中的一个叫苏秦，他是东周洛阳人。

据《史记·苏秦列传》记载，苏秦曾经外出游历多年，却一事无成。狼狈不堪地回到家中时，家人都嘲笑他：人家都知道干活挣钱，你把挣钱的本事全抛弃了，到处游荡，还学什么演讲，靠舌头能挣钱吗？落到今天这么个下场，活该！苏秦听后，非常惭愧。他把自己关在屋子里，拿出藏书，自言自语地说：我读了这么多年书，却不能用这些知识谋取荣华富贵，读了有什么用？然后，他挑了一本名为《阴符》的书，认真研读了一年。一年后，悟出了许多揣摩人心理的诀窍，他兴奋地说：现在行了，我可以用这一套去说服当今的那些国君了！

兄弟嫂妹妻妾窃皆笑之，曰：『周人之俗，治产业，力工商，逐什二以为务，今子释本而事口舌。困，不亦宜乎！』苏秦闻之而惭，自伤。——《史记·苏秦列传》

《战国策·秦策》的记载比《史记·苏秦列传》的记载更具传奇色彩：

苏秦当年游说秦惠文王失败后，钱也花完了，人也憔悴了，一脸愧色。回家时，妻子不理他，照样在织布机上织布，嫂子不做饭，父母不搭理他，整个家庭对苏秦一致采取冷落漠视，这强烈地刺激了苏秦。苏秦决心发愤读书，读书困倦之时，苏秦用锥子自刺大腿，鲜血流淌至脚。苏秦心想：妻子不把我当丈夫，嫂子不把我当孩子的叔叔，父母

曰：『夫士业已屈首受书，而不能以取尊荣，虽多亦奚以为！』于是得周书《阴符》，伏而读之。期年，以出揣摩，曰：『此可以说当世之君矣。』——《史记·苏秦列传》

不认我做儿子，都是我的错。于是，他找到了《太公阴符》一书，昼夜苦读，终于学业有成。中国古代“头悬梁，锥刺股”的故事中的“锥刺股”一事就是从苏秦这儿流传下来的。

说秦王书十上，而说不行。黑貂之裘弊，黄金百斤尽，资用乏绝，去秦而归，羸縢履蹻，负书担橐，形容枯槁，面目犁黑，状有归色。归至家，妻不下纴，嫂不为炊，父母不与言。苏秦喟叹曰：『妻不以我为夫，嫂不以我为叔，父母不以我为子，是皆秦之罪也！』乃夜发书，陈箧数十，得太公阴符之谋，伏而诵之，简练以为揣摩。读书欲睡，引锥自刺其股，血流至足，曰：『安有说人主不能出其金玉锦绣，取卿相之尊者乎？』期年，揣摩成，曰：『此真可以说当世之君矣。』——《战国策·秦策一》

这段记载与《史记·苏秦列传》的记载略有不同，描述也更生动形象，但两段都一致记载了苏秦不得志的时候，连至亲都看不起他，这些磨难与刺激对他有很大的影响，促使他玩儿命地奋斗。

后来，苏秦成功游说了燕王、赵王，带着高车驷马和众多随从前往楚国去的时候，途经自己的家乡。父母听说苏秦回来了，亲自整理房子，打扫道路，而且出城三十里迎接儿子。苏秦的妻子不敢正眼看今日成功的丈夫，认真倾听，生怕漏掉一个字。当年不给他做饭的嫂子，匍匐在地，像蛇一样爬到苏秦身边，向他道歉。苏秦问：嫂子前后两次待我的差距咋就这么大呢？他的嫂子说：因为你现在地位尊贵还那么有钱。苏秦听完之后，仰天长叹：人穷了，父母都不认儿子，富贵了，家人都害怕自己。一个人活在世上，对权势富贵怎么能不重视呢！

将说楚王，路过洛阳。父母闻之，清宫除道，张乐设饮，郊迎三十里。妻侧目而视，倾耳而听。嫂蛇行匍伏，四拜，自跪而谢。苏秦曰：『嫂何前倨而后卑也？』嫂曰：『以季子之位尊而多金。』苏秦曰：『嗟乎！贫穷则父母不子，富贵则亲戚畏惧，人生世上，势位富贵，盖可忽乎哉？』——《战国策·秦策一》

苏秦学成之后，第一个求见的是周显王，

但是，周显王身边的人一向看不起苏秦，周显王也不信他。苏秦没有办法，只好西行去秦国。

显王左右素习知苏秦，皆少之。弗信。——《史记·苏秦列传》

此时，秦孝公已经去世。于是，苏秦对秦惠文王说：秦国的地理位置非常好，四面环山，是一个易守难攻的国家。东有华山、黄河，西有汉中，南有巴蜀，北面是代地，这是一个天然的天府之国。凭着秦国众多的士兵和百姓，凭借这么精锐的军队，完全可以称帝而统治天下。秦惠文王因为刚刚车裂了商鞅，非常忌讳说客，他看苏秦又是一个动嘴皮子的说客，一上来就劝他称帝，便婉言谢绝了苏秦。

方诛商鞅，疾辩士，弗用。——《史记·苏秦列传》

苏秦离开秦国又来到赵国，赵国国君此时正用他弟弟为相，这位赵相不欣赏苏秦的主张。苏秦只得离开赵国来到燕国。

苏秦在燕国获得了成功。为什么被前三位“老总”都拒绝的苏秦在燕国获得了成功呢？原因是苏秦击中了燕国国君的软肋。

此时，燕国可谓国泰民安。苏秦以犀利的眼光指出燕国连年太平是因为赵国在燕国南方挡住了秦军进攻之路。如果没有赵国作为屏障，燕国早就深受秦国之害了。对燕国来说，和赵国处好关系远比和秦国处好关系重要得多，燕国必须联合赵国抗秦才能长治久安。苏秦在此基础之上提出了自

夫燕之所以不犯寇被甲兵者，以赵之为蔽其南也。秦赵五战，秦再胜而赵三胜。秦赵相毙，而王以全燕制其后，此燕之所以不犯寇也。——《史记·苏秦列传》

己的主张：燕国与赵国联合，整个六国结为一个联盟，才能避免灾难。

是故愿大王与赵从亲，天下为一，则燕国必无患矣。——《史记·苏秦列传》

战国后期，秦国一国独大的局面已经形成，唯有秦国可以兼并六国的趋势已经不可逆转。但是，真正认识到秦国是山东六国最大敌人的政治家极为罕见，苏秦不愧是伟大的战略家。

“天下为一”就是苏秦针对当时天下唯一超级大国秦国而提出来的六国的生存策略。

苏秦提出来的这个生存策略叫“合纵”。“合”是联合，“纵”指南北，六国从燕至楚是从北至南。“合纵”是六国南北联合共同对付秦国，所以也叫“合众弱以攻一强”，实际上是六国抱团取暖。

燕国国君对苏秦的分析极为钦佩，对苏秦应对秦国的主张极感兴趣，但是，燕国国君非常现实。他指出：燕国是小国弱国，西边是强大的赵国，南面是强大的齐国。你说得很动听，但是，燕国要参加合纵，为的是保证燕国的安全。所以，必须让赵、齐两国不侵犯燕国。只要这一条能得到保证，我愿意举国参加。于是，燕君出重金资助苏秦，苏秦得到了第一笔创业基金。

文侯曰：『子言则可，然吾国小，西迫强赵，南近齐，齐、赵强国也。子必欲合从以安燕，寡人请以国从。』于是资苏秦车马金帛以至赵。——《史记·苏秦列传》

苏秦第二次来到赵国，原来讨厌苏秦的赵相已经死了。苏秦对赵国国君说：当国君的最大任务是“安民无事”，而要“安民”，最重要的是“择交”，即选准自己的朋友。如果朋友选不准，民就不安宁。对赵国来说，西边是强秦，东边是强齐。如果赵国把齐、秦都当作敌人，民不能安。依靠齐国攻秦，依靠秦国攻齐，民也不能安。

安民之本，在于择交，择交而得则民安，择交而不得则民终身不安。——《史记·苏秦列传》

秦国在六国中最担心赵国，但是，秦国却不敢集中军力攻打赵国，因为秦国担心韩国、魏国断它的后路。所以，韩国、魏国是赵国南部的屏障。韩国、魏国和秦国接壤，又没有天然的山河作为屏障，一旦受到秦国的蚕食，很容易让秦国打到国都。所以，韩、魏如果不能对抗秦国，一定会成为秦国的附庸。秦国如果不受韩、魏的牵制，一定会将赵国定为头号敌人。

秦之所害于天下者莫如赵，然而秦不敢举兵伐赵者，何也？畏韩、魏之议其后也。然则韩、魏，赵之南蔽也。秦之攻韩、魏也，无有名山大川之限，稍蚕食之，傅国都而止。韩、魏不能支秦，必入臣于秦。秦无韩、魏之规，则祸必中于赵矣。此臣之所为君患也。——《史记·苏秦列传》

苏秦又说：看看天下地图。六国土地是秦国的五倍，兵力是秦国的十倍，如果六国结合成一个整体，全力以赴对抗秦国，一定可以打败秦国。现在相反，主张和秦国友好的人，都劝说六国国君向秦国进贡，事奉秦国。我的主张是：让六国结为盟友，对抗秦国。让六国的将相白马盟誓：秦国进攻六国中任何一国，其他五国都派出精锐之师联合作战。诸侯中如果有人不遵守盟约，其他五国有权联

莫如一韩、魏、齐、楚、燕、赵以从亲，以畔秦。——《史记·苏秦列传》

臣窃以天下之地图案之，诸侯之地五倍于秦，料度诸侯之卒十倍于秦，六国为一，并力西乡而攻秦，秦必破矣。——《史记·苏秦列传》

合讨伐它。

> 诸侯有不如约者，以五国之兵共伐之。——《史记·苏秦列传》

赵王听了苏秦这一番颇为新颖的意见后，立即表示同意，也给了苏秦一笔重金。苏秦得到了第二笔创业基金。

苏秦对赵国国君所说的是当时六国对付强秦合纵之术的完整表述。

燕国是一个弱小之国，赵国是当时的强国之一，所以，赵国投的这一张赞成票对苏秦完成合纵非常重要。

苏秦的下一站是韩国。

苏秦对韩国国君讲了两个问题。

一是讲利害。韩国向秦国让步，秦国一定会要你韩国的战略要地宜阳、成皋。你如果把这两个军事重镇给了秦国，明年秦国又会要求割地。如果你继续割地，你很快就会发现无地可割。如果你不给秦国，那么秦国一定很恼火，那等于是前功尽弃啊！大王的土地是有限的，但是，秦国的欲望是没有穷尽的。以你有限的土地，去填秦国无休无止的欲壑，结果必然是不用打仗国土就已经缩小了。

> 大王事秦，秦必求宜阳、成皋。今兹效之，明年又复求割地。与则无地以给之，不与则弃前功而受后祸。且大王之地有尽而秦之求无已，以有尽之地而逆无已之求，此所谓市怨结祸者也，不战而地已削矣。——《史记·苏秦列传》

二是讲荣辱。以韩国这样的强大，却事奉秦国，让国家蒙受耻辱，没有比这更让天下人耻笑的了。我听过一个谚语："宁为鸡口，无为牛后。"鸡口虽小，犹进食；牛后虽大，乃出粪也。你现在如

> 夫以韩之劲与大王之贤，乃西面事秦，交臂而服，羞社稷而为天下笑，无大于此者矣。——《史记·苏秦列传》

此低三下四地事奉秦国，和牛后又有什么区别？我都为你感到羞耻！

苏秦这番话把韩国国君羞得满脸涨红，仰天长叹：我就是再没有才能，也不能再事奉秦国了。

于是韩王勃然作色，攘臂瞋目，按剑仰天太息曰：『寡人虽不肖，必不能事秦。』——《史记·苏秦列传》

苏秦坚持不懈地游说，又说服了魏、齐、楚三国国君，终于组成了六国的反秦联盟。苏秦一人佩戴六国相印，成为六国合纵的领袖。

苏秦的成功，是由多方面因素造成的。

首先，各国自身利益的需求。苏秦生活的时代，秦国是唯一的超级大国，其余六国都不是秦国的对手。唯有六国联手，才能有效地抵抗秦国的东扩。这种自身利益的诉求，是苏秦合纵成功的客观基础。

其次，苏秦等纵横家的个人努力。苏秦顺应了六国联合抗秦的现实诉求，通过个人的不懈努力，促使六国结成了反秦抗秦的联盟。苏秦个人的努力绝对不可低估。作为一位纵横家，必须熟悉天下的大趋势，必须有极好的口才，必须懂得各国国君的心理，必须懂得各国的强弱，必须懂得各国的软肋。这些条件苏秦都完全具备，因此，他的游说获得了意料之中的成功。

苏秦完成六国合纵之后，回到赵国，被赵肃侯封为武安君。苏秦把六国合纵的盟约送到秦国，秦国十五年不敢兵出函谷关，六国合纵取得了显著成效。

苏秦既约六国从亲，归赵，赵肃侯封为武安君，乃投从约书于秦。秦兵不敢窥函谷关十五年。——《史记·苏秦列传》

见招拆招

苏秦游说六国，促使六国合纵抗秦，这是苏秦的成功，六国的成功，却是秦国的失败。六国联合抗秦，意味着秦国崛起的道路被封堵，秦国面对六国抱团取暖一定要有反制措施。提出反制策略的人是张仪，张仪的飞黄腾达又是苏秦一手炮制出来的。那么，张仪是一个什么样的人呢？他为什么会为秦国提出对付六国合纵抗秦的反制措施呢？

张仪与苏秦师出同门，都是著名学者鬼谷子的学生，而且，张仪比苏秦学得好。张仪学成后，像苏秦一样在诸侯中游说。可很不幸，他成功得比苏秦晚(有学者认为苏秦在张仪之后)。

尝从楚相饮，已而楚相亡璧，门下意张仪，曰：『仪贫无行。必此盗相君之璧。』共执张仪，掠笞数百，不服，释之。——《史记·张仪列传》

张仪未发达时，曾和楚相吃过一次饭，饭吃完了，楚相的一块玉璧莫名其妙地找不到了。丢了这么贵重的东西，自然要查。楚相手下的人一口咬定是张仪偷了，理由是“仪贫无行”，因为张仪穷，张仪肯定没有道德底线。结果，他们一哄而上，不问青红皂白，抓住张仪暴打一顿。张仪不服气，他确实没偷楚相的玉璧。那些人没有证据，最后把白白挨了一顿打的张仪放了。被打得鼻青脸肿的张仪回到家中，遭到了妻子嘲讽：你要不读书、不结交权贵，能挨打吗？张仪听了妻子的嘲笑，不卑不亢地问：你看我的舌头还在不在？他的妻子笑着说：在。张仪回答：这就足够了。对于苏秦、张仪这些纵横家来说，只要舌头在，能说，一切都够了。因为他们靠的就是三寸不烂之舌。

其妻曰：『嘻！子毋读书游说，安得此辱乎？』张仪谓其妻曰：『视吾舌尚在不？』其妻笑曰：『舌在也。』仪曰：『足矣。』——《史记·张仪列传》

苏秦已得到赵国国君全力支持时，张仪还没成功。苏秦担心秦国攻打其他诸侯而破坏他的合纵之谋，于是想找一个人到秦国去，想来想去，想到了一个合适的人选——老同学张仪。他派人暗示张仪：你和苏秦是老同学，如今苏秦已经发达了，你为什么不去找他呢？张仪一听，有道理啊，就去赵国求见苏秦。苏秦事先安排手下的人，张仪来后，不替他通报。张仪来到苏秦官邸，一连几天都见不到苏秦，而且还拖着不让他走。等他好不容易见到老同学，苏秦却高高在上，摆出一副傲慢的姿态，给张仪吃的是仆人、侍女吃的饭。还数落、挖苦张仪：你就那么点本事，才成了今天这副样子，我不是不能让你富贵，可你根本不值得我收留，回去吧，回去吧。

苏秦乃诫门下人不为通，又使不得去者数日。已而见之，坐之堂下，赐仆妾之食，因而数让之曰：『以子之材能，乃自令困辱至此。吾宁不能言而富贵子？子不足收也。』谢去之。——《史记·张仪列传》

张仪气得差一点背过气去。

他这次来，满心以为老同学一定会念及旧情，帮自己一把，万万没想到不但没得到帮助，还受了一肚子气，受到莫大的侮辱。思来想去，诸侯中没几个能成气候的国君，只有秦国可以收拾赵国。于是，他决定到秦国去。

张仪之来也，自以为故人，求益，反见辱，怒，念诸侯莫可事，独秦能苦赵，乃遂入秦。——《史记·张仪列传》

苏秦和张仪是老同学，深知这位老同学是个贤士，比自己强，苏秦为什么要引诱他来赵国？为什么张仪来到赵国又要羞辱他呢？

这是苏秦之计。

张仪一走，苏秦立刻安排自己的门客说：张仪是天下的贤士，我都比不过他，幸亏我先成功了。将来能够掌握秦国朝政的，只有张仪。但是，他穷，我怕他贪小利而忘大业，所以，召他来、激怒他，让他奋发有为。

张仪，天下贤士，吾殆弗如也。今吾幸先用，而能用秦柄者，独张仪可耳。——《史记·张仪列传》

苏秦马上向赵王汇报，立项、批钱、准备车马，让一位门客带着这些钱和车马暗中跟随张仪，做张仪的贴身管家。这位门客先和张仪住进同一家旅店，似乎是无意相识。然后，再逐步接近他，把赵王特批的这笔钱给张仪用，一路上这个贴身管家尽职尽责。张仪有了这笔巨款资助，一路住着高级宾馆，舒舒服服地到达秦国，面见秦惠文王，一席话说得秦惠文王立即任命张仪做客卿，和他商量对付六国的策略。

张仪遂得以见秦惠王。惠王以为客卿，与谋伐诸侯。——《史记·张仪列传》

张仪在秦国一当了高官，苏秦派的这位门客就来告辞。张仪非常惊讶：靠你资助，我才有了今天，正想报答你，你为什么走呢？这位门客说：我并不了解你，真正了解你的是苏秦。苏秦担心秦国攻打赵国，毁了合纵，认为天下英才中只有你才能得到秦国国君的信任。所以，他才有意激怒你，并让我担任你的贴身管家，一路上照顾你。所有这一切，都是苏君安排。现在你已得到秦王重用了，我的任务完成了，所以，该回去交差了。

臣非知君，知君乃苏君。苏君忧秦伐赵败从约，以为非君莫能得秦柄，故感怒君，使臣阴奉给君资，尽苏君之计谋。今君已用，请归报。——《史记·张仪列传》

张仪一听，大为感慨：我在苏君的计谋之中我都不知道，我实在赶不上苏君。何况我刚受到秦王的重用，怎么可能去算计赵国呢？你替我好好谢谢苏君。有苏君在，我还能有什么作为呢？

嗟乎，此吾在术中而不悟，吾不及苏君明矣！吾又新用，安能谋赵乎？为吾谢苏君，苏君之时，仪何敢言。且苏君在，仪宁渠能乎？——《史记·张仪列传》

其实，苏秦做出的是一个绝对错误的决策。苏秦这一手不仅不高明，而且蠢极了。他把比自己还有才华的张仪送到了秦国，张仪到秦国后，有了施展的舞台，提出了一个帮助秦国破坏六国合纵的反制策略，这个反制策略和苏秦的合纵抗秦策略正好是针锋相对。张仪到了秦国，虽为感谢苏秦，短时间内不会攻打赵国，但是，张仪毕竟是一位天下奇才，又受秦惠文王的重用，张仪的能量之大远远超出了苏秦的估计。况且，即使张仪报苏秦之恩，也只是短期的，因为他一旦成为秦惠文王的重臣，必然要将秦国利益置于第一位。秦国当时最现实的需要就是打破苏秦的合纵，张仪怎能不在打破六国合纵这一关键问题上施展才华呢？张仪在打破六国合纵上的努力最终会使苏秦所有的心血化为泡影，苏秦恰恰又是送张仪登上这一历史舞台的人。张仪的连横是苏秦合纵的掘墓者。苏秦是搬起石头砸了自己的脚。

张仪是怎么攻破六国的合纵的呢?

张仪的反制措施是在六国合纵的链条上找到薄弱环节，截断它，使整个链条断裂。

他选择的第一个目标是哪一国呢?

魏国。

他对魏国采取了哪些措施呢?

一是明任魏相，暗为秦服务。张仪选中的是和秦国接壤的魏国，主动到魏国面见魏王。张仪是秦国重臣，来魏国任职，魏王当然不敢怠慢，马上任命他为魏相。但是，张仪出任魏相是要为秦国谋取利益。所以，张仪来魏国的目的就是为了让魏国率先背叛合纵，尊奉秦国，再让其他国家学习魏国。

欲令魏先事秦而诸侯效之。——《史记·张仪列传》

可是，张仪在魏国并未说动魏襄王背叛合纵。

二是军事高压和政治利诱两手并用。张仪未达目的之后改变策略，先暗中策动秦国伐魏，魏国战败。第二年，齐国又大败魏军，秦国为了威慑魏国，先攻韩国，斩韩军八万。魏国在连续受到军事重创后，魏王被迫通过张仪和秦结盟。

于是张仪阴令秦伐魏。魏与秦战，败。明年，齐又来败魏于观津。秦复欲攻魏，先败韩申差军，斩首八万。——《史记·张仪列传》

魏王的屈服是不得已的，张仪回到秦国再次担任秦相后，魏国又恢复合纵。秦国因魏国合纵而再次出兵攻魏，占领了魏国的重镇曲沃，魏国只好再次屈服了。

魏国尊秦后，张仪下一个目标是哪一国呢？

楚国。继魏国后，张仪又拿下了楚国，引诱楚国背叛盟约。有意思的是，张仪飞黄腾达后，仍对当年楚相诬陷他偷玉璧一事耿耿于怀，曾写书信给楚相说：当初我和你一起喝酒，没有盗你的玉璧，你却打我。现在我告诉你，你要好好守住你的国家，因为我要回去，不是偷你的玉璧，而是要盗取你的城池！

张仪既相秦，为文檄告楚相曰：『始吾从若饮，我不盗而璧，若笞我。若善守汝国，我顾且盗而城！』——《史记·张仪列传》

后来张仪果真没有食言，通过诓骗楚怀王，破坏了楚国与齐国的联盟，楚怀王恼羞成怒发兵攻秦，结果赔了城池又折兵。张仪实实在在地复了仇，也帮助秦国又一次破坏了合纵。

苏秦等纵横家经过艰苦努力获得的合纵成果，最终因为各国屡次负约而崩溃。

轰轰烈烈的合纵为什么终归于失败呢？

致命的缺陷

内外两个方面的因素决定了合纵的失败。

从内部看，六国合纵难以长期维系。

首先，六国利害不一。六国中韩、赵、魏三国与秦接壤，是秦国东扩首要的打击对象。燕、齐、楚三国离秦国遥远（楚也与秦接壤，但幅员辽阔），直接受到秦国的威胁较小。这种地缘政治决定了六国对合纵的态度有很大差异。燕、齐、楚三国在韩、赵、魏三国没有灭亡前，较少受到秦国直接威胁，因此合纵的积极性不高，常常会受秦国威胁、利诱而坐山观虎斗。韩、赵、魏三国的地缘政治决定了它们是秦国的第一波打击对象。在强秦的高压下，韩、赵、魏三国极易在合纵与连横中摇摆不定。

其次，六国强弱不同。六国之中，齐、楚两国地广国强，是秦国统一天下的主要对手。秦国对齐、楚两国结成联盟最为担心，也最下功夫去做“统战”工作。

由于上述两个方面的原因，六国自身难以长期保持一致，六国的关系极为复杂。六国既然都不是秦国的对手，每一国都应当把坚持合纵、联合抗秦作为最高国策，作为生存之本。但是，六国是六个独立的政治、经济集团，集团与集团之间联盟的基础是目标一致、利益一致。然而，六国的国君并非个个都有此清醒的认识，为了一点蝇头小利，自毁盟约者必然出现。因为六国除了集体抗秦，各国间还有争夺和战争，这就必然导致合纵瓦解。只要有一至两国违反纵约，其他国家立即就会停止履约，导致合纵全面瓦解。这就是六国合纵的最大软肋。

从外部看，秦国不遗余力地瓦解与反制措施加速了六国合纵的失败。

六国合纵试图迫使秦国放缓统一天下的步伐，当时天下唯一的超级大国秦国当然不愿意就此停止兼并的步伐，它必然要设法破坏六国的合纵。连横就是秦国反制六国合纵的一把利刃。连横的代表人物张仪破解合纵的方法就是逐国游说，只要攻破一国即可攻破下一国，攻破两国整个合纵就会崩盘。张仪用与苏秦一样逐国游说、各个击破的办法彻底瓦解了六国的合纵。

秦惠文王在位期间，主要精力用于打破六国的合纵，同时，派司马错伐蜀，得到了天府之国蜀地。关中之地与蜀地成为支撑秦国统一天下的两个根据地。秦惠文王在位二十多年，秦国在崛起的征途中又迈出坚实的一步，秦国兼并六国的步伐明显提速。所以，秦惠文王是秦国崛起之路上的又一里程碑式的人物。

秦惠文王之后继承王位的秦国国君是谁？他还能在秦国崛起之路上走得更远吗？

请看：昭襄王称霸。

六 昭襄王称霸

经过秦孝公变法和秦惠文王对六国合纵的严厉打击，秦国已经跃居战国七雄中的首强之位。秦惠文王死后，继位者为秦武王。秦武王颇有抱负，但继位三年竟意外死亡，究竟是什么意外导致秦武王猝死的呢？秦武王下世后谁继承了王位？他在秦国崛起的道路上会有大的作为吗？

秦惠文王死后继位的秦武王曾经对他的丞相说：我想开一条只能容车子通过的路，到洛阳看看周王的都城，即使死了也不遗憾。周天子当时已近似傀儡，但在名义上仍然是天下的共主，秦武王的这种愿望表现出他实际上不仅要称霸天下，而且想效仿周室做天子。言为心声，说出此话的秦武王看来有着比其祖辈更大的政治愿景。

武王谓甘茂曰：『寡人欲容车通三川，窥周室，死不恨矣。』——《史记·秦本纪》

但是，秦武王有一项特殊爱好，正是这项爱好，断送了他的性命。

什么爱好呢？

举重。

秦武王为什么喜欢举重？

因为他力气超大。

举重会死人吗？

会的。因为举重不当会造成意外伤害。

秦武王当年举的不是今天的杠铃，而是鼎（三条腿的祭器）。所以，他到处搜寻天下的大力士，授予官职，再与这些大力士比赛举鼎。结果，在一次与大力士孟说举鼎比赛时，砸断了腿。这次受伤非常严重，秦武王不久因伤去世。

武王有力好戏，力士任鄙、乌获、孟说皆至大官。王与孟说举鼎，绝膑。八月，武王死。——《史记·秦本纪》

秦武王继位时很年轻，当了三年国君便猝死，死后无子。无子，意味着没有法定继承人。而且，他是因外伤突然死亡，来不及对继承人做出安排。面对极具诱惑力的秦王宝座，各方势力立即展开了激烈的角逐。

最终拼的都是后台

秦宫中有条件继承王位的人、无条件继承王位的人都自觉卷入了这场空前激烈的秦国最高权位的竞争。

按照宗法制的原则，能继承秦王位的只有秦武王的弟弟们。因此，秦惠文王妃嫔生的儿子都有条件争夺王位（秦武王是秦惠文王唯一嫡子）。这可以理解，因为有可能性，大家都想试一试。

后宫中没有儿子的妃嫔和朝中大臣们，为什么也卷入这场血腥的争夺战呢？因为有利益。他们虽然没希望继承王位，但是，如果选边站队站对了，必能获得一份拥立新王之功，那好处还能少吗？回报肯定很丰厚。

但可以说，多数人是瞎忙活。政治讲的是实力，没有实力的瞎忙，没用！偌大一个秦国，真正有资格、有能力决定秦王继承权的只有三个人。

一是秦惠文王的王后，此时她已是王太后；二是秦武王的王后；还有一个人，虽然不是王室成员，但是很有实力。

谁？

魏冉。

魏冉在秦惠文王、秦武王时代已经在朝廷任官，而且是手握大权的高官。

从表面上看，三个人都拥有一定的决定权，这叫三票制。

秦惠文王的王后、秦武王的王后，从来没有参与过政事，政坛力量不足，因此，这两票是虚的。魏冉不同，他是秦惠文王、秦武王两朝元老，在朝中颇有势力。他这一票是三票中最关键的一票，只有他有力量完成拥立新君的重任。

武王卒，诸弟争立，唯魏冉力为能立昭王。——《史记·穰侯列传》

秦惠文王的王后、秦武王的王后在立谁为继承人的问题上和魏冉的意见不一致，但是，魏冉有权，他利用自己的权力一票搞定此事，强行拥立秦武王的异母弟公子稷（又名则）为秦王。此时，公子稷正在燕国当质子（做人质的公子）。当公子稷被宣布立为新秦王后，赵武灵王为了和公子稷建立友好关系，派代相赵固前往燕国迎接公子稷，燕国也愿做个顺水人情，全力配合，公子稷顺利回到秦国，并被立为秦王。

武王死时，昭襄王为质于燕，燕人送归，得立。——《史记·秦本纪》

赵王使代相赵固迎公子稷于燕，送归，立为秦王，是为昭王。——《史记·赵世家》

公子稷就是秦始皇的曾祖父，他的继位完全是魏冉敲定的。远在异国他乡做人质的公子稷完全没有左右自己命运的能力，但是他的继位却为他的重孙带来了历史性的机遇！

魏冉的决定引发了秦武王其他弟弟的不满，也引发了支持这些公子的大臣的不满。

《史记·秦本纪》载，秦昭襄王二年（前305），公子稷的哥哥公子壮（当时担任庶长，按秦军功爵制，第十级左庶长到第十八级大庶长都是庶长）和一些大臣、诸侯、秦武王的其他兄弟们阴谋作乱，被发现后全部被杀。秦惠文王的王后支持公子壮，公子壮被杀之后，她心情不好，郁郁寡欢而死。秦武王的王后，本是魏国人，在拥立新王的斗争中惨遭失败，被迫回到魏国。

庶长壮与大臣、诸侯、公子为逆，皆诛，及惠文后皆不得良死。悼武王后出归魏。——《史记·秦本纪》

国内那么多秦武王的弟弟都不选，公子稷远在燕国做质子却被魏冉拥立，魏冉为什么非要立公子稷呢？

这事和一个女人有关。

这个女人是谁呢？

昭襄母楚人，姓芈氏，号宣太后。——《史记·秦本纪》

她就是秦惠文王的妃嫔“芈（mǐ）八子”。“八子”是秦国后宫妃嫔的一种官职。“芈八子”是楚国人，史称宣太后。魏冉是宣太后同母异父的弟弟，公子稷是宣太后的儿子，这就是魏冉鼎力支持公子稷继位的根本原因。其实，还是血缘关系起了决定性作用。

按常理说，秦惠文王的王后最有决定权：她是秦武王所有弟弟们的嫡母。但是，在秦武王死后确立继承人时，这位嫡母却失败了，因为她没有得到握有实权的魏冉的支持。

秦昭王时，义渠戎王与宣太后乱，有二子。宣太后诈而杀义渠戎王于甘泉，遂起兵伐残义渠。于是秦有陇西、北地、上郡。——《史记·匈奴列传》

由于秦昭襄王（《史记》有时也作秦昭王）此时尚未成年，国家大事由宣太后负责。

秦昭襄王的母亲宣太后不是一位等闲之辈。她是中国历史上一位有名的生活、工作两不误的太后。她与义渠戎王私通长达三十年之久，还生了两个儿子，但是，她最后又诱杀了义渠戎王，并趁义渠戎人没有任何戒备的情况下，迅速派兵彻底打败他们，一下子让秦国扩建了三个郡。从此，秦国再无后顾之忧。如果秦国对义渠用兵，代价一定非常大，而凭借宣太后诱杀情夫义渠戎王，秦国轻松地灭了义渠。

宣太后掌政，自然倚重弟弟魏冉。继位后第三年，秦昭襄王举行了加冠礼，正式亲政。由于魏冉是秦昭襄王继承王位最坚定的拥立者，又是自己的舅舅，所以，秦昭襄王亲政之后，魏冉仍然是秦国国政的执掌者。他在秦昭襄王一朝五次担任丞相，位高权重。

魏冉协助秦昭襄王打击六国，立下不少功劳，被封为穰侯。宣太后同父同母的弟弟芈戎，被封为华阳君。

宣太后二弟：其异父长弟曰穰侯，姓魏氏，名冉；同父弟曰芈戎，为华阳君。——《史记·穰侯列传》

秦昭襄王还有两个坚定支持他的弟弟，一个受封高陵君，一个受封泾阳君。所以，秦昭襄王在位的前三十多年，他的两个舅舅、两个弟弟都握有重权。

顶层设计

秦昭襄王亲政后发现自己面临一个非常现实的问题：秦国虽然是当时唯一的超级大国，但是，秦国要想顺利兼并六国不是一件容易的事。六国的土地、人口、兵力都数倍于秦国。秦昭襄王怎么才能完成兼并六国的使命呢？

这件关系秦国统一天下的大事，最终由一个人解决了，他为秦国设计制定了一个最符合秦国利益和现实的统一六国的总方针。

此人是谁？他为秦昭襄王设计了一个什么样的大

政方针呢？

此人叫范雎(jū)，魏国人，字叔。他曾经周游列国，希望有一位国君能够接受自己的主张，干一番事业，但没有成功。最后，他只好回到魏国，打算为魏王服务，可是家境贫寒的范雎没有资金运作这事，只好在魏国中大夫须贾门下做了个随从。

一次，须贾带范雎出使齐国，逗留了几个月，什么结果都没有获得，齐襄王甚至都不见魏国特使须贾。就在须贾进退两难、极为难堪之时，作为随从的范雎却得到了齐襄王的一份重礼：十斤黄金和牛肉美酒。原来齐襄王得知范雎很有口才，所以派专人给范雎送了礼。当

> 须贾为魏昭王使于齐，范雎从。留数月，未得报。齐襄王闻雎辩口，乃使人赐雎金十斤及牛酒。——**《史记·范雎蔡泽列传》**

然，齐襄王这份礼也不是白送的。那个年头，每个国家的国君都想得到人才，齐襄王送礼其实是一石二鸟之计，一是想让范雎弃魏奔齐，为齐国服务；二是离间范雎与魏国的关系。

这一招真灵！

范雎见自己的主人没见到齐王，齐王反倒给自己送来了礼物，马上意识到不能私自接受齐襄王的礼品，一再推辞，不敢接受。但是，这件事还是被须贾知道了。须贾大为光火，他认为范雎一定是出卖了魏国的国家机密，因此才得到齐襄王的厚礼。这就叫是祸躲不过！此时须贾、范雎在齐国，须贾还不便发作，便让范雎收下牛肉美酒，退回黄金。

> 雎辞谢不敢受。须贾知之，大怒，以为雎持魏国阴事告齐，故得此馈，令雎受其牛酒，还其金。——**《史记·范雎蔡泽列传》**

范雎一切照办。但是，一回魏国，须贾便向魏国宰相报告了这件事。当时，魏国宰相是魏国公子魏齐。魏齐听后大怒，下令用板子、荆条笞打范雎，一顿猛打，打断了范雎的肋骨、牙齿。范雎眼看自己要被活活打死，只好装死。魏齐看见范雎“死了”，派人用席子把他卷了卷，扔到厕所里，还让喝醉酒的宾客轮番往范雎身上撒尿，以此羞辱他，惩一儆百。其实，卷在席里的范雎还活着，他趁厕所无人，对看守悄悄说：您如果放了我，我日后必定会重重谢您。看守动了心，想放走范雎，就向魏齐请示，把厕所里的死人扔掉算了。刚好，魏齐喝得酩酊大醉，顺口答应说：行。范雎因此得以逃脱。魏齐酒醒后后悔把范雎当死人扔掉，又派人去搜索范雎，结果“死人”竟然不见了。魏国人郑安平听说了这件事，找到范雎，带着他一起逃走，秘密隐居下来，还让范雎改名换姓，叫张禄。

既归，心怒雎，以告魏相。魏相，魏之诸公子，曰魏齐。魏齐大怒，使舍人笞击雎，折胁摺齿。雎佯死，即卷以箦，置厕中。宾客饮者醉，更溺雎，故僇辱以惩后，令无妄言者。雎从箦中谓守者曰：『公能出我，我必厚谢公。』守者乃请出弃箦中死人。魏齐醉，曰：『可矣。』范雎得出。后魏齐悔，复召求之。魏人郑安平闻之，乃遂操范雎亡，伏匿，更名姓曰张禄。——**《史记·范雎蔡泽列传》**

恰在此时，秦昭襄王派使者王稽出使魏国。郑安平寻找机会给王稽当了个差役，侍奉王稽。王稽问：魏国有没有贤士愿意跟我到秦国去？郑安平回答说：我有一位老乡张禄先生，想见您畅谈一下天下大事。不过，他有仇人，不敢白天来。

王稽说：夜里你跟他一起来。

晚上，郑安平带着张禄夜访王稽。没说几句

话，王稽马上意识到张禄是个难得的奇才，对张禄说：我马上回国，请先生在都城西南等我。范睢与王稽约好见面时间就匆匆离去。

郑安平夜与张禄见王稽。语未究，王稽知范睢贤，谓曰：『先生待我于三亭之南。』与私约而去。——《史记·范睢蔡泽列传》

王稽到了城南，用车拉上范睢很快进入秦国国境。

王稽的车队走到湖县（今河南灵宝市），远远望见一队车马自西奔驰而来。范睢问：谁来了？王稽答：秦国国相穰侯去东边视察郡县。范睢一听是穰侯，便说：我听说穰侯独揽秦国大权，最讨厌六国的人士。如果一见面，恐怕要受辱，我得在车里躲一躲。

不一会儿，穰侯来到近前，看见王稽，便停车询问：关东（函谷关以东）的局势有什么变化？王稽答道：没什么变化。穰侯又问：大使先生不会带着关东说客来吧？这种人只会扰乱秦国。王稽赶快回答：臣下不敢。两人随即告别而去。

至湖，望见车骑从西来。范睢曰：『彼来者为谁？』王稽曰：『秦相穰侯东行县邑。』范睢曰：『吾闻穰侯专秦权，恶内诸侯客，此恐辱我，我宁且匿车中。』有顷，穰侯果至，劳王稽，因立车而语曰：『关东有何变？』曰：『无有。』又谓王稽曰：『谒君得无与诸侯客子俱来乎？无益，徒乱人国耳。』王稽曰：『不敢。』即别去。——《史记·范睢蔡泽列传》

穰侯一走，范睢立即对王稽说：穰侯很有智谋。刚才他怀疑车中藏人，可是忘记搜查了。这事穰侯绝不会善罢甘休，一定后悔刚才没搜查车子。于是，范睢跳下车，一路狂奔。大约跑了十几里，穰侯果然派骑兵赶回来搜查车子，没发现人才作罢。王稽擦了一把额上的冷汗，赶上范睢，一块儿进了咸阳。

范睢曰：『吾闻穰侯智士也，其见事迟，乡者疑车中有人，忘索之。』于是范睢下车走，曰：『此必悔之。』行十余里，果使骑还索车中，无客，乃已。——《史记·范睢蔡泽列传》

王稽向秦王报告了出使情况，趁机对秦王说：魏国有个张禄先生，是天下难得的贤士。据他说，秦国现在处境非常危险，如果能采用他的方略便可使秦国转危为安。但这事只能面谈，不能书信转达。所以我把他带到秦国来了。

王稽遂与范雎入咸阳。已报使，因言曰：『魏有张禄先生，天下辩士也。曰：「秦王之国危于累卵，得臣则安。然不可以书传也。」臣故载来。』——《史记·范雎蔡泽列传》

此时，秦昭襄王已经即位三十六年了。三十六年中，秦昭襄王武功赫赫：向南夺取了楚国的鄢、郢（楚国都城，今湖北江陵县）重镇，楚怀王已在秦国被囚禁而死；向东攻破了齐国；还曾多次打败韩、赵、魏三国，三国处境危险。

南拔楚之鄢郢，楚怀王幽死于秦。秦东破齐。湣王尝称帝，后去之。数困三晋。——《史记·范雎蔡泽列传》

军事上的巨大胜利使秦昭襄王讨厌说客，不相信说客，所以，秦昭襄王不相信王稽的话。但是，秦昭襄王并没赶走范雎，让他留下来了，只是待遇很低，住最差的旅店，吃最劣等的饭。范雎此时别无选择，只能硬着头皮等下去。一年多以后，范雎终于等到了一次机会。

秦王弗信，使舍食草具。待命岁余。——《史记·范雎蔡泽列传》

这是一次什么样的机遇呢？

原来，秦国国相穰侯魏冉打算跨越韩、魏两国去攻打齐国的纲、寿之地（今属山东泰安市）。

及穰侯为秦将，且欲越韩、魏而伐齐纲、寿。——《史记·范雎蔡泽列传》

范雎知道这件事后，立即给秦昭襄王上了一封奏疏。

范雎究竟从穰侯的伐齐建议中看到了什么呢？他看到了穰侯牟取一己之利的私心。

穰侯拥立秦昭襄王，这是他的第一大功；穰侯举荐名将白起，屡屡大败六国，更进一步地奠定了秦国统一天下的大趋势，这是穰侯的第二大功。但是，穰侯在获得成功的同时，自己的私欲也在同步放大。穰侯的封地在陶（今山东菏泽市定陶区），靠近齐国，他主张跨越韩、魏攻打齐国，其实，是想通过伐齐之战扩大自己的封地。

范雎在秦国等待的这一年多中，始终关注着秦国政坛的一举一动。穰侯为牟取私利提出攻打齐国的方略，恰好给了范雎提出秦国吞灭六国顶层设计的机会。

范雎在秦国等待的一年之中已形成了自己的战略思想。范雎刚入秦时并没有形成秦灭六国的总方略。那时他刚刚死里逃生，还没有思考这些东西的时间。但是，遭到秦昭襄王冷遇的一年中，范雎认真研究了秦国的战略，终于从穰侯魏冉的行动中悟出了秦灭六国的战略思想。

范雎的上书引起了秦昭襄王的关注，立即召见范雎。

范雎通过王稽举荐，等了一年多，秦昭襄王都不见，而范雎这次一上书，秦昭襄王立即召见，这究竟是因为什么呢？换句话说，范雎在上书中说了什么让秦昭襄王如此动心呢？

范雎在上书中先做了两层铺垫：

第一，识别宝物极其困难。范雎在上书中举天下闻名的和氏璧为例，说明像和氏璧这样的传世宝物，开始都不被世人所认知，可见，识别宝物极其困难。所以，君王不重视的东西未必不是宝物。这是以物喻人，暗示自己是人才。

第二，如不用我，不必久留。范雎已经在秦国等了一年多，但秦昭襄王始终没有召见他。所以，他在上书中公开提出：大王要是认为我的话可行，那你就用我；如果你认为我的话无用，长期留我也没有用。

使以臣之言为可，愿行而益利其道；以臣之言为不可，久留臣无为也。——《史记·范雎蔡泽列传》

这两层铺垫，为范雎面见秦昭襄王打下了基础。但是，范雎也是一位非常懂得读者心理的人，他只扼要地点出国君和列侯的关系，并不讲透。而且，留了一个悬念：我有一些非常重要而机密的话不能写在信上，只能面见大王时讲，如果我讲的没有用，我情愿立即接受死刑。

已语之至者，臣不敢载之于书……一语无效，请伏斧质。——《史记·范雎蔡泽列传》

这些话说得雾里看花、若明若暗、欲言又止、神龙见首不见尾，秦昭襄王隐隐约约地感到范雎在说什么，但又不知道范雎究竟想说什么，这才立即召见了他。

秦昭襄王先向推荐范雎的王稽道了歉，然后用专车迎接范雎。

于是秦昭王大说，万谢王稽，使以传车召范雎。——《史记·范雎蔡泽列传》

范雎乘专车到了秦宫，他假装不知道这是内宫的通道，闷着头就往里走。恰巧秦昭襄王从里面出来，宦官发怒，驱赶范雎，呵斥道：大王来了！范雎故意喊着：秦国哪里有大王？秦国只有太后和穰侯。

范雎缪为曰：『秦安得王？秦独有太后、穰侯耳。』欲以感怒昭王。——《史记·范雎蔡泽列传》

秦昭襄王走过来，听到范雎和宦官吵架，便上前迎接范雎说：我早就应该向您请教了，正好遇上攻打义渠的事非常紧迫，我早晚都要向太后请示，现在总算把义渠事件处理完，我才有机会向您请教。

秦昭襄王喝退了左右的侍从，向范雎说：请先生赐教。范雎说：嗯嗯。等了一会儿，秦昭襄王又长跪向范雎请求说：请先生赐教。范雎又说：嗯嗯。连问三次，范雎每次都只嗯嗯两声，不回答。秦昭襄王说：先生不打算赐教我吗？

范雎说：我只是个寄居在异国他乡的臣子，和大王的交情很生疏，我要讲的又都是辅佐国君的大事，我处在大王和大王的亲人之间谈这些大事，想尽我的一片忠心，可不知大王心里是怎么想的。这就是大王连问我三次而我不敢回答的原因。我并不是害怕，我明知今天向您陈述主张明天就可能被处死，但我决不想逃避。大王真照我的话办了，我死也值得。我最担心的是我死后天下人看见我尽忠而死，不敢再到秦国来。

今臣羁旅之臣也，交疏于王，而所愿陈者皆匡君之事，处人骨肉之间，愿效愚忠而未知王之心也。此所以王三问而不敢对者也。臣非有畏而不敢言也。臣知今日言之于前而明日伏诛于后，然臣不敢避也。大王信行臣之言，死不足以为臣患，亡不足以为臣忧，漆身为厉被发为狂不足以为臣耻。……臣之所恐者，独恐臣死之后，天下见臣之尽忠而身死，因以是杜口裹足，莫肯乡秦耳。——《史记·范雎蔡泽列传》

秦昭襄王说：先生说啥呢！秦国偏处一隅，我本人无能，先生光临此地，我能受到先生的教诲，这是上天的恩赐啊！事情无论大小，上至太后，下到大臣，有关问题希望先生毫无保留地给我以指教。

范雎听后鞠躬行礼，秦昭襄王连忙还礼。

范雎说：大王的国家，地势险要，雄师百万。

凭着秦国的力量制服诸侯，如同猎狗抓捕瘸腿的兔子那样容易。秦国现在之所以不能做到这些，都是因为穰侯不愿竭尽忠心为秦国出谋划策，大王也有失误之处。

> 大王之国，四塞以为固，北有甘泉、谷口，南带泾、渭，右陇、蜀，左关、阪，奋击百万，战车千乘，利则出攻，不利则入守，此王者之地也。民怯于私斗而勇于公战，此王者之民也。王并此二者而有之。夫以秦卒之勇，车骑之众，以治诸侯，譬若施韩卢而搏蹇兔也，霸王之业可致也。——《史记·范雎蔡泽列传》

秦昭襄王说：我想听听我的失误在哪儿。

范雎对昭襄王说：穰侯越过韩、魏两国去攻打齐国的纲、寿，绝不是个好计谋。出兵少不能打败齐国，出兵多会损伤秦国的力量。大王想自己少出兵而让韩、魏两国派兵协同秦国攻齐，这本就会让韩、魏觉得您不仁，您还要越过韩、魏两国去进攻齐国，这合适吗？当年齐湣王伐楚，打了大胜仗，竟然一无所得。因为各诸侯国看见齐国因伐楚而疲惫不堪，借机伐齐，大败齐国，就是因为伐楚肥了韩、魏两国。

大王不如结交远邦而攻伐近国。这样，攻取一寸土地就成为您的一寸土地，攻取一尺土地也就成为您的一尺土地。如今弃近而攻远，岂不太荒谬了！

> 王不如远交而近攻，得寸则王之寸也，得尺亦王之尺也。今释此而远攻，不亦缪乎！——《史记·范雎蔡泽列传》

秦昭襄王说：我早就想拉拢魏国了，可是魏国变化无常，请问怎么才能拉拢到魏国？范雎回答：先说好话再送厚礼，不行就割地收买，再不行就发兵攻打。于是，昭襄王任命范雎为客卿，和他一起商议军国大事。

> 对曰：『王卑词重币以事之；不可，则割地而赂之；不可，因举兵而伐之。』王曰：『寡人敬闻命矣。』乃拜范雎为客卿，谋兵事。——《史记·范雎蔡泽列传》

范睢在秦国熬了一年多，费尽心机才得到秦昭襄王的召见，秦昭襄王一见就采纳了范睢的意见，这是为什么呢？范睢的成功主要因为两点：一是利用了秦昭襄王和穰侯魏冉的关系；二是制定了秦国兼并六国远交近攻的总方略。

秦昭襄王是魏冉强行所立，魏冉又是秦昭襄王的舅舅，魏冉辅政三十多年，功勋卓著，秦昭襄王和魏冉的关系始终不错。但是，穰侯的功劳也引发了秦昭襄王的猜忌，这是王权和相权冲突的历史必然。这才使秦昭襄王决定重用范睢。

获得秦昭襄王信任和重用后，范睢对秦昭襄王说：我过去在魏国时只听说秦国有宣太后、穰侯、华阳君、高陵君、泾阳君，没有听说过什么秦王。此时，穰侯做秦国的国相，华阳君、泾阳君、高陵君轮流率兵为将，他们个个有自己的封邑，加上宣太后的宠爱，人人家中财富都超过国库。

穰侯相，三人者更将，有封邑，以太后故，私家富重于王室。——《史记·范睢蔡泽列传》

秦昭襄王听了范睢这番话如梦方醒，说：好！于是废了太后，把穰侯、高陵君及华阳君、泾阳君驱逐出国都。收回穰侯的相印，让他回封地陶邑去，任命范睢为相国。

秦昭襄王把应地（今河南宝丰县南）封给范睢，封号称应侯。

这件事被称为“强公室，杜私门”，在历史上非常有名。

秦昭襄王是一位非常有作为的国君。他利用范雎，废了太后、穰侯魏冉等人，将大权全部收归己有，大大强化了中央集权。

范雎的贡献有两条：一是提出了“远交而近攻”顶层设计；二是强化了秦国国君的权力。特别是第一条，贡献极大。

“远交而近攻”是秦国统一天下的总战略，是外交与军事的有机结合。范雎不但提出了这一总战略，而且提出了具体的实施方案：首先是胁迫和秦国接壤而又处于天下中枢的韩、魏两国执行亲秦政策，然后利用韩、魏两国的亲秦，威逼迫使楚国、赵国屈服，最后是恫吓齐国。各国都被征服后，再放手进攻和秦国接壤的韩国、魏国。在韩、魏两国之中，先取韩国，因为韩国和秦国的国界犬牙交错。

这个实施方案可操作性极强。它是基于地缘政治关系之上的一个由近到远的总体战略，它是秦国兼并六国的具体规划。同时，它又是一个军事和外交相互结合的战略方案，这一战略使秦国在军事、外交两方面的优势力量都发挥到极致。总之，“远交而近攻”的提出，标志着秦国兼并六国的战争已经进入战略思想非常完备的阶段，剩下来的只是具体实施了。

《史记》中说，范雎是个一顿饭的恩德也一定偿还，瞪瞪眼睛的仇也要报复的人。他散出家财，报答所有因

一饭之德必偿，睚眦之怨必报。

——《史记·范雎蔡泽列传》

为他的事情受苦的人。当年在死亡边缘救他的郑安平，被秦昭襄王任用为将军。掩护范雎到达秦国的王稽被任命为河东郡太守，秦昭襄王还特许他三年内不必向上汇报施政情况。须贾因为秦国攻打魏国，至秦求见张禄，此时尚不知张禄就是范雎。范雎设计将其进行了一番羞辱，数落他的过错，打发他回去，要魏国送魏齐的人头来，否则兵发大梁。魏齐被迫四处奔逃，最后无奈自杀。

秦昭襄王在位五十六年，在穰侯、范雎的先后辅佐下，沉重打击了六国的有生力量，为秦国最后兼并六国奠定了更为坚实的基础。当他离开这个世界的时候，秦国统一天下的大趋势更加明显。但是，秦昭襄王在位时间长达半个多世纪，这对他的太子来说，等待的时间似乎太长了，他的长子没有等到继位就死去了。那么，他死后，秦国的政局会发生什么变化呢？继位的新君还能继续有所作为吗？

请看：异人奇缘。

异人奇缘

七

秦昭襄王在位长达半个多世纪，他的长子没能熬到继位的那天就与世长辞了。秦昭襄王死后，次子安国君继位，安国君就是秦始皇的祖父，作为次子的安国君竟然意外地当上国君，可谓人生奇缘。安国君有二十多个儿子，秦始皇的父亲异人排在中间，按照立嫡立长的原则，庶出的异人没有可能当上太子，然而当时在邯郸做质子且不被看重的异人，最终竟意外地当上了太子，这一切都与一个精明的商人密切相关。这个商人凭借着家累千金的经济基础、精明的商业运作头脑，瞄准了目标，以商业运作的方式，对异人进行了全面的包装、宣传与公关，让毫无希望登上王位的异人来了个华丽转身，成功上位。这个商人是谁？他是如何把异人推上太子宝座的？

落魄王孙

异人是怎么当上秦王的呢？可以用四个字形容：苦心经营。之所以这么说，主要是因为异人根本没有资格、没有条件成为太子。异人一开始也没有成为太子的奢望，他只不过是秦国派到赵国的一个无足轻重的质子，一个落魄的王孙。

异人没有条件成为太子，缘于这样三个因素：

第一，异人在赵国做人质时，他的祖父秦昭襄王还健在，父亲安国君还是太子，他是王孙，不是公子，这中间隔了一层，他的祖父是不会想起这个远在异国他乡的孙子的。

第二，安国君妻妾一堆，儿女成群，光儿子就有二十多个，异人刚好处在中间，并非长子，不具备立为太子的条件。

第三，母亲夏姬不得宠，经年都见不上安国君一面，异人不仅是庶出，还不受喜欢，在祖父秦昭襄王、父亲安国君心中，好像没有这个人存在一样。

正因为地位无足轻重，他才具备了“光荣”入选为“质子”、进驻赵国邯郸城的资格。所以，作为落魄公子，在异国他乡的邯郸城内，岂敢奢望成为王位的继承人？

战国时期，有一个习惯，诸侯国与诸侯国之间常常互派公子为人质，简称质子。质子制度在秦国也是一个惯例。秦国自商鞅变法开始，人人都要为国立功，国君的儿子（公子）也不能例外。当然，国君的儿子立功不一定非要上战场，他们可以到他国去做人质，这是公子为国服务的一种方式。表面上看，各国在结盟时，为了推心置腹，互派质子，地位非常尊荣。其实，质子就是人质，国与国之间一旦翻脸，质子是首先遭殃的对象，是泄愤的首选对象。何况在那个时代，诸侯国之间翻脸比翻书还快，今天歃血为盟、明天就兵临城下的事屡见不鲜。

虽然在有些国家做质子并不坏，有时甚至是让太子做质子，特别是强国为表示怀柔而派在弱国的质子，弱国臣民都要奉迎他、巴结他，全国上下也都怀着近乎感恩的心情，将其待为上宾。虽然秦国是强国，但异人没有享受到这种待遇。这是因为赵国一向作为合纵之约的“约长”，秦国又不停地东进，力图并吞六国，秦赵之间经常爆发战事，所以异人时时刻刻在“刀架在脖子上”的环境中生存，两国稍有风吹草动，首先用来祭刀的自然是质子，何况秦国根本就没有放弃东进统一步伐的打算，这恰好说明异人在秦国王室中的地位是如何地不值一提。秦国人都不在意质子，赵国对秦国质子异人更不会客气。本来，各国国君对派在异国或他国派在本国的质子，或者为了要面子，或者为了表示内心的歉疚，在经济上尽量保证供应，但生活在邯郸的异人却没有享受到这种待遇，异人在赵国的生活非常窘迫。上轻下慢的事情似乎成了家常便饭。

安国君中男名子楚，子楚母曰夏姬，毋爱。子楚为秦质子于赵。秦数攻赵，赵不甚礼子楚。子楚，秦诸庶孽孙，质于诸侯，车乘进用不饶，居处困，不得意。——《史记·吕不韦列传》

异人就是这样一个落魄王孙，在秦国心目中无足轻重，在赵国邯郸更没有受到礼遇。所以，生活在异国他乡的公子异人基本上无缘太子之位。

不过，“缘”是天时、地利、人和等各种外部条件的集合，一旦加入某个新元素，无缘可成奇缘，无缘未必无分。如果说异人的父亲安国君意外地继承王位成为他人生中的第一个奇缘，那么落魄王孙异人恰在此时遭遇了人生的第二个奇缘。

商道与政道

在异人的第二次人生转变中，有个精明的商人起了至关重要的作用。这个商人凭借着家累千金的经济基础、精明的商业投机头脑，在贩贱卖贵的商业环境中，选准了目标，以商业的操作方式，完成了异人人生的重要转型。

这个商人就是阳翟（yáng dí，今河南禹州市一带）人吕不韦。

吕不韦“往来贩贱卖贵，家累千金”。按说，他已是财经巨子，可以笑傲江湖了。但金钱对于他来说不过是账户上的数字，吕不韦有更大的欲望。

吕不韦在邯郸经商，无意中发现了秦国质子异人。他敏锐地察觉到，这可是件有着巨大升值空间的宝贝，按吕不韦自己的话说，异人是“奇货可居”。他立即回家，向他父亲问了三件事：一是耕田，二是经商，三是从政，到底哪个利润更丰厚。吕不韦的父亲是位老江湖，一听儿子询问，立即回答：耕田之利最薄，只有十倍；经商之利次之，可达百倍；立主定国之利最大，N倍。

濮阳人吕不韦贾于邯郸，见秦质子异人。归而谓父曰：『耕田之利几倍？』曰：『十倍。』『珠玉之赢几倍？』曰：『百倍。』『立国家之主赢几倍？』曰：『无数。』——《战国策·秦策五》

当然，一项比一项困难，但利润一项比一项更具有诱惑力，对利润永无止境地追求的欲望使这位财经巨子不满足于仅仅在商界的“贩贱卖贵”了，他要把这套经商之道运用到政界，于是他以极其敏锐的政治嗅觉盯上了奇货可居的质子异人。

异人是秦国公子，具备了日后成为秦王的最基本的条件，所以进入了赌博天下、投资政治的大商人的视野。腰缠万贯的吕不韦虽然从商，却与各国政界要人有密切的关系，对政界的操作规则更是熟稔，而且，他相信自己翻云覆雨、点石成金的能力，自信凭自己精明的商业头脑，能够重新包装出一个准秦王。

隔行如隔山，经商与从政能够兼容吗？

经商讲究投入与产出、付出与回报，这与政治非常接近。在商界与政界的相互转换中，《史记》记载了两个非常典型的范例：一个是范蠡，一个是吕不韦。范蠡是政治家经商，吕不韦是商人从政。

人们不禁会问：一个政治家下海经商能够成功吗？

能！因为政治家经商有其独到的资源，但是，能否最终成功，还有其他诸多因素。范蠡就是一个成功的个案。反过来，一位出色的商人能够上岸从政吗？

乃乘扁舟浮于江湖，变名易姓，适齐为鸱夷子皮，之陶为朱公。朱公以为陶天下之中，诸侯四通，货物所交易也。乃治产积居，与时逐而不责于人。故善治生者，能择人而任时。十九年之中三致千金，再分散与贫交疏昆弟。——《史记·货殖列传》

也能！因为经商与从政看起来毫不相干，其实，二者做到极致之时是完全相通的。

任何一个执政大党都经历过由小到大、由弱到强的历史过程。在至关重要的发展过程中靠什么？三条：战略、人才与管理。同理，一个小公司，从最初的几十个人，经过几年、几十年的艰苦奋斗，最终成为一个巨无霸的跨国公司，靠的是什么？三条：战略、人才与管理。因此，一个优秀的政治家能够经商，成为一名成功的商人；反之，一位优秀的商人也能从政，成为一名优秀的政治家。二者在本质上是相通的。不但从政与经商可以相通，世界上任何职业只要做到极致，都能够相通。这是一条铁律！但是，这是就大的方面而言，个体差异的因素尚未计入其中。

所以，作为一位商业成功人士的吕不韦，要上岸从政，与作为一位优秀政治家的范蠡，要下海经商，看起来是背道而驰，其实，只要个人足够优秀，无论上岸从政与下海经商，都能获得成功。政道、商道归根结底都是人道！因为从政与经商都是与人在打交道。

安国君有二十几个儿子，吕不韦为什么独独挑中了穷困潦倒的异人呢？异人能否就此改变人生走向、点石成金呢？

这与吕不韦的经商策略有关，他之所以发家，完全是依靠“贱买贵卖”，依靠囤积居奇，在一位精明商人的眼中，没有一样东西不可以买卖，没有一样东西没有价值，差别只在于获利的多少。异人是一只具有巨大升值空间的潜力股，所以，他称异人是“奇货可居”。所谓“奇货可居”，是说异人是一种稀缺资源，应当预先收购，等待升值。那么，异人是否真如他的名字一样，有什么奇异之处呢？其实，异人的价值在于他的身份。他是秦国太子安国君的儿子，这一身份让他具备了巨大的升值空间。

吕不韦决定弃商从政后，立刻去拜见异人。异人此时在赵国生活得非常郁闷，经济拮据得连乘车都很困难，听说有一位大商人要来拜访自己，异人立刻来接见。看来，异人潦倒而不颓废，还在逆境中寻求突破。

吕不韦见到异人之后，劈头第一句话就对异人说：我能够光大你的门庭。

异人听了吕不韦的这句话，淡淡地说：你还是先光大你自己的门庭，再说光大我的门庭吧。异人潦倒，却不卑怯。在中国古代，商人的地位很低。你吕不韦不过有几个臭钱，怎么就敢吹破牛皮？本公子门庭再落魄也是王室子弟，是你能光大的吗？

吕不韦听了异人的话，不急不恼、不紧不慢地说了第二句话：你不知道，我的门庭要等待你的门庭光大了才会光大。吕不韦也不得了，竟把自己的生死和王室的命运联系在了一起！

乃往见子楚，说曰：『吾能大子之门。』子楚笑曰：『且自大君之门，而乃大吾门！』吕不韦曰：『子不知也，吾门待子门而大。』——**《史记·吕不韦列传》**

一个是虽然落魄却并不颓废的王孙，一个是雄心勃勃又非常现实的豪商，这样两个男人一相遇，怎么能不做出点改天换地、气吞山河的大事业呢！

异人闻此一言，立即发现吕不韦非同寻常。他马上放下了架子，向智者问计。王孙虚怀若谷，果然有王者气派。

吕不韦向异人精辟地分析了秦国国君与王储的现状：

一是安国君继位在即。秦昭襄王已经年迈了，安国君作为太子，很快就会即位。

二是华阳夫人是个关键人物。安国君最宠爱华阳夫人，而华阳夫人无子。华阳夫人虽然无子，但是，她却拥有拥立太子的能力。

三是异人比不过自己的兄弟。异人有二十多个兄弟，异人不是长子，又长期在外做质子，如果秦昭襄王仙逝，安国君继位为秦王，异人肯定比不过天天在安国君面前晃来晃去的那帮兄弟们。

四是异人本人无经济实力包装自己。异人客游他乡，毫无经济能力，因此，异人无法结交达官贵人，更无从得到他们的信任和推崇。就是说，在上流社会，没有经济实力进行自我包装，就拉不到足够的政治选票。我吕不韦愿意拿出自己的千金家财为你西入秦都，游说安国君和华阳夫人立你为嫡嗣（正妻长子，此处指正妻养子）。

吕不韦一席话，让异人彻底折服。当吕不韦分析完秦国国内的形势，竟然声称要包装他为嫡嗣时，异人发现吕不韦是一位出色的营销策划人，一位优秀的职业经理人。于是他坚定不移地对吕不韦说：果如君言，我一定拿出秦国一半的权力、财富与你分享。

子楚乃顿首曰：『必如君策，请得分秦国与君共之。』——《史记·吕不韦列传》

“分秦国与君共之”就是“共享天下”。能够说出“共享天下”这种话的人，在整个秦汉史中只有两个人：一个是异人，一个是大汉帝国的开创者刘邦。

刘邦在彭城之战惨败于项羽时，曾经问张良：我想把函谷关以东的土地捐出去给别人，共同来对付项羽，你看看可以给谁？张良说：如果汉王能把函谷关以东的土地捐给韩信、彭越、黥布三人，一定能打败项羽。

至彭城，汉败而还。至下邑，汉王下马踞鞍而问曰：『吾欲捐关以东等弃之，谁可与共功者？』良进曰：『九江王黥布，楚枭将，与项王有隙；彭越与齐王田荣反梁地：此两人可急使。而汉王之将独韩信可属大事，当一面。即欲捐之，捐之此三人，则楚可破也。』——《史记·留侯世家》

刘邦立即采纳了张良的意见，最终打败项羽，当了皇帝。

可见，敢于说出“共享天下”这种话的人，本身就很了不得，他一定知道这句话对于普天之下的英雄才俊的杀伤力是致命的！世间敢为君王者，无外乎贵族与无产者。前者有本钱赔，后者无所谓输。恰恰是大多数有产者，梦想只能止步于一人之下、万人之上。“共享天下”，多么动听的承诺啊！尽管只是一纸空头支票，依然引无数飞蛾竞扑火。

最关键的一“行”

异人是潜力股，值得长线投资。他还善于举一反三，知道变通。异人是他的本名，但是，经过吕不韦的指导，异人懂得了华阳夫人的重要性，因为华阳夫人是楚人，喜欢楚服，所以他在第一次拜见华阳夫人时改换楚服，华阳夫人看到异人穿着楚服拜见自己，非常高兴，亲自为异人更名为子楚。

异人至，不韦使楚服而见，王后悦其状，高其知，曰：『吾楚人也。』而自子之，乃变其名曰楚。——《战国策·秦策五》

异人穿楚服拜见华阳夫人一事，载于《战国策》《资治通鉴》，《史记》并未记载，此事应是吕不韦所教。异人第一次拜见华阳夫人之时，吕不韦连这点细节都考虑到了，只能说明吕不韦精通人性，异人是“可造之材”。

华阳夫人尽管只是一介女流，但也是经过宫廷角逐、百里挑一的宠妃！她能轻轻松松地就接受这个有着强烈功利心的“儿子”吗？异人有自己的母亲，兴冲冲地认了一个年轻貌美的后妈，生母夏姬怎么办呢？

所以，每个故事背后都有很多未知的情节，因为我们今天看到的历史记载都只是文明的碎片，都是被有选择地书写，文献没有记载的部分我们只能依靠猜测了。但有一点我们可以肯定：异人真行！他能够结识吕不韦，是一种奇缘。能够重用吕不韦，还有能耐搞定两个老妈，是他的本领。

第一个说异人“行”的是谁呢？是吕不韦。吕不韦说异人“行”，对异人来说非常关键，足以改变异人一生的命运。因为，吕不韦既有独到的政治眼光，又有从政的经济实力。吕不韦拿出家产的一半——五百金供异人消费，进行自我包装，广交赵国政要及各国质子使节，形成他在赵国及秦国都举足轻重的形象，又广纳门客，让自己的贤名传到秦国，这是第一步。第二步，吕不韦又拿出五百金西行求见安国君和华阳夫人，游说他们立异人为嫡嗣，这是对异人进行的一次彻头彻尾的大包装。

吕不韦乃以五百金与子楚，为进用，结宾客；而复以五百金买奇物玩好，自奉而西游秦。——《史记·吕不韦列传》

在异人能否被立为嫡嗣的问题上，谁最关键？华阳夫人。为何她最关键？因为她最得安国君的宠爱，她的话对安国君最有影响力。所以，吕不韦选她进行突破。

华阳夫人有一个致命的弱点：无子。吕不韦选择的突破点就在这里。

首先他找到华阳夫人的弟弟阳泉君进行攻关。

《战国策》记载，吕不韦对阳泉君说：因为你姐姐是华阳夫人，你现在是既富且贵，家中珠宝，厩中骏马，房中美女多得数不胜数，现在连太子的财富都不如你。但是，秦王年迈，一旦有不测，太子即位，你想想后果如何，可以说你现在的形势是如同累卵，危机四伏。阳泉君一听立即吓出了一身冷汗，因为，吕不韦讲的恰恰是阳泉君的死穴。

君之府藏珍珠宝玉，君之骏马盈外厩，美女充后庭。——《战国策·秦策五》

吕不韦点出阳泉君的死穴后，又给他开了一剂良药：公子异人，是一贤才，被弃在赵国做人质。如果华阳夫人现在拉他一把，立为嫡嗣，异人本来继位无望，现在有了希望。你姐姐本来无子，现在有了嫡子，岂不是双赢！经吕不韦一番点拨，阳泉君马上找到姐姐华阳夫人，华阳夫人对阳泉君的话立即照单

是子异人无国而有国，王后无子而有子也。——《战国策·秦策五》

全收。

求见华阳夫人姊，而皆以其物献华阳夫人。因言子楚贤智，结诸侯宾客遍天下，常曰：『楚也以夫人为天，日夜泣思太子及夫人。』夫人大喜。——《史记·吕不韦列传》

吕不韦在搞定了华阳夫人的弟弟后，又开始摆平华阳夫人的姐姐。他先送重礼给华阳夫人的姐姐，通过引见对华阳夫人说：异人非常有才，广交天下诸侯，朋友遍天下。而且，他把夫人看得像天一样重要，常常思念夫人和太子。华阳夫人听吕不韦这么一讲，非常高兴。

吕不韦接着让华阳夫人的姐姐去说服华阳夫人：以美丽的容颜侍奉他人的，一旦容颜消退，宠爱就会淡下去。如果现在不趁自己宠爱未败时推出一个属于自己的嫡嗣，等到色衰爱弛之时，想立一个忠于自己的嫡嗣还有可能吗？异人在兄弟中排行居中，他的母亲又得不到安国君的宠爱，没有可能被立为嫡嗣。如果此时夫人能够拉他一把，立他为嫡嗣，他能不感激你吗？你岂不是也有了自己的嫡嗣吗？安国君百年之后，你有自己的养子为王，终生都不会失势。这就是人们所谓的说一句话而可得万世之利啊！

吾闻之，以色事人者，色衰而爱弛。今夫人事太子，甚爱而无子，不以此时蚤自结于诸子中贤孝者，举立以为适而子之，夫在则尊重，夫百岁之后，所子者为王，终不失势，此所谓一言而万世之利也。——《史记·吕不韦列传》

吕不韦游说华阳夫人的弟弟阳泉君，说的是功名利禄、生存危机。吕不韦游说华阳夫人的姐姐《史记》中虽未详载，但从其劝说华阳夫人的话推测，吕不韦说的是天长地久、稳定地位。同样是游说，对男人和女人，吕不韦从不同角度去讲，直击要害。效果都极为显著！这说明什么？说明吕不韦“他人之心，予忖度之”，完全具备从政的能力！

结果，华阳夫人的弟弟、姐姐都被吕不韦的精确分析所折服，都高度认同了吕不韦的见解。吕不韦以温情、财货、恫吓等不同方式的综合运用逐个拿下了阳泉君、华阳夫人的姐姐、华阳夫人，完成了第二步。

华阳夫人权衡再三，确信吕不韦之言非常有道理。于是，她选准一个安国君空闲的时机，不紧不慢却又很郑重地对他说：子楚在赵国，非常贤能，和他打过交道的人都交口称誉。于是，华阳夫人使出了撒手锏——“梨花一枝春带雨”的哭泣，边哭边说：我非常荣幸地得到太子宠幸，但是，我也非常不幸地始终未能生育。我希望立子楚为嫡嗣，让我晚年有个依靠。

华阳夫人以为然，承太子闲，从容言子楚质于赵者绝贤，来往者皆称誉之。乃因涕泣曰：『妾幸得充后宫，不幸无子，愿得子楚立以为适嗣，以托妾身。』——《史记·吕不韦列传》

面对宠妃的哭诉，安国君自然要想方设法地满足“回眸一笑百媚生”的华阳夫人的要求。他不但答应了华阳夫人的请求，而且“与夫人刻玉符，约以为嫡嗣”《史记·吕不韦列传》。华阳夫人与安国君立约为据，郑重确立了异人的嫡嗣地位，接着给异人送去了丰厚的财物，因为此时的华阳夫人已经把异人看作自己的一道护身符了。她开始积极自救，全力以赴地在安国君面前力挺异人。

吕不韦深深懂得：只有自己说异人“行”是不行的，必须“行”的人说异人“行”才行！在安国君面前说异人“行”的人只有华阳夫人。只要华阳夫人说异人“行”，异人就一定能“行”！

> 安国君及夫人因厚馈遗子楚，而请吕不韦傅之。——《史记·吕不韦列传》

吕不韦和华阳夫人联手推出了异人，使异人登上了历史舞台！同样，异人登上历史舞台时，也是吕不韦登上了历史舞台之时！安国君与华阳夫人因为吕不韦举荐有功，不但重赏了异人，而且聘请吕不韦做了异人的老师。

吕不韦“吾门待子门而大”的预言得以实现。吕不韦的投资开始了良性循环。

水到渠成

秦昭襄王五十年（前257），秦军大举进攻赵国，赵国想杀子楚（异人）以报复秦国。子楚的生命面临严重危机。

子楚与吕不韦商议，拿出金六百斤（这在当时是极大的数字）送给赵国都城守门的官吏，得以脱身，逃到秦军大营，顺利回国，来到安国君身旁。赵国又想杀子楚的妻儿，其中就有后来的秦始皇。因为子楚的妻儿躲了起来，最终逃过了这一劫。

秦昭襄王五十六年（前251），秦昭襄王故去。太子安国君被立为秦国国君，即秦孝文王，华阳夫人被立为王后，子楚顺理成章地当上了太子。赵国此时也主动送子楚的夫人和儿子回国。

但是，安国君做太子的时间太长了，继位时年事已高，加之老太子无事可做，成天沉溺于声色之中，身体早垮了。秦昭襄王一故去，他马上继位，此年仍然称为秦昭襄王五十六年，他在守丧。第二年（前250），孝文王（安国君）正式改元为孝文王元年，但是，改元仅仅三天，这位年事已高、身板早已被掏空的老太子、新国君就一命呜呼了！

子楚终于继位为新国君，史称秦庄襄王。子楚的一生之中，父亲安国君意外地被立为太子是第一次奇缘，结识吕不韦是第二次奇缘，结识并获得华阳夫人的支持是第三次奇缘。三次奇缘，把子楚推上了国君的宝座。

继位后，秦庄襄王尊华阳后为华阳太后，华阳夫人当年的投资终于得到了丰厚的回报！庄襄王又尊自己的亲生母亲为夏太后。无论是作为公子异人，还是改名后变成太子子楚，甚至继位成为庄襄王，能处理好两个老妈的问题，就证明了自己是“可居”的“奇货”，是值得吕不韦投资的目标。

秦庄襄王元年（前249），吕不韦被任命为丞相，封文信侯，食邑河南洛阳十万户。吕不韦终于从后台走上了前台，成为炙手可热的秦国丞相。

但是，仅仅过了三年（前247），秦庄襄王竟然一病不起，撒手人寰了。

所以，一个人要想有所作为，要想让人生有些光彩，必须具备

四个“行”:

第一，自己要“行”。异人身处逆境，寻求突破。慧眼识才，重用吕不韦。果断决定，与成功后的吕不韦共享天下，极大地调动了吕不韦的积极性。他高度重视华阳夫人的重要性，积极配合吕不韦，取得了华阳夫人的喜爱，获得最宝贵的一票。这一切说明，异人自己真“行”。

第二，要有人说你“行”。吕不韦第一个发现了异人，他认为异人具备当国君的基本条件。第一个说异人“行”的是吕不韦。吕不韦上岸从政，如鱼得水，游刃有余，为确立异人的嫡嗣地位付出了巨大努力，并大获成功。

第三，说你“行”的人得“行”。在确立安国君嫡嗣的问题上，华阳夫人和异人的父亲安国君都认同了异人，这两个人，一个是太子，一个是太子的宠妃，他们是确立太子嫡嗣最重要的两个决策人，他们都说异人“行”，异人成为安国君的嫡嗣也就顺理成章了。

第四，你的身体得“行”。异人唯独没有完成“人生四行”中的最后一“行”，即位三年就撒手人寰。即使如此，异人占了“人生四行”中的三个“行”，终于当上了秦国国君，在人生的最后阶段发出了耀眼之光，只是这耀眼之光太短暂了。

可见，“人生四行”，缺一不可！尤其是最后一个“行”，更是“人生四行”中最为关键的一“行”！因为个体生命的存在是其他“三行”的载体，如果生命不存在了，其他“三行”岂不完全落空了吗？

秦庄襄王带着满腹的遗憾走了，但是，他的儿子还在，将成为新一代的秦国国君。

然而，秦始皇的身世成为一个争议极大的话题。其中，最为关键的一个争议是：他是异人的儿子还是吕不韦的儿子？

这场争议其实都是《史记》惹的祸！《史记·吕不韦列传》明确记载，秦始皇是吕不韦的儿子。《史记·秦始皇本纪》没有记载秦始皇的父亲是谁，言外之意，秦始皇的父亲是异人。但是，从汉到魏晋南北朝，再到隋唐宋元，诸多史学家们都认可司马迁《史记·吕不韦传》的说法。但是，从明清开始，不断有学者怀疑这一说法，近现代更是争论不休，这是历史给我们留下的千古之谜。那么，秦始皇的生父到底是谁呢？

请看：生父之谜。

八 生父之谜

公元前249年，在吕不韦和华阳夫人的通力运作下，异人终于登上了秦国国君的宝座，他就是秦庄襄王，然而三年以后，庄襄王便撒手人寰，留下了一个如日中天的秦国和年仅十三岁的儿子。当这个少年登上秦国政治舞台时，关于他的质疑也接踵而至，这个异人在赵国邯郸做质子时出生的孩子，身世扑朔迷离。他究竟是异人的儿子还是吕不韦的儿子？这不但成为秦国史上难解之谜，也成为历史学界的一桩公案，更成为两千年来人们茶余饭后的谈资。那么，为什么秦始皇的身世会有这么大的争议？这个争议因何而来？如何破解这个谜团？

在中国历史上，显贵者的身世大都记载得非常清晰，尤其是帝王的身世从来都是史家不曾忽略的重点，秦始皇却是一个例外。《史记》对秦始皇的生父记载前后不一，颇有矛盾之处，因此秦始皇的生父到底是谁就成为聚讼不已的焦点。总括起来，不外乎两种看法。

他爹姓吕

异人被立为安国君的嫡嗣后，与身为师傅的吕不韦关系日渐密切。一天，吕不韦的家中举行一场盛大的家宴。虽然这只是吕不韦与异人两个人的盛宴，但是，大富商的家宴仍然十分讲排场。

酒酣耳热，歌舞表演开始。第一位出场的是吕不韦的爱妾赵姬。赵姬是邯郸著名的舞女，长得极其美貌，她是那种能让男人看一眼就过目不忘的女人。而且，赵姬还有一身绝活：善舞，其舞功独步邯郸。有才艺的美女更容易得到男人的宠幸，赵姬就是这样一位才艺出众的大美女。

异人一见赵姬，立时眼前一亮，不由得暗中称绝。吕不韦家中美女如云，但异人从来没见过如此美艳的女人！赵姬的一身绝世舞功更让异人目瞪口呆、热血沸腾。

异人此时仗着秦国太子的嫡嗣身份，向吕不韦敬了一杯酒，紧盯着吕不韦说：请将这位美人赏给我吧！

从异人异样的眼光中，吕不韦早已看出异人的兴奋，但是，他没料到异人竟然如此不顾身份大胆地横刀夺爱。赵姬是吕不韦的爱妾，而且，赵姬此时已经怀上了吕不韦的孩子。所以，一听异人提出这种不情之请，吕不韦心中顿时大怒。

但是，吕不韦到底久经人生历练，他想到自己已经为异人破了家产；为了达到“立主定国”的目的，吕不韦怀着满腔怒火却仍笑呵呵地说：可以。于是，吕不韦拱手把自己如花似玉的爱妾赵姬献给了异人。

吕不韦取邯郸诸姬绝好善舞者与居，知有身。子楚从不韦饮，见而说之，因起为寿，请之。吕不韦怒，念业已破家为子楚，欲以钓奇，乃遂献其姬。——《史记·吕不韦列传》

异人一听，大喜若狂，酒不喝了，歌不听了，舞不看了，立即抱着美人赵姬回家。

赵姬对异人隐瞒了自己已经怀孕的事实，跟着异人回到家中，备受异人宠爱。到了十二个月时，赵姬生下一个男孩。因为这个男孩是正月出生，于是取名叫政。又由于异人与赵姬此时都生活在赵国，这个男孩被人称作赵政（先秦时姓、氏有别，女子称姓，男子称氏。秦始皇嬴姓、赵氏，故应称为“赵政”。汉及汉以前的史书中经常称其为“赵政”，如《史记·楚世家》：“秦王赵政立。”《淮南子·人间训》：“秦王赵政兼吞天下而亡。”出土简牍中有《赵正（政）书》。因此本书一律称为“赵政”。特此说明），他就是中国历史上鼎鼎大名的秦始皇。

姬自匿有身，至大期时，生子政。——《史记·吕不韦列传》

这段记载，出自司马迁的《史记·吕不韦列传》，它透露了两点重要信息。

第一，赵姬的身份。《史记·吕不韦列传》明确记载赵姬是“邯郸诸姬绝好善舞者”，这就告诉我们赵姬是邯郸一位极其美丽而善舞的舞女，同时也是吕不韦的爱妾。

第二，异人夺爱。异人是在吕不韦的家宴上第一次见到赵姬的，而且，一见钟情，硬是从吕不韦手中夺走了赵姬。

异人和赵姬的这次相见也是一大谜团：这次家宴相见，是吕不韦有意安排，还是吕不韦无意为之？

《史记》的记载有“吕不韦怒”四字，可见，吕不韦并不愿意邯郸献姬。吕不韦对异人的投资是智力与金钱，目的是“立主定国”，并非要让自己的儿子当国君。吕不韦有野心，但是，如果认为异人还未当上太子时，吕不韦的野心就已经到了想让自己的儿子当国君的程度，显然有些过了。

也许有读者会说吕不韦是假怒，但是，即使吕不韦是假怒，是设局，是下套，这里也有两个问题需要探讨：

一是焉知性别。即使吕不韦有此野心，但是，怀孕的赵姬一定会生儿子吗？吕不韦生活的战国末年，还没有发明出能够检测赵姬怀的是男是女的B超；即使有B超，赵姬还能翩翩起舞，肯定是刚刚怀孕，加上异人未能看出赵姬怀孕在身，更证明赵姬与异人的相遇是在赵姬刚刚怀孕之时。一位刚刚怀孕的女子，恐怕B超都检测不出胎儿的性别。所以，这次家宴，显然不可能是吕不韦有意设局。因此，这场名扬千古的邯郸献姬纯属一种巧合，不应当看作是吕不韦的精心设计，是异人夺爱而非吕不韦有意设局。

二是风险太大。“立主定国”已经让吕不韦获利丰厚了，如果吕不韦还想将怀上自己孩子的赵姬献给异人，一旦败露，恐怕吕不韦就要彻底玩儿完了，还奢谈什么“立主定国”？邯郸献姬的最大收益在于生个男孩，因为这个男孩将来有机会继位为秦王。如果生的是个女孩子，吕不韦岂不是前功尽弃？吕不韦投资异人已经是冒险行为了，如果说吕不韦还想让自己的儿子做秦王，肯定是脑子进水了。因此，赵姬再嫁异人，定非吕不韦之谋。

传世文献不可能将历史的真实毫发无损地记载下来。但是，《史记 · 吕不韦列传》对“秦始皇的生父是谁”这一问题可完整地记载下来了。

除了《史记·吕不韦列传》的明确记载，还有两项重要文献记载：

第一，《汉书》《资治通鉴》都用了《史记 · 吕不韦列传》之说。

第二，汉代文献的记载可以旁证秦始皇为吕不韦之子：

《汉书 · 王商史丹傅喜传》记载：“臣闻秦丞相吕不韦见王无子，意欲有秦国，即求好女以为妻，阴知其有身而献之王，产始皇帝。”再如班固在东汉明帝永平十七年（74）的《上明帝表》中也说：“周历已移，仁不代母。秦直其位，吕政残虐。”《史记 · 秦始皇本纪》

由于关于秦始皇的生父是谁，唯独司马迁的《史记》记载最为翔实，其他传世的文献的记载多引自《史记》，因此，判断秦始皇生父的文献以《史记》为基础相对可靠。

秦始皇是吕不韦之子说的最大优势是有文献依据。人们可以质疑司马迁之说，却唯独拿不出文献资料推翻司马迁之说。

从这个角度看，秦始皇的生父应当为吕不韦。

他爹姓嬴

第二种看法认为，秦始皇是异人之子。

这方面文献首推《史记 · 秦始皇本纪》的记载：

秦始皇帝者，秦庄襄王子也。庄襄王为秦质子于赵，见吕不韦姬，悦而取之，生始皇。以秦昭王四十八年正月生于邯郸。及生，名为政，姓赵氏。

《史记 · 秦始皇本纪》的记载非常简约，值得重视的有三点：

第一，异人娶“吕不韦姬”为妻；第二，“吕不韦姬”生秦始皇；第三，秦始皇名赵政。最为关键的赵姬怀孕嫁异人一事完全没有记载。

司马迁《史记》的这两条记载都明确说异人娶的是吕不韦的爱妾赵姬，赵姬生了秦始皇。只是赵姬被异人娶回家中时是否怀孕，《秦始皇本纪》无载，《吕不韦列传》则明确记载。

《史记》的《秦始皇本纪》与《吕不韦列传》的记载有明显矛盾。

第一，《秦始皇本纪》完全未写赵姬怀孕一事；第二，《秦始皇本纪》称秦始皇为“赵政”而非“吕政”。

据此推测，司马迁可能看到了两种史料，一说是赵政，二说是吕政。

我还可以举出《史记》中的一个佐证，证明司马迁看到的是两种史料：《史记 · 楚世家》记载：“十二年，秦昭王卒，楚王使春申君吊祠于秦。十六年，秦庄襄王卒，秦王赵政立。”

如果司马迁看到的仅仅是赵姬怀孕嫁异人一种史料，那么，《史记》中所有的记载都应当和《吕不韦列传》相同，那就不应当有《秦始皇本纪》中“名为政，姓赵氏”和《楚世家》中“秦庄襄王卒，秦王赵政立”的记载。司马迁如此记载，只能证明司马迁同时看到了两种相左的史料，而且无法断其真伪，所以，《秦始皇本纪》和《吕不韦列传》的记载反映了当时两说并行的史实。

如果认为本纪与列传相矛盾，那么，我们相信哪个？

一是根据《史记》惯例，本纪线条粗，列传更翔实。所以，在本纪与列传相矛盾的情况下，应当相信列传。

二是迄今为止，没有一条文献记载能驳倒《史记 · 吕不韦列传》的记载。

但是，《史记 · 吕不韦列传》还有一条早已为人们关注的记载：赵姬是“至大期时，生子政”。

“大期”作何解？“期”是满足一定时间的周期，因此，“大期”有两解，一是十个月（满十月怀胎），二是十二个月（满一年）。但是，不管如何，赵政不是不足月出生。

依照现代医学知识，我们要讲清楚赵姬怀的是谁的孩子，必须讲清楚三个问题：

第一，怀孕时间。

女性怀孕是女性卵子和男性精子的结合。因此，女性怀孕必须在排卵期。现代医学证明，女性排卵和下一个月经期的到来相关，即下次来月经前十四天为女性排卵期。

第二，生育时间。

女性的妊娠期是二百六十六天，从末次月经的第一天算起是二百八十天。预产期的月份是末次月经所在月份加九个月，预产期的日期是末次月经的第一天加七天。如果末次月经的第一天是一月十日，那么她的预产期就是十月十七日。一般女性正常都是在预产期的前三周或后两周内生育。

第三，过期妊娠。

什么叫过期妊娠?

妊娠期超过预产期两周，即妊娠期达到或超过四十二周还没有临产生育就叫作过期妊娠。四十二周是二百九十四天，因此，正常生育时间的底线是二百九十三天，超过二百九十三天就是过期妊娠。

过期妊娠会带来什么结果呢?

过期妊娠非常危险!

一是胎盘。胎盘是母体和胎儿之间进行物质交换的器官，它具有气体交换、营养物质供应、排除胎儿代谢物等多项功能。一旦怀孕超过二百九十三天，胎盘的功能就会迅速减退，所以，过期妊娠必然导致胎儿缺乏氧气和营养，胎儿的生存概率就会大大降低，过期妊娠胎儿的得病率、致死率都很高，最常见的是胎儿缺氧死亡。所以，过期妊娠的婴儿，往往智力发育不好。

二是羊水。羊水是胎膜内环绕胎儿的一种液体。羊水可以保护胎儿，因为胎儿在羊水中可以自由活动，不受挤压；羊水还可以保护母体，它可以减少胎动造成的不适感，帮助分娩。妊娠三十八周后，羊水量逐渐减少，随着妊娠的推迟，羊水量越来越少。这时，由于胎儿缺氧，还可能造成胎儿排出的胎粪混入羊水中，严重污染胎儿的生存环境。

所以，秦始皇出生的战国末期，如果出现过期妊娠，胎儿的生命很可能保不住。即使出现奇迹保住了生命，出生的婴儿也一定不健康。这是因为古代的医疗条件和今天相比差得太远。

今天如果出现过期妊娠，可以终止妊娠，采取多种方法抢救胎儿。但是，赵姬生子是在战国末期，那时候肯定不会有今天这么好的医疗条件。所以，如果赵姬是过期妊娠，生下来的婴儿能健康吗？秦始皇智力过人、精力过人，绝对不可能是过期妊娠所生下的婴儿。

所以，按照现代医学常识，如果赵姬是怀孕后嫁给了异人，那么，她一定是在二百八十天左右生下儿子，也就是嫁给异人之后不足十个月一定要生子。

可是，《史记·吕不韦列传》记载，赵姬是“至大期时，生子政”，不是不足月生子。仅此一条，即可破赵政是吕不韦之子说，可破千古之惑。

此问题古人奇之，今人不可再奇，亦无可再奇。

赵姬始属吕不韦后归异人可信，赵姬带身孕归异人绝不可信。

以古人的知识发现怀孕有两种途径：一是月经停止，二是早孕反应。但是，早孕反应因人而异，所以，古人发现怀孕更多是依赖月经停止。而发现月经停止需费时一个月左右，准此而计，赵姬归异人后，正常情况下，只需要八个多月就会产下赵政。赵姬是至“大期”而生赵政。所以，吕不韦与赵政没有血缘关系。

那么，为什么还会有十二个月生子的事呢？

假如某人是二月十日来月经，到三月十日未来月经，她就怀疑自己是怀孕了。由于她记住了上次来月经是二月十日，上推半个月，她便把一月二十五日认定为怀孕日。但是，实际上这个时候她并没有怀孕，而是月经推迟了。

如果月经实际上推迟了两个月，这位女子实际的怀孕日是三月二十五日。但是，这种情况她自己完全不知道。她既然是三月二十五日怀了孕，那么，四月十日该来的月经当然就不会再有了。因为她始终认为自己是一月二十五日怀的孕，所以，十个月后生子时，和她记住的怀孕日就错后了两个月。这样，一个正常分娩的婴儿就被说成是十二个月出生的婴儿。这就是十二个月生子说法的来源。

既然如此，为什么史书还会有十四个月生子的记录呢？

是的，史书确有十四个月生子的记录。

史书记载，汉昭帝刘弗陵是其母钩弋夫人怀孕十四个月而生，与传说中帝尧十四个月所生相吻合，所以，汉武帝称钩弋夫人之门为“尧母门”。但是，史书记录的超过十个月生子者大都是君王，比如帝尧，比如汉昭帝。这种记载，大都含有神化君王之意，不可以作为证明古人有十四个月生子的依据。

拳夫人进为倢伃，居钩弋宫，大有宠，太始三年生昭帝，号钩弋子。任身十四月乃生，上曰：『闻昔尧气十四月而生，今钩弋亦然。』乃命其所生门曰尧母门。——《汉书·外戚列传》

谁掩盖了真相

赵姬与吕不韦怀孕生子之说有《史记·吕不韦传》记载与汉代文献记载，赵姬与异人怀孕生子之说有没有文献依据呢？

有!

第一,《史记 · 秦始皇本纪》。

第二, 汉代文献。

西汉淮南王刘安的《淮南子 · 人间训》记载:“秦王赵政兼吞天下而已。”刘安是刘邦的孙子, 他对西汉政权取代嬴秦的合法性肯定是完全承认的, 即使如此, 刘安并没有说秦始皇是吕政, 仍然称秦始皇是赵政。刘安和司马迁是同时代人, 他看到的史料显然承认秦始皇是异人之子, 所以才称他为“赵政”。

《淮南子 · 泰族训》又说:“赵政昼决狱夜理书, 御史冠盖接于郡县, 覆稽趋留, 戍五岭以备越, 筑修城以守胡, 然奸邪萌生, 盗贼群居, 事愈烦而乱愈生。”

汉人王符《潜夫论》卷九《志氏姓》篇讲述秦国兴亡史时说:“其后, 列于诸侯, 五世而称王, 六世而始皇生于邯郸, 故曰赵政。”

可见, 汉人并不全信“吕政”之说, 西汉的刘安、东汉的王符都称秦始皇为“赵政”, 这是汉人主张秦始皇是异人之子的佐证。

第三,《史记 · 吕不韦列传》的史料来源至今并不清楚。

《史记 · 吕不韦列传》的史源至今不明。先秦另一重要史学典籍《战国策》完全没有记载赵姬有身孕嫁人之事。

第四, 赵姬怀孕说逻辑道理不通。

从逻辑上讲,《史记 · 吕不韦列传》的文献记载也有明显疏漏。

明人王世贞认为:

自古至今以术取富贵、秉权势者, 毋如吕不韦之秽且卑, 然亦无有如不韦之巧者也。凡不韦之所筹策，皆凿空至难期，而其应若响。彼固自天幸，亦其术有以摄之。至于御倡而知其孕，必取三月进之子楚，又大期而始生政，于理为难信，毋亦不韦故为之说而泄之秦皇，使知其为真父而长保富贵邪？抑亦其客之感恩者故为是以詈秦皇？而六国之亡人侈张其事，欲使天下之人，谓秦先六国而亡也。不然，不韦不敢言，太后复不敢言，而大期之子，人乌从而知其非嬴出也。**《读书后》卷一《书吕不韦黄歇传后》**

赵政不是异人的儿子纯属个人隐私，司马迁所据史料在《吕不韦列传》中记载了此事，说明有人知道了这件隐私，那么，是谁向外界透露了这一隐私呢？

牵扯到这一隐私案的只有吕不韦、赵姬、异人、赵政四个人，异人是最重要的当事人，但是，他是最不可能知道这一段隐私的人，因此，也最不可能向外界泄露这一隐私。

赵政很难知道这个隐私，即使赵政知道这一隐私也绝对不敢泄露，否则，一个没有王族血统的人，王位肯定保不住。

对于赵政的迷离身世，最有发言权的应该是他的母亲太后赵姬。只是，在政治利益面前，赵姬不能说出真相。赵姬尽管不懂政治，完全是在无意中被卷进了政治旋涡，但是，在秦王赵政到底是谁的儿子这一重大问题上，她的头脑仍然是清醒的。至少在这一点上她知道自己话语权的分量。因为，赵姬是最有资格说出真相的人，但是，迫于强大的政治压力，赵姬也是最不敢说出真相的人。由于赵姬的缄默，这段历史至今真相不明。

有人推测，除非赵姬是为了救吕不韦，否则，她绝对不敢泄露这一隐私。事实证明，当吕不韦蒙难时，赵姬仍然缄默不言。一个女人的封口掩盖了多少历史真相！它无可辩驳地证明：历史真相是可以被掩盖的，但历史真相又是难以完全被掩盖的。

只有吕不韦，他是这一隐私的制造者，也是公开这一隐私的受益人，因此，只有吕不韦有可能向外泄露这一隐私。但是，正因为他是这一隐私的受益者，他的泄露也最不可信。所以，《史记 · 吕不韦列传》这段史源的可靠性也就打了折扣。

所以，破解这一千古之谜，不能单靠文献依据，更要依靠现代医学知识！

到底是谁的娃

《史记》中对秦始皇身世不一的矛盾记载，很容易使我们想到另一种可能，那就是司马迁在《史记》中关于秦始皇身世记录的本纪与列传记载本来一致，都记载是异人的儿子，但是，《史记》的这些记载被部分篡改。后来相关文献认为秦始皇是吕不韦之子的都是依据被篡改的文字所致。产生这种怀疑是缘于司马迁在写作《史记》时即使有粗疏之处，对秦始皇身世这样的重大问题也绝对不会如此自相矛盾：在这里说是异人之子，到那里又说是吕不韦的儿子，作为史家的司马迁出现如此浅显的讹误可能性很小。从另一个方面看，这也正好说明《史记》中有关秦始皇身世的记载被做了篡改，篡改得不够严谨全面，所以出现了两说并存的情形。

由此，必然会产生一个问题：为什么会有人有意篡改秦始皇的身世呢？

第一，秦始皇死后，对他的评价是既有歌颂，也有谩骂，歌颂有歌颂的理由，谩骂有谩骂的依据，将《史记》中秦始皇身世篡改为吕不韦之子显然不是为了歌颂他，应当是出自对秦始皇异常厌恶者之手。

第二，既然想对秦始皇的出身进行篡改，既可以说成是吕不韦的儿子，又可以说成是其他人的儿子，而篡改者将其确定为吕不韦之子，他首先要使读者相信，他所篡改的是真实的，并尽力不留篡改的痕迹，至少他是这么努力做的，尽管还是有这种痕迹存在。因为吕不韦是运作异人登上国君宝座的关键人物，与异人的关系最为密切，而且，吕不韦与赵姬也的确存在过同居关系，因此，选择吕不韦作为篡改的内容补充，是最容易让人信服的，篡改目的也最容易达到。

第三，为了诽谤秦始皇。对秦始皇的种种诽谤，在他还健在时就已经开始了，之所以诽谤秦始皇，缘于秦始皇的各种统一大略与具体的治国措施，这种诽谤与侮辱在《史记》及相关文献中均有不少记载。将秦始皇改为吕氏之子能侮辱秦始皇吗？能。因为吕不韦是个商人。商人在古代中国是最被人看不起的，不管他多么有钱。吕不韦弃商从政的行为说明他潜意识中也并不认同商人的地位。在古代中国，商人是被排在士农工商四种职业的最后，有些时期甚至明确规定商人穿的两只鞋子不能一样，留的头发两边不能一样，类似“阴阳头”，以此鄙视商人。要说明秦始皇政治的非正统性最好是从出身的非正统性说起，出身在古代中国是特别被看重的。这种逻辑是：商人在社会上是低等的，是被人瞧不起的，商人之子当然也不是什么好东西，商人之子做了皇帝，绝对不会是正统的，所以做的事情也不是好事。要做到这一点，还有什么比把秦始皇说成是私生子而且是商人之子更有效呢？

第四，对秦始皇身世进行篡改的这个不知名者有可能是一个儒者。秦始皇依靠法家的那一套进行统治，坑儒尽管有人怀疑，焚书确实发生了，这就导致了某个儒者对司马迁记载的秦始皇的出身进行了篡改。

第五，《史记》中被更改的这段记载与《战国策》中的一段非常相似，篡改者有可能是受此启发。《战国策·楚策四》记载：

楚考烈王无子，春申君患之，求妇人宜子者进之，甚众，卒无子。赵人李园持其女弟，欲进之楚王，闻其不宜子，恐又无宠。李园求事春申君为舍人……于是园乃进其女弟，即幸于春申君。知其有身，园乃与其女弟谋。园女弟承间说春申君……春申君大然之。乃出园女弟谨舍，而言之楚王。楚王召入，幸之，遂生子男，立为太子。

《史记·春申君列传》也有这段记载。春申君向膝下无子的楚考烈王进献了已经怀孕的女人，生下的儿子被立为太子，继承了王位。对秦始皇身世进行篡改者，与这段文字何其相似。

由上面这几点理由，我们可以推测，《史记》中关于秦始皇是吕不韦之子的记载，很可能是后来的一个对秦始皇非常厌恶的儒者进行的有意识的篡改。

我们还应当考虑到一个因素，即后人对秦亡六国和六国亡秦非常关注，因此，对秦始皇是“吕政”还是“赵政”的争论恰恰是这种关注的一种具体表现。称“吕政”，实际上说秦亡六国之前它自己已经灭亡了；称“赵政”，则承认是秦灭六国而非六国灭秦。

元人陈栎《历代通略》卷一载：“人见秦灭于二世子婴耳，岂知嬴氏之秦已灭于吕政之继也哉。”

明人梁潜《泊庵集》卷六载：“秦之亡以吕政。”

这两条记载反映了六国亡秦的观点在后代有相当的市场。

赵政的身世在当时或者后代已经成为一种政治斗争的工具。

如果赵政与吕不韦有血缘关系，首先说明赵政不是秦国王室血统，他的政敌就找到了一个最好的造反理由。其次，吕不韦可以凭借和赵政的亲情获得赵政的支持，便于和长信侯嫪毐对抗。最后，此说颇解六国人之恨。六国之人吕不韦让其子夺了秦国江山，证明秦先于六国而亡，这使被秦灭亡的六国人感到了心理上的一种满足。

由于秦始皇的身世扑朔迷离，难于释疑，所以，学术界出现了第三种声音：要么依赖将来的DNA检测，要么认为秦始皇的生父是谁无关紧要，因为无论秦始皇是谁之子，都不妨碍对秦始皇的评价。这只能是学界的一种无奈之举。

还有另外两种可能，一是赵姬在由吕不韦爱妾转变为异人夫人之后，她自己都不知道怀上的是谁的孩子。二是面对两种史源，司马迁无法取舍，最稳妥的办法是两说并存。

司马迁是一位严肃的史学家，他的记载应当都有他认为可靠的史源。遇到史源歧义之时，司马迁经常采用两说并存的态度。比如“赵氏孤儿”的故事，《史记·晋世家》和《史记·韩世家》《史记·赵世家》都有记载，但是，二说差异极大。《史记·晋世家》的记载中根本没有屠岸贾、程婴、公孙杵臼三人，更没有搜孤救孤的故事，而且有《左传·成公八年》的记载为依据，因此更可信。

《史记·赵世家》《史记·韩世家》有了屠岸贾、程婴、公孙杵臼之间复杂、动人的故事。可以认为：司马迁写作《史记》时已经有了《左传》和可能存在的韩国、赵国史书两种文字依据。为了慎重起见，司马迁写《晋世家》依据了《左传》，写《韩世家》《赵世家》则依据了韩国史书与赵国史书，所以形成了今天《史记》中两说并存的现象。

秦始皇的生父是吕不韦还是异人，一定也有两种历史文献，它们可能分别来源于秦国史与赵国史。秦始皇的生父是异人一定源于秦国史，秦始皇的生父是吕不韦一定不会出自秦国史。司马迁对于秦国史与赵国史的记载采取了一视同仁的做法，将两种说法分别写进了《史记·吕不韦列传》与《史记·秦始皇本纪》，造成了后世有关嬴政生父的两说。赵氏孤儿的故事《史记·赵世家》最生动、最翔实，秦始皇生父的故事《史记·吕不韦列传》最生动、最翔实。因此，这两篇传记在后世最受文学家青睐，流传最广，最为人们熟知。

秦始皇的生母赵姬也不是一个可等闲视之的人物，在秦国的历史上，她留下了昭昭“事迹”，那么，历史上的赵姬究竟是一个什么样的人？她对秦国统一天下又有何影响？

请看：赵姬之乱。

九 赵姬之乱

千百年来，对秦始皇的生父是谁争论不休的缘由，在很大程度上是由秦始皇的母亲赵姬引发的。她本是邯郸城内的一个倡女，先成为富商吕不韦的爱妾，又被吕不韦作为礼物，拱手转送给秦国质子异人。这个看似不能掌握自己命运的弱女子，因为嫁给了异人，后来成为秦国的王后，更因为生下赵政，从而成为影响中国历史进程的女人。然而，这个成为一国之后的女人，历史上对她的评价并不高，她给后世留下的是生性淫荡、纵容男宠专权、误国误民的坏女人的形象。那么，历史上的赵姬究竟是怎样的一个人呢？赵姬作为一个连接吕不韦、异人、秦始皇的关键人物，她对秦国统一六国又有着怎样的影响呢？

一张登上旧船的船票

秦昭襄王五十年（前257），秦国大军猛攻赵国都城邯郸，企图一举攻下赵国都城，灭亡赵国，赵国军民展开了悲壮惨烈的都城保卫战。赵国最高当局面对秦军的亡赵之战，断然决定杀掉秦国质子异人。吕不韦得知这一消息后，用六百金重金收买了赵国官员，带着异人，逃出了秦军重重包围的赵国都城邯郸。但是，异人的夫人赵姬却不能带着儿子赵政随同丈夫异人、吕不韦一同逃离邯郸。异人逃离赵国后，赵国当局全力抓捕赵姬、赵政。赵姬带着赵政东躲西藏，竟然奇迹般地躲过了追杀。

公元前251年，秦国历史上在位五十六年的秦昭襄王终于谢世，太子安国君即位为秦王，他就是秦孝文王。安国君即位后，立子楚（异人改名为子楚）为太子。

子楚当太子的消息传到赵国后，赵国不敢再追杀赵姬、赵政，因为赵姬是子楚的夫人，也是未来的秦国王后。赵政是太子子楚的嫡子，也很可能在未来继承秦国王位。于是，赵国主动找到赵姬和赵政，非常礼貌地将赵姬和赵政送回秦国。

秦昭王五十六年，薨，太子安国君立为王，华阳夫人为王后，子楚为太子。赵亦奉子楚夫人及子政归秦。——《史记·吕不韦列传》

赵姬终于结束了在赵国噩梦般的生活，回到了丈夫子楚的身边，儿子赵政也结束了在赵国九年的童年生活。

但是，秦孝文王（安国君）的健康状况太差。即位的第二年，改元后仅三天即去世，子楚刚当上太子，还没等他坐暖太子座位，就继承了父亲秦孝文王的王位。他没想到自己能够如此迅速地由太子成为秦王，赵姬也一跃成为秦庄襄王的王后，儿子赵政自然而然地被立为太子。

赵姬色艺俱全，先嫁吕不韦，因为巧遇异人，被吕不韦当作礼物转送异人。作为秦国质子的夫人，她担惊受怕，东躲西藏，现在总算苦尽甘来，当上了秦国王后。但是，幸福总是那么短暂。

公元前247年，在位刚刚三年的秦庄襄王抛下如花似玉的夫人赵姬溘然离世，追随当了三天正式秦王的秦孝文王去了。

正当盛年的赵姬一下子变成了未亡人。虽然十三岁的儿子赵政当上了秦王，自己成了王太后，但是，这位少妇王太后的日常生活却一下子变得冷冷清清、孤孤单单。

此时，一个男人的身影进入了赵姬的视野。

他是谁？

秦国丞相吕不韦。

秦庄襄王靠着吕不韦的成功运作当上了秦国国君，即位的秦庄襄王毫不迟疑地兑现了“必如君策，请得分秦国与君共之”的诺言，任命吕不韦为丞相，封文信侯。吕不韦由商人华丽转身成为政治家。

秦庄襄王下世后，吕不韦又成就了第二位秦王赵政。

对赵政来说，尽管他的生命不是吕不韦所给，但是，吕不韦对他来说却是一盏高堂红烛，点亮了他的生命，照亮了他的前程，造就了他千古一帝的历史地位。没有吕不韦献赵姬于子楚，就没有赵政的政治生命，也就没有赵政的一切。

因为，没有吕不韦的包装和运作，子楚就不可能登基为秦庄襄王。没有吕不韦的支持，也就没有赵政的继位。

所以，赵政登基后，尊吕不韦为相国，称“仲父”，仲父即次于父亲的父辈。秦朝官制，丞相可设两人，但是，相国只能设一人，相国的地位明显高于丞相。赵政之所以对吕不韦改丞相为相国，主要是因为他即位时刚刚十三岁，无法亲掌朝政，全面打理秦国内政外交只能靠吕不韦。

尊吕不韦为相国，号称『仲父』。——《史记·吕不韦列传》

对于赵姬来说，吕不韦是一个可以满足她生理需求的男人。

秦庄襄王子楚去世后，赵姬一人寡居。虽然她此时已经是秦国的太后，但是，赵姬是一位不甘寂寞的女人，太后的身份并不能禁锢住赵姬的心灵和肉体。吕不韦此时是相国，又是赵姬昔日的丈夫。因此，赵姬耐不住寂寞，开始与吕不韦频频约会、私通。

吕不韦此时身为相国，权力达到了一生的巅峰。当年吕不韦仅仅有钱时已经有了像赵姬这样年轻的才艺美女，如今的吕不韦既有钱，又有权，身边自然不缺年轻貌美的才艺美女，为什么他还要冒险与太后赵姬私通呢？

秦王年少，太后时时窃私通吕不韦。——《史记·吕不韦列传》

最主要的原因是不愿得罪太后。赵政此时已是十三岁的孩子了，赵姬再年轻，恐怕也已经三十岁左右了。吕不韦身边既然不乏比赵姬年轻十几岁的花季少女，又与赵姬私通，主要原因在于政治考量。吕不韦现在官至相国，走任何一步棋都带有战略眼光，已非昔日的邯郸商人了。

赵姬此时虽然与吕不韦身边的花季少女相比不再年轻，但她是太后。吕不韦尽管是相国、仲父，总揽朝政，但终归是臣。太后赵姬尽管年轻，毕竟是君。君臣相比，孰重孰轻，毋庸多言。吕不韦有今天的地位来之不易，如果得罪了太后，后果如何，恐怕难以想象。

我们常说，为了一个共同的目标走到一起来了，有时，为了不同的目标也可以走到一起来。赵姬为了自己的生理需求，吕不韦为了自己的政治需求。两种不同需求，让太后赵姬和相国吕不韦走到一起来了。

这事得找个替身

始皇帝益壮，太后淫不止。

——《史记·吕不韦列传》

吕不韦与赵姬的这种非正常关系，在赵政小的时候尚可以瞒得过去，一旦赵政长大成人，这种关系很难不被赵政察觉。

吕不韦当然担心这种不正常关系被日益长大成人的秦王赵政所知，赵政如果得知“仲父”与母亲私通，对吕不韦来说将是一场灭顶之灾。可是，赵姬还是一如既往，对吕不韦死缠烂打。吕不韦不得不绞尽脑汁，寻找脱身之计。

怎么才能既安全脱身而又不被太后赵姬嫉恨呢？

吕不韦思来想去，只有一种办法：找一位替身。如果有人能够代替自己满足太后的生理需求，自己就可以脱身了。可见，吕不韦和寡居的太后赵姬重温旧情，对吕不韦来说，不是感情需求，而是政治需求。

生活永远比小说更精彩。吕不韦竟然找到了一位猛男嫪毐（lào ǎi），并将他收留为自己的门客。

吕不韦恐觉祸及己，乃私求大阴人嫪毐以为舍人。——《史记·吕不韦列传》

但是，怎么让太后赵姬知道自己这儿有一位猛男呢？

这真是一道难题！如果处置不当，被太后赵姬看出来吕不韦是想金蝉脱壳，那么，不但脱不了壳，还可能招致太后的问责，那对吕不韦可是一场灾难。

方法永远比问题多。吕不韦煞费苦心地思考了多日，终于想到了一个化解这一难题的办法：制造一条新闻。对于两千多年前既没有广播、电视、报刊，又没有微博、微信、抖音、视频号等自媒体的秦国，制造一条新闻，靠口耳相传，传到居于深宫中的太后赵姬耳中。这的确是一道难题！但是，有难题就有解题人。这就是：一定要让这条新闻具有足够的爆炸性！

怎样才能制造出一条具有足够爆炸性的新闻呢？

吕不韦让嫪毐举行了一场公开的性表演，有意让太后赵姬听到这场表演的惊人之举，借此引诱赵姬。赵姬听说猛男嫪毐有如此超强的性功能，马上想得到嫪毐，吕不韦便趁机向赵姬献上嫪毐。

时纵倡乐，使毐以其阴关桐轮而行，令太后闻之，以啖太后。太后闻，果欲私得之。吕不韦乃进嫪毐。——《史记·吕不韦列传》

嫪毐是一个强壮的男人，要将他安全地送入宫中侍奉太后，还必须保证他正常的性能力，同时又不被人觉察。怎么办呢？

还是一道难题！人生其实就是在破解一道道难题中度过的。吕不韦当然不会被新的难题难倒。

让嫪毐以“宦官”的身份入宫！

这样既可以瞒天过海，又可以完整地将嫪毐送到太后身边。

但是，这事儿怎么操作呢？

找太后。

吕不韦和太后赵姬商量了一个两全其美的办法：先让人告发嫪毐犯了宫刑罪，然后太后事先私下里送给主管宫刑的官员一份重礼，这些官员收了太后的重礼，又知道这是太后交办的事，所以整个宫刑全是装装样子。再对嫪毐施行假宫刑，最后让他以宦官的身份进宫服侍太后。

诈令人以腐罪告之。不韦又阴谓太后曰：『可事诈腐，则得给事中。』——《史记·吕不韦列传》

不过，受过宫刑的宦官由于缺乏雄性激素，都没有胡须。因此，对嫪毐用宫刑尽管是装装样子，但是绝对不能让嫪毐有胡须，于是行刑官只好将嫪毐的胡须一根根全部拔掉。这对嫪毐肯定是一场“酷刑”，但是，可以入宫侍奉太后的诱惑实在是太大了，面对如此诱惑，嫪毐全忍了。

嫪毐摇身一变，成了“宦官”，并立即被安排在太后的寝宫中，成为太后的男宠。太后对嫪毐非常满意，竟然还怀上了嫪毐的孩子。

太后乃阴厚赐主腐者吏，诈论之，拔其须眉为宦者，遂得侍太后。太后私与通，绝爱之。有身。——《史记·吕不韦列传》

一位寡居的太后竟然怀了孕，这在秦宫中可成了特大新闻！不过，偷情怀孕的是太后，谁敢声张？但是，太后毕竟觉得这事不能让更多人知道，特别是不能让儿子赵政知道。于是，太后假称占卜不吉利，要换一个环境住，于是搬到秦国的故都雍地（今陕西宝鸡市凤翔区）宫中居住。嫪毐仍然作为太后最亲近的随从，寸步不离跟着太后。

嫪毐封为长信侯。予之山阳地，令毐居之。——《史记·秦始皇本纪》

秦王政八年（前239），嫪毐被封为长信侯，并将山阳地（今河南获嘉县、沁阳市一带）封给嫪毐。山阳是太后赵姬赏给嫪毐的食邑，嫪毐本人仍然住在京城。豪宅、名车、花园、名衣、打猎，全供嫪毐享用。嫪毐的生活奢华无比，享用的都是顶级待遇。

宫室车马衣服苑囿驰猎恣毒。——《史记·秦始皇本纪》

嫪毐得到太后的垂青，一夜暴富，家中奴仆数千。这些尚可理解，不可思议的是，想通过嫪毐当官而到嫪毐家中做门客的竟然也有一千多人，嫪毐一下子成为当时秦国与吕不韦并驾齐驱的权贵。

太后赵姬让嫪毐干预国事，大小政事都决于

嫪毐，还把太原郡作为嫪毐的封国。嫪毐走到了人生的顶峰。

事无大小皆决于毐。又以河西太原郡更为毐国。——《史记·秦始皇本纪》

还是玩儿完了

秦王政九年（前238），有人上书告嫪毐是个假宦官，长期和太后私通，并且生了两个儿子，都藏在宫中。嫪毐还和太后私下商议：假如秦王去世，就立他和太后生的儿子继承王位。

始皇九年，有告嫪毐实非宦者，常与太后私乱，生子二人，皆匿之。与太后谋曰『王即薨，以子为后』。——《史记·吕不韦列传》

西汉刘向的《说苑·正谏》说得更详细：有一次，嫪毐和宫中的近臣游戏、喝酒，喝得醉醺醺的。不知怎么搞的，嫪毐和别人争执起来，二人争得火了，嫪毐大怒，瞪着眼睛，大声呵斥对方：我是秦王的假父，谁敢和我对抗？结果，和嫪毐吵架的这位官员回去报告了赵政，秦王赵政听说后，雷霆大怒。

毐专国事，浸益骄奢，与侍中左右贵臣俱博饮酒醉，争言而斗，瞋目大叱曰：『吾乃皇帝之假父也，窭人子何敢乃与我亢！』所与斗者走行白皇帝，皇帝大怒。——《说苑·正谏》

事后，嫪毐害怕秦王赵政会杀了他，率先发动叛乱，双方在咸阳打了起来。嫪毐战败，赵政将嫪毐车裂，将嫪毐和太后生的两个儿子全部杀死，并且把太后迁到萯阳宫软禁起来。

毐惧诛，因作乱，战咸阳宫，毐败，始皇乃取毐四支车裂之，取其两弟囊扑杀之，取皇太后迁之于萯阳宫。——《说苑·正谏》

九月，秦王赵政夷嫪毐三族，同时，还把嫪毐的门客全部抄没家产，迁往蜀地。

《史记·秦始皇本纪》记载得比《史记·吕不韦

列传》更翔实可信：秦王政九年四月，二十二岁的秦王赵政到达雍地，举行加冠礼，佩带了宝剑，正式宣布成人。按照秦法规定：秦王举行加冠礼之后，就可以收回太后、相国手中的权力，全面行使王权。

长信侯嫪毐假借秦王玉玺与太后玉玺，调动军队，准备攻打住在蕲年宫的秦王赵政。赵政得到情报，命令相国吕不韦等人调动军队进攻嫪毐。双方在咸阳城中大战一场，杀了数百叛兵。所有平叛的人都赏了爵位，连参战的宦官也赏了爵位。嫪毐战败逃走后，秦王赵政下令：谁活捉嫪毐，赏一百万。谁杀了嫪毐，赏五十万。重赏之下的秦国民众被迅速动员起来，嫪毐和他手下的骨干分子很快被抓捕归案。

秦王赵政对嫪毐等二十多位为首的叛乱头目实行车裂、枭首、夷三族的重刑，镇压了嫪毐之乱。嫪毐的门客也全部被抄了家产，流放蜀地。

卫尉竭、内史肆、佐弋竭、中大夫令齐等二十人皆枭首。车裂以徇，灭其宗。及其舍人，轻者为鬼薪。及夺爵迁蜀四千余家，家房陵。——《史记·秦始皇本纪》

嫪毐叛乱集团中有卫尉、内史、佐弋、中大夫令这样的高官。卫尉是宫廷警卫队长，内史是京城的最高行政主官。这说明嫪毐势力的迅速膨胀促使不少期望投机的官员投靠了嫪毐。

赵政亲政之后遇到的第一件事就是嫪毐叛乱。从迅速调兵到处死嫪毐，仅用了数月时间，显示了二十二岁的赵政刚毅果决的性格和强权人物的形象。

嫪毐为什么会叛乱呢？

第一，赵姬不懂政治。

按照秦法，赵政幼年未能亲政时由太后代行王权。太后是法定的最高统治者，是国家大政的最终决断人。但是，太后掌管朝政只是一种权宜之计。

赵姬身为太后，本应母仪天下，为天下做出表率。但是，她过于放纵自己的情欲，先找吕不韦，继而以嫪毐代替吕不韦，私生活确有不检点之处。但是，此类事也因人而异。秦昭襄王的母亲宣太后也曾经与义渠戎王长期私通，秦昭襄王并不在意，还利用这种关系杀了义渠戎王，攻占了西戎之地。赵政对这类事似乎特别较真，而且嫪毐干政对他构成威胁。

如果太后赵姬保持低调，只让嫪毐充当男宠，不让他染指政治，不给他权力，嫪毐就不可能发展成为一个政治集团。这样，嫪毐一事就不可能发展到不可收拾的地步，嫪毐的政治野心也不会恶性膨胀，更不会发动叛乱。

但是，赵姬是一个不懂政治的女人。她自恃自己是太后，为所欲为，不但让嫪毐“富”，而且让嫪毐“贵”。让嫪毐专权朝政已经是一大败笔了，还想在秦王赵政百年之后让自己和嫪毐生的儿子当秦国国君。这就不仅是干预朝政，而且是干预了秦国国君的继承制，让非王室血统的人当嬴秦的国君，这是秦王赵政绝对不能允许的。

赵政举行加冠礼后就可以亲政了：太后必须还政赵政。太后赵姬和男宠嫪毐应该懂得该低调做人了。但是，恰在此时，嫪毐铤而走险，发动叛乱，完全是毫无胜算的冒险，太后赵姬支持嫪毐。真是愚蠢到顶，糊涂到底。

第二，嫪毐害怕被杀。

嫪毐私通太后并与太后私生二子，是死罪。企图在赵政去世之后立自己和太后的儿子继承王位，也是死罪。多年来，嫪毐为非作歹，横行不法，组建了一个庞大的政治集团，专擅朝政，更是死罪。所以，嫪毐非常明白：赵政一旦正式接管权力，第一个要翦除的肯定是他！嫪毐肯定不会坐以待毙，发动叛乱是他的逻辑归宿。

赵政的继位让嫪毐感到了恐惧。嫪毐想趁赵政在蕲年宫的时机发动叛乱，以求一逞。

嫪毐咎由自取，自取灭亡，不足为惜。赵姬宠幸嫪毐不但招致嫪毐被杀，自己也受到牵连。太后赵姬被刚刚举行了加冠礼的儿子赵政软禁在雍地，赵姬以太后之尊沦落到被儿子软禁，令人惋惜。

从对这件谋反案的处理来看，秦王赵政处事果断，手腕强硬。嫪毐阴谋篡权，实属必杀之列，但是，扑杀母后所生的两个幼弟有些过分，毕竟这是两条生命。囚禁母后，则显虑事不周，可能是赵政对其所作所为极为愤怒，也为永绝后患，才会下此毒手。

太后的不幸与幸运

秦始皇在政治舞台上的第一次亮相，就显示出了日后他兼并六国的威严与果断。但在一个神秘人物的劝说下，太后赵姬很快被放了出来。这个神秘人物是谁呢？他是怎么打动秦王赵政的呢？

这个人叫茅焦，齐国人。

秦王赵政处理嫪毐之案时，非常愤怒，曾经下令：谁敢为太后之事提意见，就杀了谁，还要砍断四肢。因此而被杀死的说情人达到二十七人。

下令曰：『敢以太后事谏者，戮而杀之，断其四支，积于阙下！』死者二十七人。——《资治通鉴》卷六

茅焦得知秦王赵政将母后赵姬软禁在雍地后，要求面见秦王。秦王说：你没有看见门口摆的二十七具尸体吗？茅焦说：我听说天上有二十八宿，现在只死了二十七位，我来凑够第二十八个吧。赵政一听，非常恼火，说：这家伙有意来冒犯我，准备大锅烹他。然后，手中握利剑，端坐宫中，派使者召茅焦入宫。

齐客茅焦上谒请谏。王使谓之曰：『若不见夫积阙下者邪？』对曰：『臣闻天有二十八宿，今死者二十七人，臣之来固欲满其数耳。臣非畏死者也！』使者走入白之。茅焦邑子同食者，尽负其衣物而逃。王大怒曰：『是人也，故来犯吾，趣召镬烹之，是安得积阙下哉！』王按剑而坐，口正沫出。使者召之入。——《资治通鉴》卷六

茅焦缓缓走进来，看见秦王赵政，拜了两拜。面对着满脸敌意的赵政说：我听说，活着的人不忌讳谈论死亡，国君不忌讳研究国家灭亡。忌讳议论死亡的人不可能长寿，忌讳谈国家危亡的人不可能使国家免遭灭亡。一个人的生死，一个国家的存亡，都是圣君最希望听的，不知道大王是否愿意听。秦王赵政听后，说：你的话怎么讲呢？

茅焦说：陛下有极其荒唐的作为，你不知道吗？车裂你的假父，是不仁；扑杀你的两个弟弟，是不慈；将母亲软禁在外，是不孝；杀害进献忠言的大臣，是夏桀、商纣的作为。天下人听

说之后，都不会再到秦国来。我实在为秦国担忧。

> 茅焦徐行至前，再拜谒起，称曰：『臣闻有生者不讳死，有国者不讳亡；讳死者不可以得生，讳亡者不可以得存。死生存亡，圣主所欲急闻也，陛下欲闻之乎？』王曰：『何谓也？』茅焦曰：『陛下有狂悖之行，不自知邪？车裂假父，囊扑二弟，迁母于雍，残戮谏士；桀、纣之行不至于是矣！令天下闻之，尽瓦解，无向秦者，臣窃为陛下危之！』——《资治通鉴》卷六

说完之后，茅焦解开衣服，走下大殿，伏在殿下等待受刑。

秦王赵政听了茅焦这番话，亲自走下大殿，拉着茅焦的手说：先生请起，穿上衣服。于是，拜茅焦为上卿。并亲自驾着车，把太后接到咸阳，母子关系恢复如初。

> 王下殿，手自接之曰：『先生起就衣，今愿受事！』乃爵之上卿。王自驾，虚左方，往迎太后，归于咸阳，复为母子如初。——《资治通鉴》卷六

太后赵姬十分感谢茅焦说：安定秦国政坛，使我们母子团聚的都是茅先生的功劳啊！

> 抗枉令直，使败更成，安秦之社稷，使妾母子复得相会者，尽茅君之力也。——《说苑·正谏》

秦王为什么杀了二十七位进谏者，独独不杀茅焦？因为茅焦点到了要害：流放母后影响统一大业！流放母后是赵政一怒之下的决定，是感情用事。听了茅焦一番开导后立即改正，是理性纠错。

赵姬虽回到了咸阳，但是，她为此付出了惨重的代价：男宠嫪毐被杀，两个儿子被杀，自己虽然去而复返，但是，往日的威风荡然无存，往日的欢乐一去不再。

秦王政十九年（前228），也就是嫪毐事件十年之后，近五十岁的太后赵姬郁郁寡欢地病死在秦宫中。死后，赵姬和秦庄襄王子楚

合葬。

在中国古代的后宫中，妃嫔们对政治有两种态度：一种是主动选择政治舞台，努力使自己成为权力中心人物，比如汉代的吕后、唐代的武则天、清代的慈禧太后，她们的心中都燃烧着熊熊的权力欲火。她们都是中国古代皇宫中的“女汉子”。一种是不想成为政治中心人物，但是，却被动地卷入了政治风暴之中，秦王赵政的母亲赵姬明显属于第二种。

对吕不韦来说，赵姬是一个政治投资的筹码；对子楚而言，赵姬是发泄私欲的工具；对赵政而言，赵姬是显示他孝心的一个道具；对于嫪毐来说，赵姬成为他争权夺势的阶梯。赵姬，终其一生，都不过是秦国政治棋盘上各种势力的一粒棋子，被不同的人利用来利用去。所以，赵姬虽然放荡不羁，但是，作为一个女人来说，她仍然是一个不幸的女人。

赵姬之乱，还牵连到另外一个朝中大臣，而且这位大臣功勋卓著。那么，这个人是谁？他为什么会被牵连到赵姬之乱中呢？

请看：吕不韦之死。

十 吕不韦之死

秦王赵政以果决的军事行动夷灭了嫪毐集团的叛乱。嫪毐事件第一次真正展示了赵政处理突发事件的魄力与能力。同时，嫪毐事件也改变了另一个人的命运，他就是位高权重的秦国相国吕不韦。吕不韦曾经帮子楚登上了太子之位，并辅佐了秦庄襄王、秦王赵政两代秦王。秦王政十二年（前235），已被免除相国、赋闲在自己食邑洛阳的吕不韦饮鸩（zhèn）自杀。这位以经商起家，后又执掌秦国国政十二年之久，叱咤风云、权倾朝野、功高于世、名满天下的国相，最终却落得服毒身亡的下场。吕不韦为什么要自杀？吕不韦之死的真实原因到底是什么？吕不韦之死对秦国的政治产生了怎样的影响？

主动告别是一种人生选择

这件事还得从秦王赵政的加冠礼讲起。

秦王政九年（前238）四月，二十二岁的赵政举行了加冠礼，正式宣告从太后赵姬手里接管政权。赵政正式接管政权，太后赵姬的男宠嫪毐感到了末日的来临，立即发动叛乱，企图杀死秦王赵政。刚刚举行过加冠礼的赵政果断调动军队，迅速平定了嫪毐的叛乱。

嫪毐叛乱不可避免地牵连出了秦国相国吕不韦。因为，嫪毐原是吕不韦的门客，后来，吕不韦为了摆脱赵姬的纠缠，设计将嫪毐献给了太后赵姬。没有吕不韦的一系列运作，嫪毐既不可能被太后赵姬所知，更不可能以假宦官的身份进入太后寝宫。凡此种种，都有案可查，吕不韦怎么能脱得了干系呢？但是，吕不韦和嫪毐不同。嫪毐罪大恶极，身份只是太后的男宠，杀之即可。吕不韦却是两朝老臣，怎么处置他呢？

秋，九月，夷毐三族，党与皆车裂灭宗。——《资治通鉴》卷六

赵政车裂嫪毐是在秦王政九年九月，但是，秦王赵政处理吕不韦却拖到了第二年的十月，两案的处理时间相距十三个月。赵政对吕不韦的处理也远不像对待嫪毐一样，仅仅是免去了吕不韦的相国职位，让他回到食邑洛阳赋闲。

秦王十年十月，免相国吕不韦……而出文信侯就国河南。——《史记·吕不韦列传》

连母后都敢软禁的赵政为什么对吕不韦如此仁慈呢?

《史记 · 吕不韦列传》记载的原因很简单：一是吕不韦“奉先王功大”，二是“宾客辩士为游说者众”。前者讲吕不韦成就了秦庄襄王，后者讲为吕不韦说情的人太多。所以,“王不忍致法”。秦王赵政念吕不韦功劳巨大，不愿惩罚。一直拖到第二年十月，在接回太后赵姬的同时，才免去了吕不韦相国的职务，让他回到自己的封地。当然，为吕不韦说情人众多，说明吕不韦在朝中经营已久，盘根错节，势力巨大，一下子除掉吕不韦恐会生出变乱。

秦庄襄王子楚即位之后，兑现诺言，任命吕不韦当丞相，封给他河南洛阳食邑十万户。洛阳是吕不韦的食邑，秦王赵政免去了吕不韦的相国之后，吕不韦自然回到了洛阳。

从表面上看，吕不韦因嫪毐案受到的牵连已经结案。但是，事情似乎并没有完。吕不韦回到洛阳后，六国的使者络绎不绝地前往洛阳探视吕不韦，争相邀请吕不韦到他国任职。

岁余，诸侯宾客使者相望于道，请文信侯。——《史记 · 吕不韦列传》

本来，秦国大臣卸任后到六国任职者不乏其人，何况吕不韦是强秦的两任相国，所以，六国邀请吕不韦的使者络绎不绝是一个正常的现象。但是，此事却引起了一个人的担心。

谁呢？

秦王赵政。

赵政担心什么呢？担心吕不韦叛乱。

> 君何功于秦？秦封君河南，食十万户。君何亲于秦？号称仲父。其与家属徙处蜀！——《史记·吕不韦列传》

吕不韦的才能，吕不韦的声望，吕不韦的资历，赵政不仅从父亲的即位过程中看得清清楚楚，而且，从他十三岁即位以来九年执政的政绩中也看得清清楚楚。所以，赵政的担心并非多余。

于是，秦王赵政给了吕不韦一封极为绝情的信：你有什么功劳？秦国封你河南食邑十万户；你和秦国有何亲缘？我都叫你仲父。请你和你的家属全部迁往蜀地。

看到这封信，吕不韦立即服毒自杀。

秦王赵政的一封流放信为什么会引得吕不韦自杀呢？

一是吕不韦担心秦王赵政一步步地将他逼进绝路，最终将他处死。所以，吕不韦看到这封信后非常惶恐，因此喝毒酒自杀。

> 吕不韦自度稍侵，恐诛，乃饮酖而死。——《史记·吕不韦列传》

二是吕不韦是一位有尊严的人。他不愿秦王赵政明令杀死他，秦王赵政的这封信并不是明令吕不韦自杀，而是剥夺了他为人的尊严，这让吕不韦顿生生不如死之感。

吕不韦的死因真的像《史记·吕不韦列传》记载的那样简单吗？

谁惹的祸

《史记》本传记载吕不韦被免相后，洛阳家中宾客盈门。

造成这种现象有两方面原因：一是吕不韦盛养宾客，二是各国竞相争夺人才。

战国时期有著名的四公子：魏国信陵君、楚国春申君、赵国平原君、齐国孟尝君，争相养士，互相竞争。吕不韦自认为秦国如此强大，自己手下的门客竟

> 当是时，魏有信陵君，楚有春申君，赵有平原君，齐有孟尝君，皆下士喜宾客以相倾。——《史记·吕不韦列传》

然没有四公子多，于是他自觉地加入这种竞争行列之中，厚养天下士人，据说他手下有三千门客。

吕不韦的养士，不仅是为了和“战国四公子”一争高下，其中，还有非常重要的一个原因是为秦国网罗人才。在吕不韦的门客中确有堪称国家栋梁的人才，比如说我们后面即将讲到的李斯。

> 吕不韦以秦之强，羞不如，亦招致士，厚遇之，至食客三千人。——《史记·吕不韦列传》

吕不韦手下的宾客究竟为吕不韦干了些什么呢？

第一，著书立说。

吕不韦的门客集体编著了《吕氏春秋》一书。这部书历来被称为“杂家”之作。但是，它实际上吸收了先秦诸子各家的精华，成为先秦诸子的集大成之作。《吕氏春秋》编成时，吕不韦曾在秦都咸阳城门上悬挂全书，并重金悬赏：如果天下有人能够修改此书一个字，赏千金。这就是成语“一字千金”的来源。

> 布咸阳市门，悬千金其上，延诸侯游士宾客有能增损一字者予千金。——《史记·吕不韦列传》

此时，正是秦王政八年（前239）。赵政尚未正式举行加冠礼，也没有接管政权，吕不韦的权势已经达到他人生的巅峰。

世界上哪有不能改动一字的文章？更何况是数十万字的皇皇巨著？只是碍于吕不韦炙手可热的权势，谁敢改啊？吕不韦敢于在秦都咸阳的城门如此张扬地为自己的新作做这种广告，只说明这是一种自我炒作。透过这种过于张扬的炒作，我们看到的是吕不韦的权势熏天、信心爆棚的气势，只有自视极高者才会如此极度张狂，极度张狂带来的必然是骄傲自大、目中无人，最终因为不了解自己的死穴而走向毁灭。

第二，储备人才。

吕不韦手下门客三千，其中就有许多王佐之才。所以，吕不韦的门客是秦国一个巨大的人才库。

秦王赵政如何看待吕不韦的自我炒作和广招门客呢？

吕不韦对《吕氏春秋》如此张扬地炒作，秦王赵政很难不对他产生反感。因为吕不韦对自己作品的大肆炒作，让赵政感受到了一种政治威胁。吕不韦手下门客中虽然产生了被秦王赵政重用的李斯，但是，其他未被重用的门客对赵政来说也是一种潜在的威胁。

我们通过一个例子可以看出秦王赵政对吕不韦手下的众多门客的真实态度。

吕不韦自杀于秦王政十二年（前235）。由于吕不韦是自杀而死，因此，秦国不为吕不韦举行国葬。吕不韦的门客用民间的丧仪（窃葬）安葬了他。但是，吕不韦门客私葬吕不韦一事还是被秦王赵政知道了。赵政亲自下诏，重罚吕不韦的门客：

第一，凡是吕不韦的门客，不论参加吊丧与否一律流放。参加吊丧的门客，如果是韩、赵、魏三国的人，一律驱逐出境。如果是秦国人，俸禄在六百石以上的削去他们的爵位，流放到房陵（今湖北房县）。俸禄在五百石以下的，没有参加吊丧的，也流放到房陵，但不剥夺爵位。

> 其舍人临者，晋人也逐出之；秦人六百石以上夺爵，迁；五百石以下不临，迁，勿夺爵。——《史记·秦始皇本纪》

第二，从今之后，凡像嫪毐、吕不韦这样操纵国家权力的人，罚其家人一律为犯人。

> 自今以来，操国事不道如嫪毐、不韦者籍其门，视此。——《史记·秦始皇本纪》

这个处罚相当严厉！针对的是吕不韦的全体门客，可见秦王赵政对吕不韦大养门客非常不满，一有机会，就严厉惩罚。更有意思的是秦王赵政在流放吕不韦的门客时，却将谋反的嫪毐迁到蜀地的门客家臣的赋税徭役免去。

> 秋，复嫪毐舍人迁蜀者。——《史记·秦始皇本纪》

所以，《史记 · 吕不韦列传》记载的六国延请吕不韦只是秦王赵政逼杀吕不韦的明因，那么，秦王赵政逼杀吕不韦的背后原因又是什么呢？

不懂放弃

吕不韦从秦王赵政十三岁即位之时开始，一直担任秦国相国，至嫪毐叛乱受牵连罢相，担任秦相十二年，权力之大，时间之长，非常罕见。

吕不韦的权力，不仅有来自秦国相国本身的权力，还来自他和太后赵姬的特殊关系。这使吕不韦的权力和秦国一般的丞相大不一样，远比秦国一般丞相的权力大得多。而且，吕不韦是一个非常能干的人，他不但是一位成功的商界精英，而且是一位出色的政治精英。吕不韦的才能给秦王赵政留下了极为深刻的印象，否则，以秦王之尊，以秦国实力之强，赵政何必“恐其为变”？

那么，吕不韦在位期间的哪些作为让赵政产生了疑虑呢？

第一，军功。

吕不韦在位期间，继续对韩、赵、魏三国集中进行军事打击，并于秦王政五年（前242）在靠近齐国的魏地建立东郡，使秦国和齐国接壤。这一年大将蒙骜率军大举攻魏，攻占酸枣（今河南延津县）、桃人（今河南长垣市）、雍丘（今河南杞县）等二十城，初建东郡，对魏都大梁形成扇形包围之势，而且，秦壤已与齐境相接，直接威逼关东诸国。第二年（前241），秦继续攻魏，占领魏地朝歌（今河南淇县）及卫濮阳（今河南濮阳市），并把濮阳作为东郡治所。东郡的建立意义非凡！东郡不仅使一向远离秦国的齐国逍遥自在的局面被彻底打破，而且，使六国被南北切分为二，六国合纵抗秦受到了致命一击。

吕不韦还经常巧妙利用六国的矛盾，施展纵横捭阖的外交手腕，兵不血刃地迫使六国割让土地，如派他的门客甘罗游说赵王，得赵五城等。

秦国自商鞅变法以来，一直非常重视军功，吕不韦的军功对秦王赵政来说，既是业绩，又是他所担心和猜忌的。

第二，势力。

吕不韦辅佐两代秦王，当了十二年秦国相国，也给自己经营了一个巨大的政治集团，自然而然成为秦国政坛一派政治势力。但是，吕不韦在有意无意地培植自己势力的同时，也犯了一生中的两大错误。

一是促成了秦国另一政治集团——嫪毐集团。

吕不韦原来只是想利用嫪毐满足太后的生理要求，让自己安全撤退。但他千算万算没有算到两点：一是嫪毐会得到太后赵姬的极度信任，二是太后赵姬竟然让嫪毐既富且贵。前面讲过，太后赵姬对嫪毐宠爱有加，赏赐无数，封长信侯，甚至把整个太原郡赏给嫪毐。这已经非常出格了，太后还让嫪毐染指权力，“事无大小，皆决于毐”，这简直就是把整个国家交给嫪毐了。

事情发展到这种程度绝对不是吕不韦的初衷！吕不韦万万没有想到太后赵姬在政治上会如此糊涂！

据《战国策 · 魏策四》记载，秦国攻打魏国，魏国有人劝魏王：打了败仗再割地，不如打仗之前先送地给秦国容易做到；战败而死，不如割地求生容易做到。打了败仗割地给秦国，不如先送地给秦国，可以战死而不能先割地求生存，这都是一般人最容易犯的过错。

弃之不如用之之易也，死之不如弃之之易也。能弃之，弗能用之；能死之，弗能弃之，此人之大过也。——《战国策 · 魏策四》

如今大王失去数百里的土地，丢掉几十座城市，魏国的兵患却不能解除，这是因为大王打了败仗再割地而不能先把地送给秦国。如今秦国强大，天下无敌。魏国弱小，已成定局。如果大王能听我的话，国家亏了地，但不至于伤害国家的元气；大王委屈了自己，但不至于再遭苦难。因为我们可以此阻止以吕不韦为首的主战派对魏国的进攻。如今的秦国，从一般老百姓，到朝堂之上的大臣，都在问一个问题：是支持嫪毐，还是支持吕不韦？

今王亡地数百里，亡城数十，而国患不解，是王弃之，非用之也。今秦之强也，天下无敌，而魏之弱也甚，而王以是质秦。王又能死而弗能弃之，此重过也。今王能用臣之计，亏地不足以伤国，卑体不足以苦身，解患而怨报。秦自四境之内，执法以下，至于长挽者，故毕曰：『与嫪氏乎？与吕氏乎？』——《战国策·魏策四》

如果大王先割地送给秦国，那就成为嫪毐的功劳了；委屈自己而尊奉秦国，也是因为嫪毐。大王这是以整个国家在支持嫪毐，嫪毐这一派肯定会战胜吕不韦这一派。这样，秦国太后赵姬肯定会赞赏大王。秦国太后感谢大王，大王算是交了一个天下最值得交的朋友了。大王通过嫪毐而结交了秦国，天下的人都会弃吕不韦而支持嫪毐，那么，大王因吕不韦屡攻秦国的冤仇就报了。

今王割地以赂秦，以为嫪毐功，卑体以尊秦，以因嫪毐。王以国赞嫪毐，以嫪毐胜矣。王以国赞嫪氏，太后之德王也，深于骨髓，王之交最为天下上矣。秦、魏百相交也，百相欺也，今由嫪氏善秦，而交为天下上，天下孰不弃吕氏而从嫪氏？天下必舍吕氏而从嫪氏，则王之怨报矣。——《战国策·魏策四》

《战国策》上的这段文字透露了四点信息：

第一，吕不韦集团与嫪毐集团是秦国相互对立的两大集团。第二，吕不韦集团与嫪毐集团的矛盾广为人知。第三，吕不韦集团是坚定的主战派。第四，嫪毐集团由于得到太后赵姬的支持，比吕不韦集团更有实力。

从这一事件可以看出，吕不韦一直兢兢业业地致力于秦国的兼并战争，是秦国政坛上著名的主战派。魏国之所以要主动献地于秦，就是想扶植嫪毐这一派。如果吕不韦是坚定的主战派，嫪毐至少不是一个铁杆主战派。因为嫪毐根本就不懂什么政治，根本就不懂得为秦国谋利益，嫪毐所知道的仅仅是依靠太后的支持疯狂地攫取权力，扩大自己这一派的势力。

嫪毐集团和吕不韦集团没有一个是秦王赵政所能允许存在的！

赵政要的是自己独揽朝纲，他岂能允许两个政治集团瓜分他手中的权力？既然嫪毐本人已被车裂处死，那么，吕不韦也必须得死。这两个政治集团的“总裁”一个都不能留！

所以，吕不韦的被迫自杀有着深刻的背景。

吕不韦是一位优秀的政治家，但是，他和所有的人一样，终归要走向自己的反面。吕不韦精心策划了异人即位秦王，精心辅佐了秦王赵政。吕不韦全力支持秦国对六国的统一战争，为秦国最终统一六国做出了巨大贡献。

吕不韦一生中另一个重大错误是不自觉地超越君权。

吕不韦没有意识到在秦王赵政即位之后他应该如何规划自己。或者说，吕不韦精于获得权力，但却不懂得什么时候要放弃权力，这是许多政坛精英最容易犯的错误之一。用权而不恋权，到位而不越位。学会放弃是人生一大学问。要一个经过艰苦努力获得权力的人放弃权力非常不易，但是，这又是任何一个获得权力的人必须学会的。

中国古代的行政环境决定了中国的政治从春秋战国时期开始就

逐步走进中央集权的时代，由此带来了一个重大问题：国君是唯一的最高统治者。

在这种政治制度下，不管是谁，不管你与国君是什么关系，你的权力都不可能长期超越君权。谁越位侵占了君权，谁就会遭到只允许自己独操大权的君王的杀戮。

吕不韦与秦王赵政没有血缘关系，这一点我们已经讲清楚了。即使吕不韦和秦王赵政有血缘关系，秦王赵政同样会除掉这个政治对手。在“穆公东扩”一章中，我们讲过晋文公重耳杀死自己的侄子晋怀公当上晋国国君。

所以，吕不韦在秦王亲政之后，应当立即还政，及时引退，低调做人，韬光养晦，全力解散多年为相形成的政治集团。这样，才能让赵政放心，也才能自我保全。可是，吕不韦没有这样做。赵政举行加冠礼后，吕不韦就应当立即引咎辞职，退居乡里。但是，吕不韦没有这样做！

等到秦王赵政将吕不韦驱逐出朝，让他回到河南封地去时，吕不韦清醒了吗？

依然没有！

何以见得？

吕不韦下岗一年多了，还在接待来自六国邀请他的使者。这说明吕不韦仍然不甘寂寞！这是人性的必然，要一个曾经风光无限的人一下子销声匿迹、自甘寂寞，难！

六国使者“相望于道”，个个都是吕不韦的催命鬼！个个都是吕不韦的索命无常！

他们的到来让秦王赵政刚刚放下一点的心又悬起来了。如果吕不韦去六国为相，为六国服务，对秦国肯定大大不利！这么一位杰出的政治家为敌所用，秦王赵政能愿意吗？

秦王赵政只能将吕不韦全家迁到更偏远的地方。

这只是秦王赵政除掉吕不韦的第一步，下面更严厉的惩罚将会像组合拳一样扑面而来，拳拳要的都是吕不韦的命！

吕不韦终因自己政治上的两大错误走向了死亡。

我们从秦王赵政对嫪毐、赵姬、吕不韦的出手可以看出，秦王赵政果断、残酷，天生就是一个长于执掌朝纲的铁腕人物。他对自己的亲生母亲敢于软禁，对自己的“仲父”敢于流放，因为他需要从太后、相国手中夺回属于他的政治权力。

司马迁用“刚毅戾深”四字写秦王赵政的性格，算是看透了秦王赵政。

方略之争

吕不韦的被逼自杀对秦王赵政来说当然是心中最痛快的事情了，但是，这件事情的后果却极为严重。

商鞅变法造就了秦国的国富兵强，但是，商鞅变法之后的秦军也成了著名的虎狼之师。因为商鞅变法给秦国军队带来的最大变化是每位军人上战场就想斩掉敌方的人头，因为有了人头就可以晋升爵位，爵位又可以带来财富和地位。所以，商鞅变法后的秦军发动的战争动辄杀戮数十万人。

吕不韦执政期间，秦军也向外大规模扩张，但是，这些攻城略地的战争却有了一个很大的变化：

秦王政二年（前245），麃（biāo）公攻占魏国卷城（今河南原阳县），斩首三万。

二年，麃公将卒攻卷，斩首三万。——《史记·秦始皇本纪》

秦王政三年（前244），大将蒙骜攻占了韩国十三座城市。

三年，蒙骜攻韩，取十三城。——《史记·秦始皇本纪》

秦王政五年（前242），大将蒙骜攻占魏国二十座城池，建立了极具战略地位的东郡。

五年，将军骜攻魏，定酸枣、燕、虚、长平、雍丘、山阳城，皆拔之，取二十城。初置东郡。——《史记·秦始皇本纪》

但是，这些战争都没有杀戮十几万的历史记录，只有在攻占魏国卷城时“斩首三万”的记载。

为什么会出现这种变化？史书没有记载，不过，看看《吕氏春秋》就会明白。

秦国可以靠军功、爵位最大限度地调动起士兵的作战激情，激发出一个人的兽性，培养出一支雄壮之师。但是，秦国在推进自己统一六国进程的战争之时，一味地斩首必然意味着六国的拼死抵抗！六国虽弱，最终要被秦国所灭，但是，他们也有生存权啊！他们也不甘心亡国啊！虽然六国的灭亡是历史的必然，是天下由动乱走向稳定的需要，但是，这种进步是要六国付出亡国的代价的。

六国能甘心吗？既不甘心亡国，又将在战败之后遭受屠杀，所以六国之人必然拼死抵抗。战亦死，降亦死，反正是死，为什么不战而降呢？

所以，商鞅制定的军功爵制面临着一种尴尬局面：为秦所灭的六国将誓死抵抗！

这种变化是当初制定军功爵制时商鞅始料不及的，它说明，秦国的某些政策已经不适应秦国统一六国的战争现实。

吕不韦主编的《吕氏春秋·孝行览》中明确提出：治理天下必须从根本上入手，这个根本就是孝道。《吕氏春秋》一书中大讲儒家的德教，强调以德为本的礼乐教化，强调赢取民心的王道仁政。这是对商鞅纯粹的法家思想的有力反驳。

正是因为有了吕不韦的政策调整，才出现了吕不韦主政期间秦国对六国攻城略地不减而未出现大规模杀戮的现象。这种政策的调整，使秦军的兼并战争受到的拼死抵抗大大减少。

吕不韦的政策中不仅含有一定的儒家思想成分，也是先秦时期道、法、墨、名各家思想的综合。吕不韦的《吕氏春秋》实际上是他的治国蓝图的全面反映，这种治国思想与秦始皇的方略是相悖的。伴随着吕不韦离开秦国政坛和吕不韦的自杀而亡，吕不韦主编的《吕氏春秋》的思想当然不会为秦王赵政所喜

凡为天下，治国家，必务本而后末。所谓本者，非耕耘种殖之谓，务其人也。务其人，非贫而富之，寡而众之，务其本也。务本莫贵于孝。——《吕氏春秋·孝行览》

欢了。

吕不韦固有取死之道，但是，吕不韦被逼杀让赵政身边少了一位以德政兼并天下的政治家，这对于未来的秦帝国是一个致命的硬伤。虽然这种致命伤在秦灭六国时尚未全面体现，但是，一旦秦始皇兼并六国成功，六国百姓对嬴秦的仇恨就深深地种了下来。十五年后，当一位名不见经传的小人物陈胜首举义旗之时，这种对嬴秦的巨大仇恨终于像积聚了巨大能量的火山一样喷薄而出，整个天下迅速燃起反秦的熊熊怒火，貌似强大的秦帝国终于在万民海啸之中轰然坍塌。

秦王赵政逼杀了吕不韦，身边就缺少了一位像吕不韦一样精明能干的助手。但是，中国历史凡有作为的君王，身边都不乏精明强干的人才。谁能够代替吕不韦呢？谁能够成为秦王赵政未来的主要助手呢？

请看：李斯为政。

〈十一〉

秦王赵政即位的前九年，一直是吕不韦主政，秦王政十二年，吕不韦饮鸩自杀，秦王赵政从此失去了治国的一个得力助手。抛弃了吕不韦的赵政要完成轰轰烈烈的统一大业，一定要有自己的得力助手，秦王赵政起用了原本名不见经传的李斯。在李斯的辅佐下，秦王赵政一步步结束了诸侯割据的局面，创立了统一的中央集权国家，赵政之前三十余名国君的愿望终于变成了现实。在秦王赵政的统一大业中，李斯功不可没。这个来自楚国上蔡闾巷中的小人物，究竟是如何登上秦国政治舞台的呢？他为秦国的统一究竟做了哪些贡献呢？

改变命运的一步

逼迫吕不韦饮鸩自杀后，秦王赵政选择李斯担任自己的主要助手。

李斯原是楚国上蔡（今河南上蔡县）人，年轻时曾经在郡里做过小吏。

一次，李斯上厕所，看见厕所里的老鼠吃得很差，而且一看见人和狗就吓得狼狈逃窜。后来，李斯到官府粮仓里去，看见粮仓里的老鼠，住大房子，吃得好，而且没有任何惊扰。于是，李斯大生感慨：一个人一生能不能成就一番事业，就像老鼠一样，关键看他在什么平台上。

> 年少时，为郡小吏，见吏舍厕中鼠食不洁，近人犬，数惊恐之。斯入仓，观仓中鼠，食积粟，居大庑之下，不见人犬之忧。于是李斯乃叹曰：『人之贤不肖譬如鼠矣，在所自处耳！』——《史记·李斯列传》

这就是李斯非常有名的“老鼠哲学”。想成为“仓中鼠”的理想，显露了李斯不甘贫贱、一心向上的愿望。不少学者指出，李斯的“老鼠哲学”是自私哲学，确实如此。但是，李斯的“老鼠哲学”并非全无道理。平台对于实现一个人的人生价值确实非常重要。李斯是一个很有悟性之人，因此，李斯对“仓中鼠”“厕中鼠”的不同境遇才会感慨至深。

“仓中鼠”的理想使李斯不再甘当一个小吏，想干出一番事业来。因此，李斯辞去职务，到齐国求学，拜荀卿为师。荀卿是当时著名的儒学大师，宣讲孔子学说，并从当时的政治形势出发，对孔子的儒学进行了改造。荀卿的思想比较接近法家主张，主要研究如何治理国家，即所谓的“帝王之术”。

李斯学成后，反复思考应该到哪个国家才能干出一番事业。经过对各国的分析比较，他认为楚王无所作为，其他各国也在走下坡路，只有秦国蒸蒸日上。临行前，荀卿问李斯为什么要到秦国去，李斯回答：您教导我，干事业有一个时机问题。现在各国争雄，正是立功成名的大好机会。秦国雄心勃勃，想统一天下，到那里可以大干一场。人生在世，卑贱是最大的耻辱，穷困是莫大的悲哀。一个人总处于卑贱穷困的地位，令人讥笑。这是李斯对人生意义及荣辱问题的总的看法，是他日后一切活动的出发点与归宿，是他积极进取、乘时建功的动力，也是他日后陷入罪恶渊薮的基因。不爱名利，无所作为，不是读书人的想法。所以，李斯告别了老师，到秦国实现人生之梦去了。

乃从荀卿学帝王之术。学已成，度楚王不足事，而六国皆弱，无可为建功者，欲西入秦。辞于荀卿曰：『斯闻得时无怠。今万乘方争时，游者主事。今秦王欲吞天下，称帝而治，此布衣驰骛之时而游说者之秋也。处卑贱之位而计不为者，此禽鹿视肉，人面而能强行者耳。故诟莫大于卑贱，而悲莫甚于穷困。久处卑贱之位，困苦之地，非世而恶利，自托于无为，此非士之情也。』——《史记·李斯列传》

李斯准备入秦时，正是秦庄襄王时期，强秦统一天下的大势已日趋显明。李斯选择入秦，显示了李斯对战国后期天下大势的敏锐把握与判断。

李斯来到秦国，正赶上秦庄襄王去世，年仅十三岁的赵政继位成了秦王。

李斯刚到秦国，秦王赵政年幼而没有接管权力，权力在太后赵姬和吕不韦手中。所以，精明的李斯立即投奔了吕不韦，做了吕不韦的门客。因为此时的吕不韦已是相国兼仲父，地位如日中天。李斯是有才之士，一个人怀才就像怀孕一样，终究是无法隐瞒的。所以，李斯很快被吕不韦发现、重视，提升为郎（侍从），并因此得到了接触秦王赵政的机会。

一次，他对秦王赵政说：凡干成事业的人，都必须抓住时机。秦穆公时秦国虽然很强，但未能完成统一大业，原因是时机还不成熟，山东诸国尚多，周王室未衰。秦孝公以来，周天子的力量一天天衰落，各诸侯国间连年战争，秦国才乘机强大起来。现在秦国指挥天下诸侯就像指挥郡县一样。如今，秦国力量强大，大王贤德，消灭六国如同扫除灶上灰尘那样容易，现在是完成帝业、统一天下的最好时机，千万不能错过。错过了这一良机，等山东六国缓过气来，实行合纵，就是有黄帝一样的贤能，统一大业仍然不好办。

今诸侯服秦，譬若郡县。夫以秦之强，大王之贤，由灶上骚除，足以灭诸侯，成帝业，为天下一统，此万世之一时也。今怠而不急就，诸侯复强，相聚约从，虽有黄帝之贤，不能并也。——**《史记·李斯列传》**

李斯抓住当下时机立即统一天下的见解得到了秦王赵政的赏识，被提拔为长史。

第二次见到秦王赵政的时候，李斯又提了一个建议：秦国对六国的统一战争要三手并用，一是要不惜金钱，收买、贿赂、离间六国的君臣关系，二是要对坚持原则不受贿的六国高官进行刺杀，三是要使用秦国强大的军事力量。一用钱，二用恐怖手段刺杀，三用兵，三管齐下。赵政采纳了他的意见，而且很奏效。这样，李斯又被秦王赵政从长史提拔为客卿。

听其计，阴遣谋士赍持金玉以游说诸侯。诸侯名士可下以财者，厚遗结之；不肯者，利剑刺之，离其君臣之计，秦王乃使其良将随其后。秦王拜斯为客卿。——《史记·李斯列传》

身为客卿、意气风发的李斯正要大展宏图之时，突然遭遇了著名的“逐客门”事件。这一事件差一点让李斯的“仓鼠之梦”成为白日做梦。那么，“逐客门”事件是一件什么样的事件？为什么这一事件差一点葬送了李斯的大好前程呢？

“逐客门”事件

秦王政十年（前237），相国吕不韦因嫪毐事件被免职，归食邑洛阳赋闲。就在这一年，秦王赵政突然下令，驱逐所有在秦的六国之人。秦王赵政的逐客令来得既快又猛，一时间，在秦国的六国人士纷纷逃离秦国。

秦国自穆公以来，一直注重网罗天下人才，为什么刚刚掌权的秦王赵政突然下令驱逐六国人士呢？

秦王赵政的逐客令和一个国家有关，这个国家就是韩国。

韩国是和秦国相邻的东方六国之一。韩国的地理位置在今山西南部、河南西部，因此，它注定充当了阻挡秦国东扩的第一道防线。所以，秦国从范雎向秦昭襄王提出“远交近攻”的统一六国总方略之后，韩国就不断受到秦国的蚕食，国土面积不断缩水。

濒临绝境的韩国想到了一个消耗秦国国力的办法，就是让秦国大搞农田水利建设。

战国后期，虽然铁器已经广泛应用到生产之中，但是，和今天相比，战国时期的生产工具仍然显得十分简陋，比如说兴修水利，没有大型挖掘机，它要耗费大量的人力、物力、财力，可不是一件简单的事。韩国认为秦国是一个好大喜功的国家，爱干这类“傻事”。于是，他们派出了一个间谍到秦国，诱使秦国兴修大型水利工程。

这个间谍是谁呢？

郑国。

韩国为什么选郑国到秦国当间谍呢？因为郑国是一位极其高明的水利专家，他的施工设计合理，修好后的水渠可以成为秦国富农国策的基础工程。

秦王赵政因此动了心。这条三百多里长的水渠由西向东，横跨渭北高原，一旦修好，可以灌溉关中四百多万亩土地。特别是这条水渠含有大量泥沙，用泥沙淤灌盐碱地，可以彻底变盐碱地为良田。因此，这条水渠可以大大强化关中的抗旱能力，大面积地改造关中的盐碱地，使关中成为秦国最富庶的地区之一。所以，这条水渠被称为“郑国渠”。

但是，正当郑国渠修建得如火如荼时，郑国的间谍身份暴露了。秦王赵政听说郑国是韩国间谍，勃然大怒，要杀郑国。不过，郑国非常坦然地对秦王赵政说：我开始确实是作为韩国间谍来秦国的，但是，这条水渠修好之后，能给关中农业带来巨大效益，这对秦国是非常有利的。我只不过为韩国延长了几年的寿命，却为秦国建立了万世之功。

秦欲杀郑国。郑国曰：『始臣为间。然渠成亦秦之利也。臣为韩延数岁之命，而为秦建万世之功。』——《汉书·沟洫志》

《汉书·沟洫志》评价郑国渠的巨大作用时讲过一段话：郑国渠使秦国关中成为千里沃野，从此再没有灾年，秦国因此更加富强，最终吞并了山东六国。话说得虽稍嫌夸张，但是，郑国渠为秦始皇兼并六国确实发挥了很大的作用。

于是关中为沃野，无凶年，秦以富强，卒并诸侯。——《汉书·沟洫志》

秦王赵政听了郑国的解释，觉得郑国讲的话有道理，立即恢复了修渠工作，让郑国继续完成修渠。

郑国渠虽然继续修，但是，郑国间谍案在秦国引发了一场轩然大波。这是为什么呢？原因有三点：一是秦国旧贵族梦想恢复特权，二是郑国加剧了秦国内部的权力之争，三是赵政痛恨嫪毐、吕不韦。

秦国自穆公、孝公以来，一直在人才上施行大战略。只要是人才，不论国籍，唯才是用，特别是商鞅变法，更是论功行赏。这种政策富了秦国，却严重伤害了秦国旧贵族的特权。贵族如果没有军功，就不能享受种种特权。六国之士因军功可以进入秦国高层，这使作为秦国既得利益集团的旧贵族积怨甚深。

秦国旧贵族希望能够利用郑国间谍案首先赶

走在秦国官居高位的客卿，让秦国旧贵族恢复昔日的权势。于是，他们抓住郑国间谍案，大造舆论：秦王重用的郑国是间谍；嫪毐、吕不韦都不是秦国人。因此，六国之人都不值得信任，他们全都是为他们自己国家效力的人，应当全部驱逐出境。这里的“逐客”是驱逐所有“诸侯人来事秦者”，就是所有到秦国来的六国人士，并不仅仅是身居高位的客卿。但是，身居高位的客卿显然是驱逐的首选。韩、赵、魏三国来秦务农之人并未妨碍秦国旧贵族的利益，相反，在商鞅变法中从韩、赵、魏三国来的农民，对秦国做出了很大贡献。

秦宗室大臣皆言秦王曰：『诸侯人来事秦者，大抵为其主游间于秦耳，请一切逐客。』——《史记·李斯列传》

秦王赵政被嫪毐之乱闹得心烦，又发现吕不韦也牵连其中，而且，吕不韦之事还很难处理。刚刚解决了吕不韦，又发现郑国是韩国间谍。同意郑国继续修渠以后，秦国旧贵族又借郑国间谍案发飙。因此，一气之下，秦王赵政断然下令驱逐所有在秦国的六国人士。

秦王赵政车裂嫪毐，办得顺风顺水，干净利索。逼杀吕不韦，办得顺顺当当，一无阻碍。他的逐客令也能够像他除掉嫪毐、吕不韦那样顺利吗？没有！ 因为秦王赵政接到了一封奏书，立即下令废除了逐客令。

这封魔法巨大的奏书出自何人之手？为什么一封奏书可以改变秦王赵政的决策呢？

一封奏书的魔力

写这封奏书的人正是李斯。

李斯为何冒险写此奏书呢?

李斯到秦国后，先做吕不韦的门客，但是，他对统一六国“得时无殆”(时机到了就必须抓住)的见解击中了秦王赵政的内心，很快被升为客卿。照此下去，李斯在秦国离重臣的位置只有一步之遥了，就在这个关键时刻，秦国突然出现了一个几乎要改变李斯命运的逐客事件。离开秦国，失去好不容易得到的客卿之位，而且立马就得走人，这让李斯实在难以接受，他压抑不住内心的激愤，向秦王赵政呈上了著名的《谏逐客书》。

秦王赵政的逐客令，对秦国政坛上的六国客卿产生了巨大的震动，很多人不得不收拾行囊，离开秦国。李斯这封奏书为什么能够让铁腕秦王赵政彻底改变主意收回成命呢?

李斯这封奏书重重地击中了秦王赵政的三根软肋。

第一，客卿对秦有大功。第二，逐客是重物轻人。第三，逐客是帮助六国。

我们一一分析。

第一点，客卿对秦有大功。这封奏书列举了我们前面讲过的穆公朝的百里奚、蹇叔、由余，孝公朝的商鞅，惠文王朝的张仪，昭襄王朝的范雎，最后得出一条结论：秦穆公、秦孝公、秦惠文王、秦昭襄王都是因为有了六国客卿的辅佐，才成为秦国崛起道路上的一座座丰碑。没有客卿，就没有秦国的崛起！没有客卿，就没有四位政绩卓著的秦君！

这是秦王赵政不得不承认的历史事实。

虽然逐客令针对的是全体“诸侯人来事秦者”，但是，这封奏书主要提到的却是六国来秦的客卿，因为这些“来事秦者”对秦国崛起的贡献特别大。

第二点，逐客是重物轻人。秦王赵政对产于六国的宝物无不宠爱有加，比如隋侯珠，比如和氏璧，都不是秦国出产的，可是秦王那么想得到它们。对于六国的美女，秦王赵政更是不分国籍，照单全收，个个宠幸。唯独对六国的人才，秦王却要讲国籍，这不是太糊涂了吗？

秦王对六国之物如此喜爱，对六国人才却要驱逐，这不是重物轻人吗？

第三点，逐客是帮助六国。任何时代，人才都是稀缺资源。如果秦国驱逐天下人才，实际上是帮助了六国。一纸逐客令将使六国的杰出人才不敢再到秦国来为秦国统一天下服务。这和日常生活中帮助强盗有什么区别？这叫“内自虚而外树怨于诸侯”，让秦国变得虚弱，反而使自己的对手做大做强。人才决定成败。秦国把天下非秦国的人才都驱逐了，秦国的人才数量肯定会大幅缩水，这些人才在秦国

昔缪公求士，西取由余于戎，东得百里奚于宛，迎蹇叔于宋，来丕豹、公孙支于晋。此五子者，不产于秦，而缪公用之，并国二十，遂霸西戎。孝公用商鞅之法，移风易俗，民以殷盛，国以富强，百姓乐用，诸侯亲服，获楚魏之师，举地千里，至今治强。惠王用张仪之计，拔三川之地，西并巴、蜀，北收上郡，南取汉中，包九夷，制鄢、郢，东据成皋之险，割膏腴之地，遂散六国之从，使之西面事秦，功施到今。昭王得范雎，废穰侯，逐华阳，强公室，杜私门，蚕食诸侯，使秦成帝业。此四君者，皆以客之功。由此观之，客何负于秦哉！向使四君却客而不内，疏士而不用，是使国无富利之实而秦无强大之名也。——**《史记·李斯列传》**

得不到施展才华的机会，肯定会到六国去施展才华。如果人才都聚集到六国去，六国人才济济，实力大大加强，秦国肯定会受到重大损失。

臣闻地广者粟多，国大者人众，兵强则士勇。是以太山不让土壤，故能成其大；河海不择细流，故能就其深；王者不却众庶，故能明其德。是以地无四方，民无异国，四时充美，鬼神降福，此五帝、三王之所以无敌也。今乃弃黔首以资敌国，却宾客以业诸侯，使天下之士退而不敢西向，裹足不入秦，此所谓『藉寇兵而赍盗粮』者也。夫物不产于秦，可宝者多；士不产于秦，而愿忠者众。今逐客以资敌国，损民以益雠，内自虚而外树怨于诸侯，求国无危，不可得也。——《史记·李斯列传》

所以，非秦国人一律不用的做法肯定不是统一全国的正确之道。这句话的分量极重。因为秦王赵政此时刚刚举行过加冠礼，正式从太后赵姬手中接管了最高权力，又刚刚除掉嫪毐、吕不韦两大集团，雄心勃勃，一心要由自己兼并六国、统一中国，完成秦国三十几代先君未竟的大业。如果因为逐客而毁此大业，这是秦王赵政最不愿看到的，所以，这句话击中了秦王赵政的软肋。

此非所以跨海内制诸侯之术也。——《史记·李斯列传》

这绝不是耸人听闻，而是事实，秦国的强盛就是因为吸纳了六国的优秀人才。秦王看了这封字字中的的奏书能不动心吗？能不撤销逐客令吗？

秦王赵政收回成命可不是一件简单的事。

一是胸怀。没有求贤若渴的胸襟，没有统一天下的气度，一位铁腕君王岂能收回成命？

二是眼光。李斯谏逐客，讲得入情入理，最为重要的是谈到了人才关系到统一大业。如果没有识人之明，秦王赵政岂能甘心收回成命?

三是度量。收回成命，意味着承认错误，这对中国古代的君王来说，最为困难。像秦王赵政这样一心要统一中国，成为千古一帝的人，如果没有宽宏的度量，斤斤计较于面子，绝对不可能自甘认错。汉武帝曾亲自下《轮台罪己诏》，就被后世高度赞扬。虽然秦王赵政撤销逐客令还不是公开承认错误，但是离公开承认错误已经只有一步之遥了。

可见，此时的秦王赵政头脑清醒，志存高远，既有博大的胸怀，又有识人的慧眼，还有承认错误的勇气与格局，这些正是他成就一番大事业不可或缺的要素。

因此，秦王赵政不但收回了逐客令，而且重用了在被驱逐之列的李斯，任命他为廷尉。廷尉是主管司法的最高官员，与客卿不同，是实职，是重臣。实际上，李斯冒险写出了千古名作《谏逐客书》，解决了上升通道中最大的障碍，同时，这封《谏逐客书》让李斯真正走上了秦国的政坛。对李斯而言，冒死上书，对自己和秦国是双赢!

李斯的《谏逐客书》，使秦王赵政终于明白了人才对于强秦和统一六国的作用，于是收回了逐客令，李斯因此官升廷尉。李斯担任廷尉后为秦国统一做的第一件事就是攻打韩国，但史料记载秦国攻打韩国是因为秦王赵政想得到韩非。那么韩非究竟是怎样的一个人呢？韩非命丧秦国的背后又隐藏着怎样的秘密呢?

韩非之死

韩非是韩国国君的儿子（具体是哪位国君，史料未载），生活在战国末期，“为人口吃”，即说话结巴，不善言辞。他曾经追随荀卿学习，和李斯是同学，李斯自认为不如韩非。

韩非看到韩国太弱，多次上书献策，当时的韩王是韩国的亡国之君韩王安，韩王安不接受韩非的建议，这使韩非颇为无奈。于是，他发愤著书，先后写出《孤愤》《五蠹》《说难》等（后人把韩非这些文章汇集在一起，编为《韩非子》一书）。他的文章传到秦国，由于讲的都是“尊主安国”的理论，秦王赵政读后大呼：我要是能见到此人，和他交往，死而无憾。韩非不自觉地成了秦王赵政的偶像，赵政成了韩非的铁杆粉丝。

秦王见《孤愤》《五蠹》之书，曰：『嗟乎，寡人得见此人与之游，死不恨矣！』——《史记·老子韩非列传》

据《史记·秦始皇本纪》记载：李斯担任廷尉之后，劝说秦王赵政发动对韩国的战争，先吞灭韩国，借此恫吓其他各国。秦王赵政采纳了李斯的建议，派李斯攻打韩国。韩王非常惊恐，便和韩非商议如何削弱秦国。

李斯因说秦王，请先取韩以恐他国。于是使斯下韩。韩王患之，与韩非谋弱秦。——《史记·秦始皇本纪》

韩王最终决定，派韩非出使秦国。韩非使秦的目的是转移秦国的兵锋，因此他一到秦国就上书秦王：今秦国疆域方圆数千里，军队号称百万，号令森严，赏罚公平，天下没有一国能比得上秦国。我来这里想说的是打破六国合纵联盟的计略。若您听从了我的主张，不能一举拆散天下合纵联盟，占领赵国，灭亡韩国，使楚、魏两国臣服，齐、燕两国归顺；不能令秦国确立霸主威名，使四邻国君前来朝拜，就请杀我示众，以此告诫那些不忠诚地为君主出谋划策的人。赵政读后，心中非常喜悦，但一时还没任用他。

李斯此时对赵政说：韩非是韩国公子，您想吞并各国，韩非最终要为韩国利益着想，不会为秦国尽心效力的，这是人之常情。现在您不用他，让他在秦国长期逗留后再放他回去，这是自留后患，不如依法将他除掉。秦王赵政认为李斯说得有理，便把韩非投入狱中。李斯派人送毒药给韩非，让他自杀。韩非想向秦王赵政陈述冤情，但没有机会，只好自杀。

韩非使秦，秦用李斯谋，留非，非死云阳。——**《史记·秦始皇本纪》**

王安五年，秦攻韩，韩急，使韩非使秦，秦留非。因杀之。——**《史记·韩世家》**

李斯为什么非要杀死韩非呢？

政见不合。李斯主张秦国消灭六国的统一战争应当从韩国入手，先灭韩。韩非作为韩国的公子，不主张先灭韩。这种尖锐的政见不合，让李斯感到必须除掉韩非，秦国统一六国的计划才能顺利得到实施。这是李斯力主杀韩非的主因。

难道李斯杀韩非没有个人嫉妒的因素吗？很难说没有，《资治通鉴》明确说李斯嫉妒韩非。但是，这可能不是主因。此时的李斯意气风发、朝气蓬勃，一心想帮助秦王赵政统一中国。秦国利益最大化是他此时考虑问题的总原则。

李斯的《谏逐客书》说理透辟、文笔畅达，全文极有气势。奏书中的气势反映了年轻的李斯信而被疑、忠而被谤的义愤，同时也表现了此时的李斯一心报效秦国的忠诚。把《谏逐客书》这封名文和当年感慨仓鼠、厕鼠的李斯作一对比，可以明显看出此时的李斯壮志凌云，豪气冲天，一心想为秦国统一天下干一番轰轰烈烈的大事业。

有人据李斯的“老鼠哲学”推断李斯力主杀韩非是个人嫉妒，也不足为训。人是会变化的，李斯此时和他早年见厕鼠、仓鼠时的心态已有很大变化，不能根据早年故事推论李斯的一生都在遵循“老鼠哲学”。

关于韩非使秦，《史记 · 老子韩非列传》还提出了另一种说法：

韩非的文章传到秦国，秦王赵政看到了《孤愤》《五蠹》这两篇文章，非常感慨，想见作者。李斯看到秦王赵政这么欣赏韩非，就对秦王赵政说：这是韩非写的。秦王赵政因此发兵攻打韩国，韩王才派韩非出使秦国。

秦因急攻韩。韩王始不用非，及急，乃遣非使秦。秦王悦之，未信用。——《史记 · 老子韩非列传》

秦王赵政为了得到他所崇拜的作者而派兵攻打韩国之说近乎荒唐。韩非确实是先秦法家的集大成者，他的文章秦王赵政非常欣赏。但是，为了得到一个作者而发兵攻打韩国，可能吗？秦王赵政确实是韩非的粉丝。但是，有这样的“追星族”吗？如果这样追星，韩非这颗“明星”岂不成了韩国的“灾星”？这真比当代粉丝更疯狂啊！

秦王赵政发兵攻打韩国应当是秦王赵政发动统一战争的序幕。韩国离秦国最近，而且，韩国在六国之中最小、最弱。所以，攻打韩国就成为历史的必然。

因此，《史记 · 老子韩非列传》的记载不可信，倒是《史记 · 秦始皇本纪》记载韩非在韩国危机存亡关头，承载着国家存亡的使命使秦之说更可信一些。因为韩非更爱韩国，他出使秦国表现出了对故国的忠诚。

韩非之死并不仅仅是他个人的非正常死亡，而是关系到秦国的一个通天大计。那么，这个通天大计是什么？韩非之死和这个通天大计有什么关系呢？

请看：通天大计。

十二

秦国经过三十多代国君的努力，逐渐崛起。到秦昭襄王时期，秦国对六国的优势已经非常明显。秦昭襄王后，经过秦孝文王、秦庄襄王的经营，秦国的实力越来越强大。秦王赵政正式掌权后，秦国的实力已如日中天，兼并六国的条件已经成熟。此时，秦国应该怎样兼并六国？先攻打哪个国家？战争何时发动？这一系列问题涉及秦国统一六国的通天大计，这个通天大计和韩国公子韩非之死密切联系在一起。那么，这个通天大计是什么？韩非之死和这个通天大计又有什么关系？

先摆平谁

正式继位、正式掌权的秦王赵政，面临着一个重大问题：统一六国的战争什么时候开打？怎么打？这个通天大计，实际上是在韩非和赵政、李斯、姚贾四人之间错综复杂的关系中形成的，换句话说，是在韩非和李斯、姚贾、赵政的斗争中逐步成型的。

首先提出这个问题的人是李斯。李斯此时已经脱离了吕不韦，步入秦帝国中央政府，正处于由郎到长史再到客卿的上升时期。李斯可以说是踌躇满志、胸怀抱负，一心想为秦国统一天下献计献策。这个时候，李斯向秦王赵政提出来一个关于统一天下的时间问题的重要方针，就是立即发动兼并战争。因为李斯有一个根深蒂固的观念，当年他在追随荀子学成“帝王之术”后，曾对自己的老师荀子说过一句名言：“得时无怠。”“得时”就是得到机会，“无怠”就是不要怠慢这个机会。就是说，一个人的一生中，机遇非常少，当机遇来临时，千万不要放过机会。这对一个人来讲，非常关键；对一个国家而言，也是如此。

所以李斯认为，秦国统一天下的大业，现在就必须立即启动，因为现在已经到了合适的时机。现在是个什么时代呢？对于经营了几百年的秦国来说，这是几百年难得一遇的时机。秦国三十多位国君、六百多年的经

此万世之一时也。——《史记·李斯列传》

营，已经到了需要收官的时候了。如果错过这个黄金档期，让六国缓过气来，重新组织起来合纵抗秦，即使黄帝再世，也不能统一了。赵政一听，立马采纳。赵政因此提拔了具有战略眼光的李斯做了秦国中央政府的长史。秦国中央政府的长史好几个部门都有，依据现有文献，我们不知道李斯担任的是哪个部门的长史，不过赵政是在听了李斯的意见之后提拔他的，这说明赵政很欣赏李斯。

赵政的决策使李斯卷入了这场斗争。

秦国发动统一战争的时间确定了，但秦国不能一下子把六国全部灭掉，需要一个国家一个国家地来，这就涉及先攻打哪个国家的问题。那么，具有战略眼光的李斯的建议是什么呢？韩国公子韩非，又是怎样卷入这个通天大计之中的呢？

李斯首先提出灭韩。李斯认为，把韩国灭掉，就可以恫吓山东其他诸国，更有利于秦国吞灭其他五国。秦王批准了李斯灭韩的计划。然而，这个计划却遭到了一个人的强烈反对，他是谁呢？

韩国公子韩非。

李斯主张率先灭韩触及的是韩国的根本利益，此时韩国的亡国之君韩王安和韩非商议，怎么样才能削弱秦国，阻挡秦国灭韩的计划。这样，韩非介入了这个通天大计的制定。

但是韩非和李斯不同，李斯是楚国上蔡人，他学成以后跑到秦国去发展他自己的事业，李斯对自己的楚国并没有太多的感情，他觉得哪个地方适合自己发展，他就跑到哪儿去发展。因此，在李斯的心中：故乡是用来怀念的，他乡是安身立命的。韩非不一样，韩非是韩国的公子，是韩国国君的儿子，只是因为他不是长子，所以没有继位。但是，韩非对故国的感情非常深厚，韩非坚决反对秦国率先灭韩的方略。他该怎么办呢？作为韩国的使者入秦，韩非给秦王赵政上疏，基本主张是灭赵存韩。为什么要灭赵存韩呢？韩非提出了三点理由：第一，韩国现在已经相当于秦国的一个郡县；第二，赵国是一直准备跟秦国对抗的国家；第三，韩国不像你们所想象的那么容易灭掉。

第一点，韩国三十多年以来一直奉行事奉秦国的国策。韩国对秦国来说就像屋子里坐的席子和垫子。秦国要去打哪个国家，韩国都出兵跟随，最后是利归于秦，怨归于韩，韩国把天下诸侯都得罪了。所以从这个意义上来讲，韩国的地位、作用等同于秦国的一个郡县一样。

韩事秦三十余年，出则为扞蔽，入则为席荐。秦特出锐师取地而韩随之，怨悬于天下，功归于强秦。且夫韩入贡职，与郡县无异也。——《韩非子·存韩》

第二点，赵国是秦国的主要敌人。赵国一直在扩充自己的军队，吸引了大批合纵之士，而且一再向天下诸侯声明，说如果秦国不被削弱的话，天下诸侯没有一国能活下来，所以赵国是一直准备着和秦国较量的。如果秦国放过赵国而把内臣韩国先灭了，那会让天下人看到一个什么结果呢？看到秦国灭了自己的内臣，放过了自己的外贼，事奉秦国的结果是被秦国灭掉，谁将来还会跟秦国友好呢？天下人都会和赵国结盟。

夫赵氏聚士卒，养从徒，欲赘天下之兵，明秦不弱则诸侯必灭宗庙，欲西面行其意，非一日之计也。今释赵之患，而攘内臣之韩，则天下明赵氏之计矣。——《韩非子·存韩》

第三点，韩国不可能一年就被灭掉。韩国虽小，处“四战之地”，东西南北四个方向，都需要应付外敌。但这么个小国，处在这么不利的地理位置上，一百多年来，君臣同甘共苦，备战强敌，储备物资，因此，这个国家肯定不能一年就被灭掉。你费了很大力气攻下一座城后就要被迫退兵，会失去对天下的控制。

夫韩，小国也，而以应天下四击，主辱臣苦，上下相与同忧久矣。修守备，戒强敌，有蓄积，筑城池以守固。今伐韩，未可一年而灭，拔一城而退，则权轻于天下，天下摧我兵矣。——《韩非子·存韩》

所以，韩非主张，不能先灭韩，当先灭赵。怎么灭赵呢？韩非还提出了一个四步走的具体计划。

第一步，派使者出使楚国，重金贿赂楚国重臣，宣扬赵国的劣迹；第二步，派人质去魏，稳住魏国；第三步，率韩国攻打赵国，即使赵国和齐国结为同盟，也不足虑；第四步，灭赵、齐两国后，发一封文书给韩国就可摆平韩国。这样，秦国的一次军事行动就可以造成赵、齐两国灭亡的态势，楚国、魏国一定会自动屈从。

使人使荆，重币用事之臣，明赵之所以欺秦者；与魏质以安其心，从韩而伐赵，赵虽与齐为一，不足患也。二国事毕，则韩可以移书定也。是我一举二国有亡形，则荆、魏又必自服矣。——《韩非子·存韩》

韩非提出首先消灭赵国的主张，是为了保存韩国。但韩非提出的主张，每一条具体的理由，都是站在秦国的立场上来说的，也就是说，他是站在秦国的角度来阐发他的主张。所以，韩非的上书有很大的诱惑力。秦王赵政面对这样的主张，他该怎么做呢？他的做法，为什么使韩非更深地卷进了秦国的通天大计之中呢?

前文提到,韩非口吃,不大会讲话,但是笔头功夫极好,文章特别长于剖析利害,这是韩非文章最擅长的一点。赵政看了韩非的上书后,没有做判断,而是把韩非的上书发给朝中的大臣们朝议。朝议的时候,第一个出来反对韩非的就是李斯,李斯反对的理由有两点:

第一点,心病必除。他说:韩国对于秦国来说,就像是人心里潜藏的病,这个病虽然现在没有发作,但它一定会发作。比如说,秦国有了突发事件,韩国一定靠不住。所以,韩国对秦国来说是个必须除掉的心病。

秦之有韩,若人之有腹心之病也。——《韩非子·存韩》

第二点,心病必发。现在这个病埋藏在你的身体里面,也许一年两年不发作,但是如果我们去对付齐国和赵国的话,需要举全秦之力。当我们举全国之力对付赵、齐的时候,韩国这个心病就会发作。当年秦穆公兵败崤山的惨状就会再现,所以韩国是必须灭的。

夫韩虽臣于秦,未尝不为秦病,今若有卒报之事,韩不可信也。——《韩非子·存韩》

李斯跟韩非的意见针锋相对。

李斯主张灭韩,韩非主张灭赵,两种观点的本质是秦国和韩国两国利益的冲突。

又一位卷入者

李斯力驳韩非是因为二人兼并六国的主张相差太大，但是，仅李斯一人反对韩非尚不够给力。此时，另有一人出面反对韩非。

此人是谁？他为什么会卷入韩非之死呢？

原来，秦王赵政曾经遭遇过一次四国联合的军事行动，当时秦王赵政召集了六十多位大臣商议此事，大臣们都束手无策。这时一个叫姚贾的提出来：给我钱，我去把这四国摆平。赵政听了很高兴，给了他一大笔特批经费，姚贾出使四国，把四国全部摆平，还和秦国成了友好之国。姚贾回来后，秦王赵政很高兴，封姚贾千户，提拔他做了上卿。

四国为一，将以攻秦。秦王召群臣宾客六十人而问焉，曰：『四国为一，将以图秦，寡人屈于内，而百姓靡于外。为之奈何？』群臣莫对。姚贾对曰：『贾愿出使四国，必绝其谋而安其兵。』乃资车百乘，金千斤，衣以其衣冠，带以其剑。姚贾辞行，绝其谋，止其兵，与之为交以报秦。秦王大悦贾，封千户，以为上卿。——《战国策·秦策五》

韩非知道后，立即给秦王赵政上书，痛斥姚贾。韩非指责姚贾什么呢？指出姚贾犯了三条大罪：第一，贪污公款；第二，假公济私；第三，出身卑微。

第一，姚贾拿了这么多钱，活动了三年，与四国的外交没有多大成效，大部分钱进到他的腰包去了。这叫贪污公款。

贾以珍珠重宝，南使荆、吴，北使燕、代之间，三年。四国之交未必合也，而珍珠重宝尽于内。——《战国策·秦策五》

第二，姚贾利用秦王的权力为自己建立关系网，私交诸侯。这叫假公济私。

是贾以王之权，国之宝，外自交于诸侯，愿王察之！——《战国策·秦策五》

第三，姚贾人品不端。他的父亲是个魏国把守城门的人（守门监者），姚贾在魏国曾犯过盗窃罪，魏国“公安部门”有他犯罪的案底。后来他到赵国去，又被赵国驱逐。此人出身这么差，还犯过罪，被赵国驱逐，和这种人商讨国家大事，那不是让我们这些人太掉价了吗？

且梁监门子，尝盗于梁，臣于赵而逐。取世监门子，梁之大盗，赵之逐臣与同知社稷之计，非所以厉群臣也。——《战国策·秦策五》

赵政一看此信，质问姚贾：你是不是拿着我给你的公款去私交诸侯了？姚贾不卑不亢地说：确有此事。赵政一听，大发雷霆：你既然做了这样的事，怎么还有脸来见我？姚贾说：当年曾参孝顺父母，天下人都希望有这样的儿子；伍子胥尽忠报主，天下诸侯都愿意用他这样的忠臣；贞女擅长女红，天下男人都愿意以她为妻。臣效忠大王，大王却不知道。臣不把财宝送给四国的君主，他们怎么会听我调遣？我如果不忠于您，四国的君王怎么会与秦国交好？夏桀听信谗言而杀了他手下的良将，商纣王听信谗言而杀了他的忠臣，最终导致身死国亡。如果大王今天再听信谗言，那么您手下也不会有忠臣了。

王召姚贾而问曰：『吾闻子以寡人财交于诸侯，有诸？』对曰：『有。』王曰：『有何面目复见寡人？』对曰：『曾参孝其亲，天下愿以为子。子胥忠于君，天下愿以为臣。贞女工巧，天下愿以为妃。今贾忠王而王不知也。贾不归四国，尚焉之？使贾不忠于君，四国之王尚焉用贾之身？桀听谗而诛其良将，纣闻谗而杀其忠臣，至身死国亡。今王听谗，则无忠臣矣！』——《战国策·秦策五》

赵政说：这一条我可以不追究，但是，有人对我说，你是看门人的儿子、魏国的大盗、被赵国放逐的臣子，有这种事吗？姚贾回答：辅佐周文王的姜太公，当年在齐国是被放逐之人，在殷商都城朝歌是一个穷愁潦倒的屠夫，在梁国成为被驱逐的臣子。帮助齐桓公称霸的管仲是个商人，但是齐桓公重用他，不是最终称霸天下了吗？秦穆公时期的百里奚是用五张羊皮换回来的一个奴仆，不是照样帮助秦穆公使秦国崛起了吗？这些人哪一个是出身贵族家庭的？但这些人不都帮助他们自己的国君成就了霸业吗？如果你用人要讲出身，要用高士，我可以给你举几个例子。有一个高士，商朝人卞随，商汤讨伐夏桀的时候找他去商量，他觉得找他商量灭掉一个君主是一种耻辱，然后就投水而死，这个高士你能用吗？你跟他一商量，他就投水自杀了。还有一个高士，夏朝人务光，商汤灭了夏桀后，据说商汤想把君位让给务光，务光不干，然后自沉于庐水中。这两个高士，一个找他一商量跳河自杀了，另一个让他当国君也跳河自杀了。你去找高士，这些人都出身高贵，德行、操守很高尚，但他愿意为你服务吗？你现在是用人之际，应该用一个人的才能，而不是衡量他的道德水准和家庭出身。家庭出身再高贵的人，如果他没有功劳，你也不能赏他。秦王赵政一听，有道理，便不再追究了，把姚贾放了。

王曰：『子监门子，梁之大盗，赵之逐臣。』姚贾曰：『太公望齐之逐夫，朝歌之废屠，子良之逐臣，棘津之雠不庸，文王用之而王。管仲其鄙人之贾人也，南阳之弊幽，鲁之免囚，桓公用之而伯。百里奚虞之乞人，传卖以五羊之皮，穆公相之而朝西戎。文公用中山盗而胜于城濮。此四士者，皆有诟丑，大诽天下，明主用之，知其可与立功。使若卞随、务光、申屠狄，人主岂得其用哉？故明主不取其污，不听其非，察其为己用。故可以存社稷者，虽有外诽者不听。虽有高世之名，无咫尺之功者不赏。是以群臣莫敢以虚愿望于上。』秦王曰：『然。』——《战国策·秦策五》

三对一

姚贾下来一打听，谁告他的刁状呢？韩非。姚贾恨死韩非了，这样，姚贾被卷进去了，这是第四位卷入韩非案的人。

李斯跟韩非有存韩与亡韩之争，现在又卷进来一个姚贾。姚贾为秦国立了功，却受到韩非的指责，加上秦王赵政的问责，姚贾被韩非定了三条罪，其中任何一条罪状成立，姚贾都是死罪，所以姚贾能不恨韩非吗？

李斯与姚贾联手向秦王赵政攻击韩非：韩非是韩国公子，他一定不会帮助秦国，这是人性所决定的。现在大王如果不用此人，一定不要久留他，更不要放了他，一定要把他除掉，否则，这将是秦国的大祸害。赵政听进去了这一建议，就把韩非投到监狱里。李斯这个时候是廷尉，马上给韩非送了毒药，逼迫韩非自杀。韩非想面见秦王赵政申诉，但是，他无法见到秦王赵政。秦王赵政事后心中生悔，派人去狱中赦免韩非，但是，韩非已在狱中自杀了。

李斯、姚贾害之，毁之曰：『韩非，韩之诸公子也。今王欲并诸侯，非终为韩不为秦，此人之情也。今王不用，久留而归之，此自遗患也，不如以过法诛之。』秦王以为然，下吏治非。李斯使人遗非药，使自杀。韩非欲自陈，不得见。秦王后悔之，使人赦之，非已死矣。——《史记·老子韩非列传》

从《史记·老子韩非列传》看，进谗言杀死韩非的是李斯和姚贾，送毒药让韩非自杀的是李斯。

韩非之死，实际上是因为他想在强秦的重压

下，保存实力弱小的韩国，从而卷入秦国统一天下这个通天大计的制定之中。他的死牵涉四个人：赵政、李斯、姚贾和他自己。那么，韩非的死该由谁负责呢？是秦王赵政，还是联手告状的李斯和姚贾呢？或者是韩非自不量力，卷入了他根本无法阻止的一个通天大计之中，从而导致自己死于非命呢？

韩非之死牵涉的这四个人都有责任。

李斯的责任前文讲过了，这里只提一句，李斯坚决主张杀韩非，主要原因是李斯认为韩非在阻挡秦国统一六国这个通天大计的制定。韩非是秦灭六国的障碍，必须除掉。

姚贾呢？姚贾也主张杀韩非，但姚贾的主张至少有两点原因。第一，私恨。姚贾痛恨韩非。姚贾为秦国立了功，却被韩非定了三桩罪，私恨肯定有。但我们也要看到另一点，毕竟姚贾主张用金钱作为统一六国的一种武器，而且他做得很漂亮，用金钱也确实摆平了四个国家。因此，姚贾主张杀韩非有一个很重要的原因，也是韩非妨碍了秦国统一天下的策略。

赵政对韩非之死有没有责任呢？有！而且责任很大。最早欣赏韩非的是谁呢？赵政。韩非上书，把韩非的上书发给朝臣的人是谁呢？赵政。批准李斯和姚贾的建议，逮捕韩非入狱的是谁？赵政。虽然韩非之死并不是赵政直接下手，是李斯送的毒药，但是，不要忘了一点，韩非死了以后，赵政并没有追究韩非之死的责任。赵政如果去查谁杀了韩非，那一查就查到李斯的头上来了。赵政作为最高决策者，不追究事件责任本身就等于默认李斯的做法。

照前面讲的四点来看，赵政同意杀韩非。那么为什么后来他又要赦免韩非呢？这是不是有一些矛盾呢？其实这很好解释。赵政欣赏韩非的法家思想，欣赏韩非的文笔犀利，欣赏韩非的政治才华，但是赵政不同意韩非的政治主张。在灭韩和存韩的问题上，赵政是站在李斯一边的。在用军事和金钱两种手段对付六国时，赵政赞成姚贾的意见。赵政在通天大计的制定上，和李斯、姚贾是站到一边的。作为个人来说，他欣赏韩非的思想和才华；作为国家利益的代表者来说，他主张杀韩非。

第四个人韩非，他对自己的死有没有责任呢？有，而且有很大的责任。我们可以想一想，韩非提出存韩亡赵，那是为了给韩国争取时间，韩非反对李斯灭韩是为了韩国的安危，他不顾个人的安危，给秦王赵政上书，反对姚贾用金钱做武器击败六国，因为韩非看出，金钱用在消灭六国的统一之战中，威力巨大。我们以后会讲到，秦王赵政用钱收买了六国的一些重臣，像楚国、齐国、赵国，都出现了奸臣受贿后陷害忠良的事情，导致这些国家的亡国。赵政用金钱作为灭亡六国的第二手，韩非深深知道这一点的危害。因此，韩非不顾个人的安危反对姚贾的做法。在这个问题上，韩非是作为韩国的使者来到秦国，深深地卷入秦国国家大政方针的制定中，虽然自不量力，但是韩非的自不量力让我们看到了韩非的一种内在精神：为了韩国的存亡，不惜牺牲个人的生命。他那种明知不可为而为之的精神和对故国的感情，让后人非常感动，韩非明明知道不可能阻挡秦国灭亡韩国，但是他还是竭尽全力保护自己的故国，韩非的作为，跟我们非常熟悉的楚国的屈原为了楚国的存亡不惜沉江是一样的。所以韩非之死让我们感受到了一种精神的存在，一种人格力量的存在。作为个人来说，韩非失败了，但是韩非用自己的死为故国的存亡做出了最后的努力。

秦王赵政统一天下的大计在赵政、李斯、姚贾和韩非的斗争中逐步形成了。最终，达成了三点共识：第一，立即发动对六国的统一战争；第二，第一个目标锁定韩国；第三，军事和金钱手段双管齐下。

那么，秦王赵政统一六国的开局如何？他第一个锁定的韩国又是怎样被灭掉的呢？

请看：韩氏初兴。

十三 韩氏初兴

秦始皇一统天下是中国历史上的大事件，吞并六国是秦国的崛起和强大的最终结果，秦国的崛起伴随着其他诸侯国的衰落，此长彼消。在秦国崛起的进程中，其中一个诸侯国的衰落，对秦国确立优势地位，最终统一天下，具有十分重要的意义，它就是晋国。晋国曾经十分强大，却因内乱被韩、赵、魏三家瓜分。晋国和秦国山水相连，是阻挡秦国进入中原的一道天然防线。秦穆公一代英主，一直梦想东进中原，最终抱恨而终，就因为秦穆公时代的秦国之东有一个强大而统一的晋国。秦国如果不能冲破晋国这一道大坝，就永远走不出函谷关。那么，秦国是怎么冲开晋国这道坚固的大坝的呢？在这个过程中，晋国的韩氏卿族又是如何壮大的呢？

秦国冲破晋国的这道大坝缘于两大原因，一是晋国一分为三，二是秦国迅速崛起。

晋国和秦国不同，晋国的开国之君是周武王之子、周成王之弟，是根正苗红的王室正宗，是最早被西周分封的诸侯国。秦国是因为救援周幽王有功才被封为诸侯的暴发户，它是在西周灭亡后才进入诸侯国行列之中的。

韩、赵、魏三家分晋之时，秦国国君是秦简公，此时离秦孝公继位只有四十二年。所以，晋国一分为三和秦孝公登上历史舞台一前一后发生。强大统一的晋国轰然崩塌，一分为三，变成韩、赵、魏三个领土与实力都相对较小较弱的诸侯国。秦孝公实施变法是秦国迅速强大的开始，当秦国突然提速、加快强大的步伐时，强大的晋国却突然消失了。对于晋国来说，这是一个天大的历史玩笑；对于秦国来说，这是一个千载难逢的历史机遇。秦国正是在韩、赵、魏三国的衰败中一步步挺进中原、最终统一中国的。

晋国为什么会分裂为韩、赵、魏三个小国？秦国为什么没有分裂成几个小国呢？如果晋国没有分裂为韩、赵、魏三国，秦国能统一天下吗？秦国征服韩、赵、魏三国用了二百多年的时间，如果晋国不分裂，秦国能征服晋国吗？

所以，剖析秦始皇统一中国，永远避不开一个重要的话题：阻挡秦国进入中原的强大的晋国为什么会分裂？

末大于本

晋国分裂最主要的原因是晋国公族（国君的宗族）的势力在晋献公时大大削弱了。为什么晋献公时晋国公族势力会急剧衰减呢？因为晋献公大规模地屠杀了晋国公族。晋献公为什么要大规模地屠杀晋国的公族呢？

原来，晋献公的曾祖父曲沃桓叔是晋穆侯的幼子，晋穆侯的长子是法定的晋国国君继承人。按照周代宗法制的规定，太子是国君的嫡长子一支，称为大宗，国君的其他儿子称为小宗。大宗是家族的当家人。

> 桓叔是时年五十八矣，好德，晋国之众皆附焉。——《史记·晋世家》

晋穆侯死后，太子继位，史称晋文侯。晋穆侯的小儿子被封到曲沃（今山西闻喜县），称为曲沃桓叔。曲沃土地肥沃，非常有利于农业的发展，曲沃桓叔又特别注意收买民心，因此，曲沃桓叔的力量迅速发展壮大，当时就有人说：树梢比树根还大，又能得民心，怎么能不生乱呢？整体实力的迅速提升让曲沃桓叔开始窥伺晋国国君的位置。经过曲沃桓叔、曲沃庄伯、曲沃武公三代的一步步蚕食，曲沃武公最终杀死了大宗的晋侯缗，夺得了晋国国君的位置。

> 末大于本，而得民心，不乱何待！——《史记·晋世家》

曲沃桓叔这支小宗的夺权之路并不顺利，前后经历了三代近七十年的努力才得以成功。此间，周天子两次插手，派兵干预，不许曲沃桓叔一支成功。晋国国内的宗法势力也不允许曲沃桓叔一支进入都城。但是，曲沃桓叔这一支终因实力强大而最终夺权成功。

经历过多次失败后，曲沃武公汲取了周天子两次出兵干预的教训，一方面杀死晋侯缗，另一方面派人送给周釐（xī）王大量的“宝器”，公开对天子行贿。这一招真灵！有钱能使鬼推磨。周釐王这次一反常态，不但不派兵征讨曲沃武公，反而封他为晋国国君，使小宗的曲沃武公代替了大宗的晋侯缗，成为得到中央政府认可的晋国国君。

周天子承认曲沃武公为晋国国君是无奈之举，不仅仅是行贿的结果。因为此时的周天子早就失去了号令天下的地位，承认曲沃武公只能表明东周的宗法制社会正处于进一步走向全面崩溃的窘境。

但是，周天子这种做法等于把天子、诸侯、卿大夫的秩序规则整个给废掉了。俄国作家有句名言：如果上帝死了，任何作为都可以被允许。而当时的情境也可以用一句话形容：如果维持秩序的权威失灵了，整个天下就会陷入一场大乱。周天子承认曲沃武公可以继承晋国君位，突破了整个天下政治伦理秩序的底线。今后没有什么事情不可以做了，只要有实力。因为规则是人制定的，实力才是硬道理。

曲沃武公死后，他的儿子晋献公继位。

晋献公的曾祖父曲沃桓叔是晋文侯的弟弟，他不是晋国公族的大家长。但是，他的后代凭借实力夺了晋国国君之位，这叫作“大宗财产来历不明罪”。但是晋文侯的嫡系子孙有一大批人，他们都是有一定势力的公子，所以晋献公非常害怕晋文侯后世诸公子的反夺权。晋献公八年（前669），他的大臣就劝他诛杀诸位公子以保住君位。

乃使尽杀诸公子。
——《史记·晋世家》

晋献公为了保住自己的君位，大开杀戒，晋国的公族遭到了一场毁灭性的大屠杀，从此，晋无公族。晋无公族对异姓贵族来说可是一件大好事，公族的存在限制了异姓贵族的升迁。晋无公族，使他们有了发展的空间和机遇。

晋国宗族内部发生的这场大乱，小宗灭了大宗，小宗夺了晋国国君的位置。晋献公时期，又对大宗的公族进行了大屠杀。这样，晋国大宗的公族势力衰落了下去，但晋国小宗的公族势力还在。然而，晋献公又做了一件大损晋国公族的事情，使晋国小宗也开始衰落，最终导致晋国整个公族势力的全面衰落。那么，晋献公到底做了什么，使晋国公族势力走向了衰落呢？

尤物为祸

得骊姬、骊姬弟，俱爱幸之。
——《史记·晋世家》

晋献公五年（前672），晋国讨伐骊戎，骊戎被打败，于是把骊戎的一对姐妹花当作礼物献给了晋献公。骊戎用性贿赂逢迎晋献公，是打了败仗的不得已之举。但是骊戎这对姐妹花是一对地地道道的绝色美女，晋献公一见到这对姐妹花，马上就奋不顾身地陷了进去。

> 床笫之不安邪？抑骊姬之不存侧邪？——《国语·晋语一》

关于晋献公与骊姬的宠昵关系，《国语》中记录了一段非常精彩的细节。有一次，晋献公失眠没睡好觉，转天对一个大臣说了。这位大臣很奇怪，问：您夜里没休息好吧，是不是骊姬没有陪着您？《公羊传》也有相同的记载，可见当时晋献公的确离不开骊姬。七年后，即献公十二年（前665），骊姬生了儿子奚齐。骊姬的妹妹也很争气，她为晋献公也生了儿子悼子（一作卓子，又作倬子）。

晋献公在接受骊姬这对姐妹花之前已经有了太子申生，申生的母亲死得早，他还有两个非常贤能的弟弟：重耳和夷吾。

晋献公太喜欢骊姬了，爱屋及乌，亦非常喜欢骊姬生的儿子奚齐。因此晋献公萌生了废太子申生立奚齐为太子的想法。但是，奚齐实在没有什么过人之处，他的母亲骊姬怀奚齐时也没有像钩弋夫人怀汉昭帝一样，怀了十四个月，也没有像汉武帝的母亲王夫人怀汉武帝一样，梦日入怀，引得汉景帝记住了这个儿子。骊姬、奚齐没有任何过人之处，怎么办？没有机会就创造机会。唯一的机会是设法干掉晋献公的其他儿子。晋献公有八个儿子，真正拿得出手的只有三位：太子申生和他的两个弟弟重耳与夷吾。

于是晋献公私下里对骊姬说：我想废太子申生而立奚齐。骊姬听后，流着泪说：这可使不得啊，立太子一事诸侯们都知道，而且，太子屡次带兵，百姓也都拥戴他。如果因为我而废嫡立庶，我马上就自杀。骊姬太会表演了，欲擒故纵这一招，让晋献公心中十分感动，他没想到心爱的骊姬不仅貌若天仙，而且还如此“深明大义”。

> 奈何以贱妾之故废嫡立庶，君必行之，妾自杀也。——《史记·晋世家》

奚齐虽然平庸，可他有个不平庸的母亲。骊姬有她的一套，她虽然不直接走到前台，但她会找人帮忙，她会假人之手成己之美，这是骊姬的高明之处。

晋献公有两个宠幸的大夫，骊姬通过他们俩对晋献公说：曲沃是先君宗庙的所在地，蒲邑和屈邑都是边疆重镇，不能不派得力之人去镇守。一番话提醒了晋献公，晋献公非常高兴，立即把太子申生派到曲沃，把公子重耳派到蒲邑，把夷吾派到屈邑。这样，晋献公身边只留下了骊姬的儿子奚齐和她妹妹的儿子悼子。

把太子申生派往曲沃并不等于干掉了申生，骊姬明白，要想搞定太子申生还得下狠招。于是，骊姬派人告诉申生：昨天晚上晋献公梦见了申生的母亲，所以要申生赶快去祭奠他的母亲。申生是个忠厚老实的人，他不知道这是一场夺命阴招，听了庶母的话，异常感动。于是，申生在曲沃祭奠了母亲，并且按照规定把祭祀求福的福肉带回来送给父亲晋献公。送来的时候，适逢晋献公外出打猎，骊姬就派人在福肉里下了毒药。两天以后，晋献公打猎回宫，厨师把福肉献给晋献公，晋献公正想吃，骊姬劝他说：福肉从远方送来，还是尝尝再用。厨师把福肉倒在地上，地面立刻隆起来了；厨师把福肉扔给狗，狗吃后立即死了；厨师把福肉给一个宦臣吃，宦臣立即倒地死了。骊姬一看，立即来了精神，一把鼻涕一把泪地说：太子怎么这么狠呢！连自己的亲爹都要毒杀，这么急着抢班夺权。大王已经年迈了，还能活几天？太子竟然迫不及待地要杀您！太子这样做，都是因为我和奚齐。我们母子宁愿躲到其他国家，或者早早自杀，不要让我们母子被太子杀害。当初您想废他，我还反对。到今天我才知道我全错了。骊姬这套忽悠把戏确实炉火纯青，一番话，有理有利有节，有水平有感情有智慧，把晋献公忽悠得肝肠寸断，晋献公岂能不勃然大怒？

太子听到宫中发生的这件事情，吓得赶快逃到新城。

晋献公非常生气，处死了太子的老师杜原款。一个熟悉内情的人告诉太子：把毒药放到福肉里的是骊姬，太子你为什么不亲自去跟老爹说清楚呢？太子说：我爹老了，没有骊姬，他都睡不好觉，吃不下饭。假使我说明白了，我爹一定会非常生气，这太伤身，我就成了个不孝之子了。有人劝太子：既然你没法说清楚，那你赶快逃吧。太子说：身负杀父的罪名，谁还敢收留我？我自杀算了。于是，太子申生在新城自杀。骊姬的阴招取得了突破性的阶段成果，太子申生自杀了，可是，申生还有两个非常有实力的弟弟，他们完全有可能填补申生留下的位子，怎么办？

恰逢申生的两个弟弟重耳和夷吾来向晋献公汇报工作。有人给骊姬打了个小报告说：这两位公子对你杀死太子很不满。骊姬听了非常害怕，立即行动起来，跑到晋献公那里挑唆道：申生下毒的事，您那两个宝贝儿子事前也都知道。

重耳、夷吾听说后，知道大事不好，不辞而别，匆忙返回自己的边城基地。

晋献公闻讯，更觉得这两个儿子心里有鬼，出兵讨伐。先派兵讨伐蒲邑，重耳吓得翻墙逃跑，逃跑时袖子都被追杀者砍断了。从此，重耳开始了十九年的流亡生涯。晋献公又派人讨伐屈城，屈城人全力防守城池才未被攻下，夷吾得以幸免。

骊姬反对晋献公赤裸裸地废嫡立庶，因为她不像后来的汉高祖刘邦身边的戚夫人，只会哭，结果事给办砸了，还搭上了自己和儿子两条命。骊姬主动在晋献公的面前说太子申生的好话，把晋献公哄得团团转，简直找不着北了。其实，骊姬是个非常阴险毒辣的女人，她对太子申生采用的是暗中陷害，而不是赤裸裸地公开迫害。

晋献公并不笨，但是，他禁不住骊姬的忽悠。一个再聪明的人，被一个心爱的女人如此忽悠，一定会晕头转向、不辨是非。正如后人诗云："不知尤物能为祸，却为骊姬寝食安。"**〔宋〕王十朋《咏史·晋献公》**

公元前651年，当了二十六年国君的晋献公死了，骊姬的儿子奚齐继位。骊姬千算计万算计，唯一没有算计到奚齐的王位还没焐热，就被大臣里克给做掉了。接着有人立了骊姬妹妹的儿子悼子继位，又被里克杀死。骊姬和她妹妹的儿子相继被晋国大臣所杀，证明了晋国正统的宗法势力绝不接受晋献公的废嫡立庶。

虽然晋国的宗法势力不能接受晋献公的废嫡立庶，但是，晋献公诛杀诸公子，晋献公宠幸骊姬，使晋国的宗法制度遭到了严重打击。晋献公对晋国宗法制的破坏，给了晋国异姓卿族一个绝佳的发展机遇。

晋国公族势力的急剧减弱，使晋国异姓贵族发展起来了，最终晋国被韩、赵、魏三家卿族瓜分，曾经强大的晋国变成了韩、赵、魏三国。这三个国家都是战国七雄之一，在秦国统一天下的过程中，秦王赵政第一个灭掉的国家就是韩国，韩国第一个被灭掉，说明了它的弱小。那么，韩国是怎样发展起来的呢？

一战成名

异姓贵族在晋国公族不断遭到重创的情况下迅速发展起来。其中，最为重要的是韩、赵、魏三家。我们先说韩氏。

韩氏先祖本姓姬，与周天子同姓。后来，因为事奉晋国有功，被封到韩原（今陕西韩城市），于是，从韩武子开始用封地为姓，改姓韩。

韩国立国的道路上第一位有突出贡献的是韩厥。韩厥在韩国建国史上的重大贡献是他参与了一场战争，并且因在这次战争中立下战功，被任命为晋国的六卿之一。

当时，晋国军队有上、中、下三军，每军有正、副两个统帅，这样三军就有了六位统帅，这六位统帅就是晋国的六卿。由于晋国六卿掌管着晋国的军队，所以，六卿的地位非常重要。

那么，韩厥是怎么当上晋国六卿的呢？

韩厥的迁升缘于晋国和齐国之间的一场大战。

韩厥之世，中原主要是晋国和楚国在争夺霸权。由于争霸，晋楚之间爆发过两次大战，第一次是晋国大败楚国，第二次是楚国大败晋国。此后，楚国势力进入中原，晋国处境艰难。

中原大国齐国在齐桓公去世以后丧失了霸权，然而，百足之虫，死而不僵，在晋、楚、秦三强之外，齐国仍然是一支不可忽视的力量。

第二次晋楚大战晋国战败后，齐国萌发了和晋国一争高下的野心。周定王十五年（前592），晋景公派大夫郤克出使齐国，征召齐国参加会盟。

郤克是晋国的大夫，却是一个罗锅，齐顷公知道这个情况后，专门找了一个罗锅为郤克带路。同时上殿的还有鲁国使者和卫国使者，说来也巧，鲁国使者是个瘸子，齐国安排为他领路的也是一个瘸子，两个瘸子一前一后，也上了大殿；卫国使者是独眼龙，齐国同样安排了一个独眼龙引导，也一前一后地上了大殿。

齐顷公在三国使者上殿前，特意安排他的母后在大殿后面观看，齐顷公的母亲看见两个罗锅走上台阶，哈哈大笑；又看见两个瘸子、两个独眼龙依次上殿，她再也控制不住兴奋，大笑不止。郤克刚开始并没有在意是一个罗锅引导他上殿，等他看到一对瘸子、一对独眼龙依次上殿，又听见殿后传来女人大笑不止的声音，这才意识到齐顷公是有意戏弄自己和另外两位使者，非常恼火，发誓要报此仇。回国后就要求晋国讨伐齐国，但是，晋国国君说：你个人受气，怎么能让整个国家帮你出气呢？郤克无奈，只好把仇恨记在心里。

八年，使郤克于齐。齐顷公母从楼上观而笑之。所以然者，郤克偻，而鲁使蹇，卫使眇，故齐亦令人如之以导客。郤克怒，归至河上曰：『不报齐者，河伯视之！』至国，请君，欲伐齐。景公问知其故，曰：『子之怨安足以烦国！』弗听。——《史记·晋世家》

齐顷公戏弄三国使者，特别是戏弄晋国使者表明他已经不再把晋国看成中原的霸主，而是跃跃欲试，试探晋国的底线。

周定王十八年（前589）春，齐顷公率军侵犯鲁国。卫国救援鲁国，被齐军打败。鲁、卫两国向晋国求救。晋国的中军主帅郤克力主攻打齐国。晋景公为了防止楚、齐联盟，决定伐齐。由中军元帅郤克统帅晋军，韩厥作为司马，率八百辆战车，救援鲁、卫。

六月十六日，晋军追到靡笄山下（今山东济南市千佛山），和齐军对峙。晋、齐两军在鞌（ān，今山东济南市）开战。

这一仗开打之前，齐军屯兵于鞌。战斗一打响，野心膨胀而自负的齐顷公就对他的部下说：我先灭了这伙晋军再吃早饭。说完，连马身上的铠甲都没有披就冲了上去。

癸酉，师陈于鞌。邴夏御齐侯，逢丑父为右。晋解张御郤克，郑丘缓为右。齐侯曰：『余姑翦灭此而朝食。』不介马而驰之。——《左传·成公二年》

晋军主帅郤克一开战就受了伤，血流到鞋上，但是，郤克早就憋了一口怨气，想报出使齐国受到羞辱之仇。所以，尽管他受了伤，手中的鼓槌始终没停。最后，郤克实在坚持不住了，对他的副手说：我坚持不住了。他的副手说：将军的战鼓就是我们晋军的冲锋号，将军的战旗就是我军的标志，我们晋军的进退都服从将军的号令。主将的军车，只要有一个人在，就可以完成国君的重托。怎么能够因为将军受伤就坏了国君的大事呢？上了战场，就只能想为国牺牲，只要还有一口气，将军就要坚持。于是，郤克的副手用一只手挽住两根车辔，一只手接过郤克的鼓槌，不停地击鼓。在震耳欲聋的鼓声中，主帅郤克的战车一路领先，整个晋军一拥而上，齐国的军队抵挡不住，溃不成军。晋军围绕华不注山一路追杀。

郤克伤于矢，流血及屦，未绝鼓音，曰：『余病矣！』张侯曰：『自始合，而矢贯余手及肘，余折以御，左轮朱殷，岂敢言病？吾子忍之！』缓曰：『自始合，苟有险，余必下推车，子岂识之？然子病矣！』张侯曰：『师之耳目，在吾旗鼓，进退从之。此车一人殿之，可以集事。若之何其以病败君之大事也？擐甲执兵，固即死也，病未及死，吾子勉之！』左并辔，右援枹而鼓。马逸不能止，师从之。齐师败绩。逐之，三周华不注。——**《左传·成公二年》**

韩厥在这次参战的前一天晚上，梦见他的父亲对他说：明早赶车时，避开站在左右两边。所以，他站在车的中间驾车，紧紧追赶齐顷公。齐顷公的警卫对齐顷公说：射后面晋军车上那个驾车的人，这个人看起来像个君子。齐顷公说：称人家是君子还射不符合礼法。于是，齐顷公的警卫就瞄着韩厥的左边一箭，右边一箭，韩厥的左右全被射倒在车中。

被韩厥穷追不舍的齐顷公，焦急万分，但是，他的警卫逢丑父很镇静，他趁韩厥俯身去扶被射倒在战车上的警卫的时机，来了一个掉包计——自己和齐顷公换了一下位置。此时的战车上，只有三个人，一个人驾车，一个是警卫，另一个是主帅。主帅坐在车后，警卫站在车的右边。这一换位置，齐顷公站到右边，逢丑父坐到了齐顷公的位置上。跑着跑着，齐顷公的战车被树桩挂住了。结果，齐顷公的战车被韩厥追上了。

韩厥梦子舆谓己曰：『旦辟左右！』故中御而从齐侯。邴夏曰：『射其御者，君子也。』公曰：『谓之君子而射之，非礼也。』射其左，越于车下。射其右，毙于车中。綦毋张丧车，从韩厥曰：『请寓乘！』从左右，皆肘之，使立于后。韩厥俯，定其右。逢丑父与公易位。将及华泉，骖絓于木而止。丑父寝于轏中，蛇出于其下，以肱击之，伤而匿之，故不能推车而及。——《左传·成公二年》

危急关头，坐在车后冒充齐顷公的逢丑父让冒充警卫的齐顷公下车打水，韩厥不认识齐顷公，以为他是个警卫，所以，没管齐顷公下车打水。齐顷公利用下车打水的机会，上了另一辆齐军战车，逃了出来。

丑父使公下，如华泉取饮。郑周父御佐车，宛茷为右，载齐侯以免。——《左传·成公二年》

韩厥将抓捕的“齐顷公”作为俘虏交给主帅郤克，郤克弄明白真相后，勃然大怒，要杀逢丑父。逢丑父大喊：杀了我，从今往后，再也没有愿意代替自己国君承担责任的人了。我这么一个敢于拿自己生命拯救国君的人，还要被杀？郤克听了逢丑父的一番话，大受感动，就把他放了。

韩厥献丑父，郤献子将戮之，呼曰：『自今无有代其君任患者，有一于此，将为戮乎？』郤子曰：『人不难以死免其君，我戮之，不祥。赦之，以劝事君者。』乃免之。——《左传·成公二年》

这一仗，韩厥虽然没有抓住齐顷公，但是，这场俘获“齐顷公”的战功足以让韩厥一战成名了。所以，回国后，韩厥被晋升为六军统帅之一。韩厥从此成为掌握晋国军权之人，这是韩氏建国非常关键的一步。因为六军统帅，打仗是统帅，不打仗就是卿，权力非常大。

韩厥担任六卿之一，标志着韩氏卿族在晋国已经开始发展壮大，强大的韩氏卿族又是怎样建立起韩国的呢？韩国对于秦始皇统一中国有什么样的影响呢？

请看：三家分晋。

十四　三家分晋

晋献公之后，晋国公族势力遭到重创，卿族势力恶性膨胀。同时，卿族势力之间为争权夺利相互争斗，争斗的结果是六家变成了四家：知氏、韩氏、赵氏、魏氏。这四家之中以知氏实力最为强大。然而令人奇怪的是，实力最强的知氏最终却被其他三家击败，韩、赵、魏三家最终瓜分了晋国，这到底是怎么回事呢？韩国是如何从晋国分离出来的？它又如何成为一个独立的诸侯国的呢？韩国对于秦始皇统一中国来说又有哪些影响呢？

欲壑难填：作死

晋献公一支是由小宗而执掌君位的。为了防止大宗诸公子的反夺权，晋献公大开杀戒，屠杀公族，晋国公族势力急速衰减。但是，晋献公这支小宗的势力仍在，又由于晋献公宠爱骊姬，骊姬阴狠狡诈，欲立其子为公子，由此造成三世内乱，死的死，亡的亡，晋国小宗的势力也衰落了。大宗公族势力与小宗公族势力的双双衰退，给异姓卿族的发展创造了良机，六家大夫开始把持晋国大权，这六家大夫是韩氏、魏氏、赵氏、范氏、知氏、中行氏，他们各自有自己的地盘和武装，互相攻打。后来范氏、中行氏被灭，只剩下四家卿族。

知、韩、赵、魏这四家中，知氏宗主知伯的实力最强大。

知伯收拾了范氏、中行氏这两个卿族后，没过几年，便派人向韩康子公开索要土地。土地是人口、财富的保证，谁愿意平白无故地把土地给人家，这简直就是要割自己的肉。韩康子了解知伯的为人，知道他不是个好惹的主儿，范氏、中行氏两个卿族的下场就是前车之鉴。可是要韩康子献出土地，这真是一道难解的题，搞不好自己就会成为下一个被知伯所灭的卿族。但是，韩康子不愿束手就范。因为给了知伯第一次，第二次再来要地怎么办，所以他决定不给。

韩康子的家臣段规是一个非常有头脑的人，他听了韩康子的决定，立即劝韩康子说：知伯这个人，既贪婪又凶狠。你如果不能满足他，他肯定会对韩氏动粗，你还是给他吧。你要给了他，他得了这个便宜，尝到了甜头，肯定不会就此罢休。知伯一定还会对魏、赵两家提出同样的要求。魏氏、赵氏会同意吗？如果他们不听，知伯肯定不会善罢甘休，就会对这两家卿族动手。这样，咱老韩家就可以免于刀兵之灾了。同时，咱可以坐山观虎斗，该出手时再出手。韩康子一听，说：好啊，就这样办。于是，韩康子痛痛快快地给了知伯一个万户之邑。

> 使人请地于韩，韩康子欲勿与，段规谏曰：『不可。夫知伯之为人也，好利而鸷复，来请地，不与，必加兵于韩矣。君其与之。与之，彼狃，又将请地于他国；他国不听，必乡之以兵。然则韩可以免于患难，而待事之变。』康子曰：『善。』使使者致万家之邑一于知伯。——《战国策·赵策一》

知伯一看，这么轻松就拿到一个万户大邑，高兴得要疯了。马上如法炮制，派人向魏国要地。知伯这人其实一点都不傻。韩、赵、魏三个卿族之中，赵氏最强，韩氏最弱。吃柿子专挑软的捏，所以，他第一个选中的就是韩氏。韩氏之后，卿族中较弱的是魏氏，所以，知伯的第二口又咬向了魏氏。

魏氏老大魏宣子接到知伯索要土地的要求之后，像韩家老大韩康子一样，也不愿给，给地就是从自己身上割肉喂狼。毕竟土地是每家卿族的安身立命之本，一家卿族如果失去了土地，那他啥也不是，就是平民，就是百姓。谁愿意啊？所以，魏宣子的第一反应也是不给，坚决不给。但是，魏宣子的家臣赵葭也像韩康子的家臣段规一样，非常有政治头脑。他劝魏宣子说：知伯向韩氏要地，韩氏给他了。如果向魏氏要地魏氏不给，那么魏氏肯定要得罪知伯。一旦得罪了知伯，知伯肯定会对咱老魏家动手。那样，咱不成了知伯的眼中钉了？咱就要吃大亏了。要依我，给他，别让他盯着咱老魏家寻事。魏宣子一听，有道理啊。于是，也像韩康子一样，也拿出了一个万户之邑奉送给知伯。知伯一看，魏宣子也给他一个万户大邑，知伯更高兴了。

又使人请地于魏，魏宣子欲勿与。赵葭谏曰：『彼请地于韩，韩与之；请地于魏，魏弗与，则是魏内自强而外怒知伯也，然则其错兵于魏必矣。不如与之。』宣子曰：『诺。』因使人致万家之邑一于知伯。知伯说。——《战国策·赵策一》

知伯凭借自己强大的实力，凭借丝毫不知收敛的贪婪、自大的本性，强行向韩氏卿族和魏氏卿族要地，目的得逞后，更加肆无忌惮，又把目标对准了赵氏。

兴致勃勃的知伯立即派人向赵家老大赵襄子传话，指名道姓地要地。知伯这次对赵氏要地和先前对韩家、魏家不同，先前是只要地不指名。但是，韩氏、魏氏的俯首帖耳让知伯开始飘飘然了。这次对赵氏要地已经不是简单地要地，而是要赵氏指哪儿给哪儿。

赵家老大赵襄子不是个省油的灯，他断然拒绝了知伯的要求。知氏碰了一鼻子灰。对于赵氏来讲，拒绝知伯就意味着挑起战事，以赵氏一族之力能对付得了势力强大的知氏吗？

遭到拒绝的知伯立即把韩康子、魏宣子两个卿族老大请到家里，商量出兵攻打赵襄子一事。

赵襄子是个敢作敢为的人，他把家臣张孟谈（《史记》作张孟同，司马迁因避其父司马谈讳而改）请来，商量对策。赵襄子告诉张孟谈：知伯这个人表面上待你很亲，实际上是个非常阴险的人。他已经找韩、魏两家要过地了，现在又到咱家来要地。我没给他。他一定会对我们赵氏动武，我想问你，哪个地方最适合咱老赵家长期坚守？

张孟谈毫不犹豫地说：晋阳（今山西太原市）。赵襄子说：好，就这样定。赵襄子立即派一位将军先到晋阳，自己随后赶到。

张孟谈曰：『夫董阏安于简主之才臣也，世治晋阳，而尹泽循之，其余政教犹存。君其定居晋阳。』君曰：『诺。』乃使延陵生将车骑先之晋阳，君因从之。——《战国策·赵策一》

到了晋阳，赵襄子视察了城墙、仓库，对张孟谈说：晋阳城墙坚固，粮仓充实，唯一缺的是箭，怎么办？张孟谈说：当年修晋阳城时，宫殿的墙都是用芦苇荆棘做成的，根根都有一丈多长，完全可以用来制造箭杆。赵襄子一试，果然合适。这下子赵襄子乐了，转念一想，晋阳铜少，怎么制作箭头呢？张孟谈说：听说当年造晋阳城时，房间柱子最下边的柱石都是用铜浇铸成的，可以用来做箭头，这是用不完的箭头材料。赵襄子连声说好。于是，赵襄子下令全城备战。

至，行城郭，案府库，视仓廪。召张孟谈曰：『吾城郭之完，府库足用，仓廪实矣。无矢奈何？』张孟谈曰：『臣闻董子之治晋阳也，公宫之垣，皆以狄蒿苦楚廧之，其高至丈余，君发而用之。』于是发而试之，其坚则箘簬之劲不能过也。君曰：『足矣。吾铜少，若何？』张孟谈曰：『臣闻董子之治晋阳也，公宫之室，皆以炼铜为柱质。请发而用之，则有余铜矣。』君曰：『善。』——《战国策·赵策一》

知伯率领知氏、韩氏、魏氏三族军队攻打晋阳，打了三个月，竟然攻不下一座晋阳城。知伯没办法，只好让军队围住晋阳，想困死赵襄子。

晋阳城外，有一条河静静流淌而过，这就是晋水（今汾河）。晋阳，就是因为在晋水北面才有了晋阳之名。攻不下晋阳城的知伯看到流淌而过的晋水，突发奇想。他决定引晋水水淹晋阳城。说干就干，滔滔的晋水在人工引导下，汹涌澎湃地冲向了晋阳城。晋水不断上涨，距城头只剩三块木板那么高，眼看就要漫过城墙了。

魏宣子驾车，韩康子担任警卫，知伯稳稳当当地坐在车上，察看即将被水淹没的晋阳城。知伯喜出望外地说：我原来真不知道大水可以灭亡一个国家，今天我才明白。汾水可以淹没安邑，绛水可以淹没平阳。

吾始不知水之可以亡人之国也，乃今知之。汾水可以灌安邑，绛水可以灌平阳。——**《史记·魏世家》**

得意忘形的知伯在这时犯了一个致命性的错误，因为安邑是魏氏卿族的都邑，平阳是韩氏卿族的都邑。眼看着赵襄子今日被晋水淹没的惨状，韩氏卿族的老大和魏氏卿族的老大都有一种说不出来的兔死狐悲之感，再听知伯这一讲，韩康子和魏宣子一听，心中都一哆嗦。魏宣子在车上用肘捣了一下韩康子，韩康子在车上用脚踩了一下魏宣子，两人会意地使了个眼色。

魏桓子肘韩康子，韩康子履魏桓子，肘足接于车上。——**《史记·魏世家》**

知伯的一番大话，让韩氏、魏氏想到了自己未来的命运，如果知伯今番得逞，那么赵氏的今天就是韩氏、魏氏的明天。

知伯整整围了晋阳三年，城中大水遍地，人们像古人一样住在树上，锅也要吊起来才能烧饭。粮食快吃完了，士兵们个个瘦骨嶙峋，赵襄子坚持不下去了。他又找来了张孟谈，遇到难事他总能在张孟谈那儿找到解决的办法。

张孟谈其实早就在思考这个问题，他对心急如焚的赵襄子说：让我去见见韩、魏两家的老大吧。赵襄子还能说什么，只能说一个字：好。

张孟谈溜出了城，找到韩康子、魏宣子，对他们俩说：唇亡齿寒，这个道理我不用讲了。赵国马上就完了，但是，赵国亡后，你们两国就要步赵国的后尘了。韩康子、魏宣子说：这个道理我们俩都懂，知伯的为人我们也清楚。我们最怕的是计划还没实施，知伯就知道了这件事，我们俩就全完了。张孟谈说：计划出自你们两位之口，入我一人之耳，不会有第四个人知道。于是，韩康子、魏宣子立即和张孟谈私下达成一个秘密协议。

张孟谈和韩康子、魏宣子达成协议后，迅速返回晋阳城中，向赵襄子做了详细汇报，赵襄子激动得连连向张孟谈拜谢。

张孟谈为战事到知伯的军营中，在知伯的军营大门遇见了知国（《战国策》作知过）。知国看了看张孟谈，立即入营见知伯说：韩氏、魏氏两家恐怕马上会有大变故。知伯说：怎么会呢？知国说：我在军营门口遇见了张孟谈，张孟谈趾高气扬，不可一世。知伯说：不会吧？我和他们两家约定好了，攻下赵国，三家平分赵家的土地，不可能出现变故，你千万别这样说。

知国出了知伯的营门，又遇见韩康子和魏宣子，马上入营对知伯说：韩、魏两家老大的脸色也不对，他们一定会背叛你。不如赶快杀了他们两个。知伯还是不信：我们三家兵围晋阳都三年了，早晚会攻破晋阳，共同分享三年战争的成果，他们还会有二心？不可能啊。你千万别这样说。

知国说：如果你不杀他们俩，就一定要让他们感到非常亲近。知伯大惑不解地问知国：什么叫亲近他们？知国说：魏宣子的家臣赵葭、韩康子的家臣段规，都是能说动他们两个卿族老大的重臣。你赶快和他们俩搞个约定，一旦攻下赵国，给他们俩每人封一个万户人口的县。这样，韩康子、魏宣子就不会改变主意了，你就能达到灭赵的目的了。

知伯一听就烦了，破了赵国已经是三家平分了，如果这两个家臣每人再封一个万户人家的县，我们得的也太少了，这绝对不行。

知国看见知伯不采纳自己的意见，知道知伯大祸临头，立即将他们这个小宗族改为辅姓，脱离知氏家族。从此，再不见知伯。

张孟谈听说了这件事，立即入见赵襄子说：我在营门口遇见知国，知道他已经开始怀疑我了。知国见了知伯之后，立即更改为辅姓。说明他已经预料到我们商谈的事了。今天傍晚如果不攻击知伯，就会丧失时机。赵襄子立即派张孟谈再见韩、魏两家卿族老大，约定当夜动手。

当天晚上，知伯守护晋水大堤的士兵被杀，晋水改道，滔滔洪水不再冲向晋阳城而是冲向

张孟谈因朝知伯而出，遇知过辕门之外。知过入见知伯曰：『二主殆将有变。』君曰：『何如？』对曰：『臣遇张孟谈于辕门之外，其志矜，其行高。』知伯曰：『不然，吾与二主约谨矣，破赵三分其地，寡人所亲之，必不欺也。子释之，勿出于口。』知过出见二主，入说知伯曰：『二主色动而意变，必背君，不如令杀之。』知伯曰：『兵箸晋阳三年矣，旦暮当拔之而飨其利，乃有他心？不可，子慎勿复言。』知过曰：『不杀，则遂亲之。』知伯曰：『亲之奈何？』知过曰：『魏宣子之谋臣曰赵葭，韩康子之谋臣曰段规，是皆能移其君之计。君其与二君约，破赵则封二子者各万家之县一。如是则二主之心可不变，而君得其所欲矣。』知伯曰：『破赵而三分其地，又封二子者各万家之县一，则吾所得者少，不可。』——《战国策·赵策一》

知伯的大营。滔滔大水突然涌来，知伯的军营立刻乱作一团，韩氏、魏氏两支军队从左右两翼杀过来，赵襄子带领他的士兵打开城门直冲到知伯的军营前。知伯军大败，知伯本人被赵襄子活捉处死。知伯的土地被韩、赵、魏三家所分，整个知氏家族全部被灭。只有知国，因改姓辅，躲过了这场大难。

张孟谈闻之，入见襄子曰：『臣遇知过于辕门之外，其视有疑臣之心。入见知伯，出更其姓。今暮不击，必后之矣。』襄子曰：『诺。』使张孟谈见韩、魏之君曰：『夜期。』杀守堤之吏，而决水灌知伯军。知伯军救水而乱，韩、魏翼而击之，襄子将卒犯其前，大败知伯军，而禽知伯。知伯身死，国亡地分。——《战国策·赵策一》

这一年是公元前453年。从此，晋国的大政由韩、赵、魏三家绝对控制。

二十年后（前433）晋幽公继位时，因为害怕韩、赵、魏三家，反而要朝拜三晋之君。韩、赵、魏瓜分了晋国的剩余土地，只把绛（今山西侯马市）与曲沃（今山西闻喜县）两地留给晋幽公。

五十年后（前403），韩、赵、魏三家迫使周威烈王正式册封它们为独立的诸侯国。从此，晋国正式一分为三，这就是历史上著名的“三家分晋”，韩、赵、魏被称为三晋。

此后，晋国国号被废，历史终结，彻底灭亡了。有学者认为，晋国曾经拥有辉煌的历史，曾经是春秋时期最为强大的诸侯国之一，如果晋国不亡，统一天下的很可能是它，但是历史是不能假设的。

韩氏卿族终于成为战国七雄之一的韩国。

当人们重新审视韩、赵、魏三国时，又想起了曾经不可一世的知伯，以他的实力完全有可能吞并其他三家，但历史没有选择他，这是为什么呢？三家分晋的最大失败者是知伯，弱弱的韩康子成为最大的胜利者之一。

知伯和韩、赵、魏三家相比力量最强，为什么最终成了失败者？韩康子力量最弱，为什么最终成为胜利者？

第一，知伯狂妄自大。韩、赵、魏、知四家之中，知氏力量最强，赵次之，韩、魏两家的力量都赶不上知氏和赵氏。客观上的强大导致知氏的狂妄自大。

知伯的狂妄自大是一以贯之的。一次，知伯宴请魏宣子、韩康子。酒宴上，知伯突然戏弄韩康子，还侮辱韩康子的家臣段规。知伯的家臣知国提醒知伯：你要为今天的无礼付出代价，所以，你要早做准备。知伯说：难都是由我发动的，我不发难，谁敢发难？

难将由我，我不为难，谁敢兴之。——《国语·晋语九》

知国说：不对，你要不做准备，大难必然将至。因为知伯这一次宴会得罪了两个人，一个是韩康子，一个是段规。这叫什么？这叫一顿饭得罪了人家的主人和家臣两个人，还说什么人家不敢发难，你要再不准备，能有好果子吃吗？

今主一宴而耻人之君相，又弗备，曰『不敢兴难』，无乃不可乎？——《国语·晋语九》

晋阳之战中，知国两次提醒他警惕韩、魏两家，第一次是知国看见赵襄子的家臣张孟谈趾高气扬，第二次是知国看见韩氏、魏氏两个卿族老大的脸色不对。但是知伯都听不进去。第二次知国还劝知伯收买韩氏、魏氏卿族的家臣，因为这两个家族的家臣对这两家老大的影响力非常大。如果能安抚住这两个卿族的家臣，就可以保证韩、魏两个卿族不叛变。这又是一个好建议，但是，知伯还是不屑一顾。

知伯为什么如此狂妄自大？因为知伯不相信韩、魏两个卿族会背叛他。这是最根本的原因。知伯为什么不相信韩、魏两家会背叛他？韩、魏一向非常听话，从来不违抗知伯，这是其一；赵国城破在即，韩氏、魏氏马上就可以和知氏共分赵氏土地，享受三年作战的成果了，这是其二；知伯总认为韩、魏听话，他不知道韩、魏是迫于无奈才献出土地的，韩、魏卿族两位老大的心中充满了对知伯的怨恨。赵氏的灭亡在即让韩、魏两家深感兔死狐悲，心中充满恐惧。因为知氏可以用这种方法对付赵氏，也可以用这种方法对付韩氏、魏氏。

当年知宣子要立知瑶（知伯）为继承人的时候，知国就出面反对。知国认为知伯不如知宵，知宣子认为知宵太狠。知国说：知宵只是狠在脸上，知瑶是狠在心中。面狠不会危及国家，心狠却会危及国家。知瑶的优点非常明显：胡须漂亮、个头魁伟、善于驾车、能言善辩、性格坚毅，等等。知瑶缺点只有一条：没有仁爱。知瑶用他的优点和别人比，肯定比他人强，但是，仅仅一条不仁爱就足以毁掉一切。如果立了知瑶，知氏宗族肯定全完。但是，知宣子听不进去知国的意见，仍将家族交给知瑶，为日后知家灭亡埋下祸根。

智宣子将以瑶为后。智果曰：『不如宵也。』宣子曰：『宵也狠。』对曰：『宵之狠在面，瑶之狠在心。心狠败国，面狠不害。瑶之贤于人者五，其不逮者一也。美鬓长大则贤，射御足力则贤，伎艺毕给则贤，巧文辩惠则贤，强毅果敢则贤。如是而甚不仁。以其五贤陵人，而以不仁行之，其谁能待之？若果立瑶也，智宗必灭。』弗听。智果别族于大史为辅氏，及智氏之亡，唯辅果在。——**《国语·晋语九》**（《国语》中『知氏』作『智氏』）

第二，韩、魏智斗得法。韩康子自知力量不如知氏，所以，一开始就不和知氏公开对抗，而是服从知氏，造成知氏独大的假象。韩康子的做法是忍让，同时也是纵容。忍让让人更加狂妄，纵容使人更加骄横。知伯的灭亡从某种意义上讲是由韩康子保全力量、最后一击造成的。如果韩康子一开始就和知伯较上了劲，不给知伯土地，韩康子必然要和知伯开战。这样，以韩康子的力量，绝对不是知伯的对手，最终失败的绝对是韩康子。

魏宣子的力量也不如知伯，他在韩康子的启示下也采取了忍让的做法。韩、魏两家的忍让促使知伯更加疯狂，更加骄横，最终导致全族被灭。

知伯是引火烧身，韩康子是将火引向他的第一人。最终韩、赵、魏三家中力量最强的赵氏挑起了与知伯一决雌雄的晋阳之战，三年晋阳之战促成赵氏联合韩、魏灭掉知氏。

第三，赵襄子智勇双全。晋阳之战能打三年，赵襄子起了很大的作用。赵襄子集一个卿族的力量对付以知伯为首的三个卿族的力量，坚持了三年，极为不易。

首先是根据地选择准确。赵襄子得知三个卿

族的联军将要攻打自己时，首先是选好长期抗战的根据地。在选择晋阳之前，他的手下曾向他推荐了另外两座城，一是长子，二是邯郸。长子城墙完整坚固，邯郸城仓储充足，但是，赵襄子全部拒绝。为什么呢？赵襄子认为长子的城墙确实坚固，但是，它是在耗尽民力的基础上修建的，这种城防再坚固也不适合作长期抗战的根据地，因为赵氏在这里失去了民心。邯郸城仓储确实充足，但是，这座城的仓储是耗尽民力聚集起来的，赵氏在这里也失了民心。所以，他最终选择了晋阳。为什么选择晋阳？因为晋阳主官尹铎为政宽厚，民心向着赵氏。赵襄子选择长期抗战的根据地主要看民心，说明赵襄子头脑非常清醒。

其次是精心备战。赵襄子到了晋阳，视察城墙，准备兵器，做好了一切准备。当晋阳被知伯决开晋水淹没以后，赵襄子仍然坚持到了最后。

最后是善于用人。整个晋阳保卫战，赵襄子的家臣张孟谈发挥了巨大作用。备战之时，提出箭头、箭杆用料的是他，赵襄子坚持不住准备投降之时，又是他提出面见韩、魏两大卿族首领。特别是面见韩康子、魏宣子时，张孟谈剖析了赵氏和韩氏、魏氏唇亡齿寒的相依关系。这种利害剖析，深深打动了韩康子和魏宣子，使韩、魏两族在赵氏即

襄子出，曰：『吾何走乎？』从者曰：『长子近，且城厚完。』襄子曰：『罢民力以完之，又毙以守之，其谁与我？』从者曰：『邯郸之仓库实。』襄子曰：『浚民之膏泽以实之，又因而杀之，其谁与我？其晋阳乎！先主之所属也，尹铎之所宽也，民必和矣。』乃走晋阳。——《国语·晋语九》

将败亡的前夜，临阵倒戈，灭亡知伯。这场充满戏剧性的斗争，张孟谈集编剧、导演、演员三种角色于一身。计划是他向赵襄子提出来的，夜间出城，面见韩康子、魏宣子，痛陈利害，联合两大卿族，都是张孟谈策划、执行的。赵襄子的高明在于他发现了张孟谈并重用了他。张孟谈大胆提出联合韩、魏两族时，赵襄子积极支持；张孟谈与韩、魏两族定下共灭知伯的方案后，赵襄子全力执行。这样，才保证了赵襄子坚守晋阳三年，并在大水淹城即将溃败之时能够反败为胜，联合韩、魏两家一举消灭知伯。

正是有了赵襄子的三年抗战，有了赵襄子的联合韩、魏共灭知伯的计划，才使知伯功败垂成，才使晋国的历史得以重新改写。四卿执政变成了三家分晋，秦国东扩道路上最大最强的晋国分裂了。

如果知伯灭赵成功，那么，韩、魏两家绝难自保，最终晋国将成为知氏一卿之国，这样，晋国就很难一分为三了。如果晋国不一分为三，秦国统一天下的大业还能实现吗？当然，这都是不可能出现的假设。

无论如何，韩、赵、魏三家最终灭了知氏，奠定了五十年之后韩国的诞生。那么，新兴的韩国最后怎么会被秦始皇第一个灭掉呢？

请看：韩国之亡。

韩国之亡

十五

秦王政十六年（前231），秦国打响了统一六国的第一枪，挥师韩国。赵政首先派兵攻打韩国要地南阳（今河南南阳市），不费吹灰之力就攻占了南阳。第二年派内史腾从南阳出发，顺利攻占了韩国都城新郑（今河南新郑市），韩国最后一位国君韩安被俘，赵政在韩国土地上设置了秦国的颍川郡。战国七雄之一的韩国正式宣告从历史版图中消失，韩国成为秦统一六国进程中第一个被吞并的国家。综观韩国被灭的过程，只作了一点象征性的战斗，就迅速被秦国所灭，曾经和秦国并称为战国七雄之一的韩国为什么会如此不堪一击？韩国之亡到底亡在哪里？

秦王赵政制定了吞并六国的时间表、锁定了首先灭掉的国家以及使用的手段后，公元前231年，剑指韩国。秦王赵政首先派秦军攻下了韩国在河南南部的要地南阳，南阳之战打得非常顺利。第二年，即公元前230年，秦王赵政又派驻守在南阳的秦军向韩国的都城新郑进发。这一仗打得更顺，韩国几乎没有组织起来有效的抵抗，就从版图中消失了，正式成为秦国的一个郡，韩国最后一任国君韩安被俘。这样，韩国就成了秦始皇统一六国中第一个被灭掉的国家。秦军的灭韩之战打得极其顺利，简单得就像进驻自己国家的某地一样。正因为如此顺利，司马迁在《史记》中记载秦王赵政灭韩时，仅写了几十个字，战争顺利得几乎无字可写。

韩国毕竟是战国七雄之一，它能够存活到战国后期有它的道理。为什么到此时，却表现得如此不堪？连一次有效的抵抗都组织不起来？

究其原因主要有三点：一是韩国改革不力，二是所处地缘政治环境恶劣，三是外交乏术。

本末倒置

第一点，改革不力。

战国时期，面对着日益加剧的兼并战争，各国都在谋求改革。因为只有改革才能生存，只有改革才能发展。其中最为成功的改革是秦孝公时期的商鞅变法。秦国在商鞅变法后，国富兵强，迅速崛起。

韩国从韩景侯立国到韩昭侯继位之前，历经五世，都未能取得迅猛发展。韩昭侯是公元前358年至公元前333年在位，秦孝公是公元前361年至公元前338年在位。这两位国君基本上是同时代的人，而且这两位国君都顺应当时大势，在本国进行了改革。秦孝公在公元前356年重用商鞅进行变法，韩昭侯在公元前351年起用申不害进行变法。

申不害原本是郑国京邑（今河南荥阳市）人，曾经做过郑国的小吏，韩哀侯二年（前375），韩国灭掉郑国，申不害成为韩国人，并做了韩国的低级官员。后来，这位韩国小臣却因为一次突发事件引起了韩昭侯的关注。

故郑之贱臣。——《史记·老子韩非列传》

韩昭侯四年（前355），魏国出兵伐韩，面对兵临城下的危局，韩昭侯和大臣们束手无策。此时，申不害站了出来，他建议韩昭侯执圭（古时臣下朝见天子时所执的一种玉器）去拜见魏惠王。申不害说：我们并不是喜欢低三下四而不要国家尊严，但是目前解除国家危难最有效的办法只能是示弱。这样，韩国就可以通过示弱达到生存的目的。现在魏国强大，您用执圭这样的重礼去拜见魏王，魏王的内心一定会得到极大的满足，魏王自大骄狂，必然会引起其他诸侯的不满而同情韩国。如此，我们只是向一个人低了头，却赢得了天下人的支持。韩昭侯采纳了申不害的意见，结果韩国免去了一场战争的蹂躏。这次外交事件的主谋者申不害自然令韩昭侯刮目相看。

非好卑而恶尊也。——《战国策·韩策三》

是我免于一人之下，而信于万人之上也。——《战国策·韩策三》

韩昭侯六年（前353），魏国发兵攻赵，兵围赵国都城邯郸。赵成侯向齐、韩两国求援。韩昭侯犹豫不决，不知如何是好，就问申不害应该怎么处理。申不害此时刚刚受到韩昭侯重用，恐怕自己的意见如果不合韩昭侯的心意，会影响到自己的前程。便回答说：这是关系到国家安危的大事，让我好好考虑一下再答复您。接着，申不害不露声色地对韩国两位能言善辩的名臣赵卓和韩晁说：作为臣子，只要尽到忠心就可以了，自己的意见不一定全部会被采纳。这等于鼓动他们向韩昭侯发表意见，于是，两位大臣分别向韩昭侯陈述了自己的意见。申不害察言观色，暗中摸清韩昭侯的态度，猜透了韩昭侯的心思后，他告诉韩昭侯应当联合齐国，伐魏救赵。韩昭侯听了申不害的意见，非常高兴。于是，韩昭侯和齐国一起发兵攻打魏国都城，迫使包围邯郸的魏军主力匆匆忙忙撤兵回国，以解本国都城之围，这样，赵国都城之困自然而然地得到解决。这就是中国军事史上著名的“围魏救赵”——攻其必救之地，迫使对手回师。

魏之围邯郸也，申不害始合于韩王，然未知王之所欲也，恐言而未必中于王也。王问申子曰：『吾谁与而可？』对曰：『此安危之要，国家之大事也，臣请深惟而苦思之！』乃微谓赵卓、韩晁曰：『子皆国之辩士也。夫为人臣者，言可必用？尽忠而已矣。』二人各进议于王以事。申子微视王之所说，以言于王，王大说之。——《战国策·韩策一》

围魏救赵的成功，让韩昭侯再次领略了申不害的卓越才能，于是，在公元前351年提拔申不害出任韩国国相，变法图强。

申不害是战国时期韩国著名的思想家，他担任国相的十五年时间，是韩国历史上最为强盛的时期。申不害对内改革政治，对外应对诸侯。直到

内修政教，外应诸侯，十五年。——《史记·老子韩非列传》

终申子之身，国治兵强，无侵韩者。——《史记·老子韩非列传》

申不害去世，国家治理得好，军事力量也得到加强，诸侯各国不敢侵犯韩国。既然如此，为什么韩国依然没有逃脱被灭的厄运，申不害在这期间主要做了什么？

从申不害的成名之作中，我们可以知道申不害的学说是以权术为中心。申不害最钟情的是“术”。申不害改革的重点也在“术”，即国君统治臣子的权术。韩昭侯拜申不害为相，学到的也是君臣之术。

一次，韩昭侯派使者到外地视察，使者回来后，韩昭侯就问他：视察中你看到了什么？这位使者回答：没看到什么特别的东西。韩昭侯又说：没看到什么特别的，就讲讲路上看见了什么吧。使者想了想后回答说：出国都南门时，看到有黄牛犊在路的左侧吃禾苗。韩昭侯听了使者讲的情况，首先对这位使者说：今天我问你的话你绝对不能对任何人讲。然后下令，禾苗生长期内，严禁牛马闯入农田毁苗。韩昭侯虽然颁发了命令，但是，主管官吏们对这道命令不以为然，依旧有许多牛马闯入农田。韩昭侯又下令，如有牛马闯入农田毁苗，各地要向上汇报，如果汇报得不全，要受重罚。主管官员上报了一些牛马吃禾苗的事件，韩昭侯发现上报材料中没有国都南门牛马吃禾苗的事，便对他们说：还有遗漏。官员们只好再去搜集材料，果然发现国都南门外还有黄牛吃禾苗。主管官员非常震惊，他们认为韩昭侯真是明察秋毫，忽悠不得。从此之后，官员们对韩昭侯的命令再也不敢阳奉阴违了。由此可见，韩昭侯用“术”对提高韩国的行政效率确实起了很大作用。

> 韩昭侯使骑于县。使者报，昭侯问曰：『何见也？』对曰：『无所见也。』昭侯曰：『虽然，何见？』曰：『南门之外，有黄犊食苗道左者。』昭侯谓使者：『毋敢泄吾所问于女。』乃下令曰：『当苗时，禁牛马入人田中固有令，而吏不以为事，牛马甚多入人田中。亟举其数上之；不得将重其罪。』于是三乡举而上之。昭侯曰：『未尽也。』复往审之，乃得南门之外黄犊。吏以昭侯为明察，皆悚惧其所而不敢为非。——**《韩非子·内储说上七术》**

申不害讲“术”，并非完全不讲法治。一次，韩昭侯告诉申不害说：执法非常困难。申不害说：执法的要领是有功而赏，有才任官。如今你立了法，但是，具体执行的时候你又接受你身边人的请托，所以，你感到执法困难。韩昭侯一听，马上对申不害说：我现在明白怎样执法了。

> 韩昭侯谓申子曰：『法度甚不易行也。』申子曰：『法者，见功而与赏，因能而受官。今君设法度而听左右之请，此所以难行也。』昭侯曰：『吾自今以来知行法矣，寡人奚听矣。』——**《韩非子·外储说左上》**

后来，申不害为他的哥哥向韩昭侯要官，韩昭侯马上拒绝，申不害很不高兴。韩昭侯说：这不是你教我的吗？我接受你的请托，违犯了你制定的规矩，这怎么能行呢？你教我按照功劳大小来授官，现在你又请托我授官，我怎么听你的？申不害马上请罪说：君王真是严守法令的人啊！

> 申子请仕其从兄官，昭侯不许也，申子有怨色。昭侯曰：『非所谓学于子者也？听子之谒，而废子之道乎？又亡其行子之术，而废子之谒乎？子尝教寡人循功劳。视次第。今有所求此，我将奚听乎？』申子乃辟舍请罪曰：『君真其人也！』——**《战国策·韩策一》**

申不害为他的“从兄”请官一事，是真心要官还是试探韩昭侯，我们今天已无法得知了。但是，韩昭侯确实全面接受了申不害的改革。

不过，申不害的改革和商鞅的改革不同，商鞅变法更全面，更重视富国强兵，申不害的改革虽然没有忘掉法治，但是，改革的重点显然不是法治。

看看韩昭侯的作为，我们就可以明白申不害在哪些方面更多地影响了韩昭侯。

有一次，韩昭侯在沐浴时发现浴缸内有瓦砾。韩昭侯冷静地思考了一番后，认为主管沐浴的内官不至于失职到这种程度，是不是有人想诬陷这个内官以取代他。于是，韩昭侯照常沐浴，沐浴结束后，他对左右的内官说：我想撤换主管沐浴的人，谁能够接替他？于是，韩昭侯身边的人向韩昭侯推荐了另一位内官。韩昭侯召见了这位内官，韩昭侯第一句话就问他：你为什么在我的浴缸里放上瓦砾？这位内官认为韩昭侯已经知道了自己的所作所为，只好认罪说：如果主管沐浴的官员被罢免了，我就可以代替他了，所以，我才在您的浴缸里放了瓦砾。从这个事件中可以看出，韩昭侯不能说不是一个非常聪明的人，但他所做的这些事情主要是在怎样驾驭臣僚、官吏上下功夫，他没有在最根本的富国、强兵两个方面下大功夫。由此可见，他从申不害那里学到的主要是术，而不是法。秦孝公变法，强调的是法，是要富国强兵；申不害的变法侧重的是术，是驾驭群臣。

尚浴免，则臣得代之，是以置砾汤中。
——《韩非子·内储说下六微》

韩昭侯重用申不害施行改革，并没有抓住富国强兵的根本。所以，申不害一死，改革的成效马上下降。

继申不害后，韩国还有一次变法图强的机会，就是韩国后期出现了一位战国时期最著名的法家人物韩非。但是，一是韩非不受韩王重用，二是生不逢时。战国后期的韩国弱势已经积重难返，历史没有给韩非留下多少施展才华的机会。先秦法家的集大成者韩非只留下了一份文化遗产——《韩非子》，在现实的政治斗争中已经没有了用武之地。

申不害改革的重点是“术”，“术”讲的是国君如何控制大臣，是君主驾驭大臣的手法。对于富国强兵却没有起到作用，韩国申不害的改革未能触及富国强兵的根本，因此韩昭侯死后，韩国很快就衰落了，韩非又无用武之地，韩国就成为战国七雄之中的落伍者，但仅仅这些因素就能使韩国灭亡吗？韩国之亡还有什么别的原因吗？

夹缝中的艰难

第二点，地缘政治环境恶劣。

韩国从三家分晋开始，分得的土地就处于强国环伺之中。韩国的西面是秦国，北面是赵国，东面是魏国、齐国，南面是楚国。疆土只有今山西南部、河南北部的部分地区及河北一角。战国七雄中，韩国疆域最小、实力最弱，缺少足够的发展空间。

魏国是战国初年最强大的国家。秦国从穆公开始，向西戎开地千里，国土面积倍增。赵国从赵武灵王开始，向西、向北发展，开地千里。楚国雄居南方，吞并越国，发展空间不断提升。齐国本是东方大国，有足够的发展空间。唯独韩国，被强国环绕，没有任何发展空间。这样的生存环境决定了韩国很难做大做强。

韩国和秦国两国不但相邻，而且国土犬牙交错。秦国几位重臣都把韩国锁定为首灭之国。李斯一直认为韩国是秦国的心病，一定要首先灭掉。秦昭襄王时期的重臣范雎提出“远交近攻”的总战略后，秦国加紧了对韩国的吞并。

王不如远交而近攻，得寸则王之寸也，得尺亦王之尺也。——《史记·范雎蔡泽列传》

公元前294年，秦开始攻韩，夺取韩国武始（今河北武安市南）、新城（今河南伊川县西南）。公元前293年，韩、魏联合抗秦，在韩伊阙（今河南洛阳市东南）被秦将白起打败，死二十四万人。公元前290年，韩被迫割武遂（今山西垣曲县东南）二百里地给秦，疆域缩小，实力益衰。公元前264年，白起攻韩陉城（今山西绛县），拔五城，斩首五万。公元前263年，白起攻占韩太行山以南地区（见于《史记·韩世家》、云梦楚简《编年纪》）。公元前262年，秦攻占野王（今河南沁阳市），韩上党郡（治今山西长治市）丢失。疆域更加缩小，实力更加衰弱。秦昭襄王五十三年（前254），“韩王入朝”**《史记·秦本纪》**。

公元前249年，秦庄襄王继位，吕不韦出任丞相，他继续执行“远交近攻”政策，陆续攻占了成皋、荥阳等地，并把建都于巩的东周也消灭了。成皋、荥阳是韩国继宜阳之后最后一个战略要地，攻下这两地，秦庄襄王把这些新占的土地连同原来占领的西周之地合建为三川郡。三川郡就像一把利剑，深深地插入韩国疆域之中，对韩国形成致命的威胁，而且三川郡又成为秦国向东方继续推进的根据地。

秦以三川郡为据点，步步推进。公元前246年秦王政继位，公元前244年取韩十三城，继而又攻取了魏国大片土地，在濮阳建置东郡。东郡西连三川郡，东接齐境，形如一把利剑深入中原腹地，截断了山东六国合纵抗秦的连接线，并且对韩、魏两国都形成包围之势，山东六国遂被肢解，此举为秦国逐一消灭各国打下了基础。所以，在秦国连续不断的进攻下，韩国国土日渐萎缩，力量日趋衰竭。因此，当秦国攻打南阳时，韩国已无法进行有效抵抗，秦军从南阳攻打韩国都城新郑时，韩国基本上没有抵抗就亡国了。

由此我们可以看出，韩国之亡内外因素互相交织，内部改革不力，外部政治环境恶劣，韩国在夹缝中求生存。但是我们不能排除在夹缝中生存的可能，事实上，历史的发展还是给了韩国生存的条件和机会，但是韩国丧失了一次又一次的机会，以至于到了穷途末路的险境，那么韩国都错过了哪些机遇呢？

朝秦暮楚

最后一点，外交乏术。

像韩国这样的弱国小国，面对秦国这样的强邻，唯一的出路只有变法图强。但是，申不害的改革没有取得像商鞅变法一样的效果，自身变强大已经不可能。剩下来只有一条路，就是合纵，靠合纵取得生存权。

合纵的主要目标是对付强秦，但是，韩国在合纵问题上却始终未能将联合抗秦作为中心，也未能与他国建立起合纵抗秦的联盟。当然，韩国这样的国家，要联合其他诸侯抗秦非常不易。事实上韩国主观愿望上是希望联合抗秦的，但是，常常在事秦和抗秦之间东偃西倒，摇摆不定。

我们看看韩国历史上的两次败仗。

第一次是岸门之战。

韩宣惠王十六年（前317），秦军在修鱼（今河南原阳县）打败韩军，还俘虏了韩国的将领。韩国急眼了，相国公仲对韩王说：盟国实在靠不住。秦国早就想征伐楚国了，大王可以通过张仪向秦王求和，并送给秦国一座名城，做好准备，和秦军一块儿伐楚。这样，我们韩国只失了一座城，可是，既避免了秦国的继续侵略，又可以从伐楚中得到好处。韩王于是派公仲与秦国讲和。

与国非可恃也。今秦之欲伐楚久矣，王不如因张仪为和于秦，赂以一名都，具甲，与之南伐楚，此以一易二之计也。——《史记·韩世家》

楚王知道后非常担心，召见陈轸。陈轸说：秦国早就想攻楚了，假如秦国得到韩国一座名城和韩国资助，秦、韩合兵攻楚是秦国梦寐以求之事，所以，楚国一定会受伤害。以我之见，我们先在全国加强警戒，然后发兵声言救韩，把战车开到路上，造成一种救韩的巨大声势。然后，派使臣，带重礼，让韩国相信大王是真心救韩。韩国一定会非常感激大王，一定不会帮助秦国攻楚，造成秦、韩不和，即使韩国派兵参战，也不会为伐楚尽力。韩国要是听了我们的意见，停止向秦求和，秦国必定大怒，秦、韩之间的怨恨就会加深。韩国结交了楚国，必定会怠慢秦国，这样就可以利用秦、韩的矛盾解楚国之难。楚王说：好！于是，楚国在全国加强警戒，大张旗鼓地摆出救韩的姿态。然后派使臣，带重礼到韩国，对韩王说：楚国已把全部军队派出来了。希望贵国能放心同秦国作战，楚军将为韩国死战。

王听臣为之警四境之内，起师言救韩，命战车满道路，发信臣，多其车，重其币，使信王之救己也。纵韩不能听我，韩必德王也，必不为雁行以来，是秦韩不和也，兵虽至，楚不大病也。——《史记·韩世家》

韩宣惠王听了后非常高兴，立即停止派公仲到秦国议和。公仲认为这样不行，以实力侵犯韩国的是秦国，用虚名来救韩国的是楚国。靠着楚国援韩的虚名，和强秦绝交，一定会犯大错。何况楚、韩不是兄弟之国，又不是盟国。我们有了联秦攻楚的迹象，楚国才放出风声救韩，所以，这只是一种计谋。况且大王已经派人把联合伐楚的打算通报秦国了，现在又反悔了。欺骗强秦，轻信楚国，肯定会吃大亏。

夫以实伐我者秦也，以虚名救我者楚也。王恃楚之虚名，而轻绝强秦之敌，王必为天下大笑。且楚韩非兄弟之国也，又非素约而谋伐秦也。已有伐形，因发兵言救韩，此必陈轸之谋也。且王已使人报于秦矣，今不行，是欺秦也。夫轻欺强秦而信楚之谋臣，恐王必悔之。——《史记·韩世家》

韩王不听劝告，和秦国断交。秦国大怒而攻韩国，两国大战，楚国救兵一直没来。

韩宣惠王十九年（前314），秦军在岸门大败韩军。韩国只好派太子仓到秦国做人质求和。

太子仓质于秦以和。——《史记·韩世家》

从这件史实来看，韩国最大的军事威胁是

秦国。韩国并非不想联合抗秦，但是，韩国始终不能组成抗秦的联盟。这里既有韩国自身的因素，也有其他各国为了各自利益的因素。比如楚国，它只想瓦解秦、韩结盟，并不想真正援助韩国。韩国不能和楚国结成联盟，轻信楚王援助韩国的许诺，最终兵败地削，屈从秦国，割地、送太子做人质。韩宣惠王是继韩昭侯之后的国君，凭借着韩昭侯用申不害变法的基础尚且不能有效地合纵抗秦，何况此后的其他韩国国君。

韩国被迫投入秦国怀抱，成为秦国的盟国。

韩宣惠王二十一年（前312），韩国同秦国一起攻楚，打败楚将屈丐，在丹阳斩杀八万楚军。韩国帮助秦国打败了楚国，只能使秦国的力量更加强大。楚国的削弱，意味着秦国在统一六国的道路上走得更快。

二十一年，与秦共攻楚，败楚将屈丐，斩首八万于丹阳。——《史记·韩世家》

第二次是伊阙之战。

韩釐王三年（前293），韩、魏联军抗秦，在韩伊阙与秦决战。此时，韩、魏两国军队的人数是秦军的两倍。但是，韩、魏两军都不想担任主攻，相互观望。秦将白起利用这个机会，猛攻魏军，率先击溃了魏军。魏军一败，韩军不攻自破。这一仗韩、魏联军战死二十四万人之多，位居战国时期历次战争死亡人数的第二位。

韩、魏联合抗秦，竟然还相互推诿，不愿自己承担主攻任务，怎么能不败？合纵的艰难之一就是合纵各国心力不齐。

在这种背景之下，韩国最终成为秦国的附属国，日渐削弱，苟且偷安。所以，韩最终被秦灭亡是历史的必然。

韩国的灭亡是三大原因造成的，这三大原因互为因果，最后导致韩国的亡国。三家分晋之后建国的韩国就这样成为秦始皇统一中国进程中第一个被灭掉的国家。那么，秦王赵政灭韩之后，利剑又会指向哪个国家？这个国家又是怎样被秦国灭亡的呢？

请看：赵武灵王。

十六

晋国一分为三，为秦国统一六国提供了极大的方便。晋国如果不分裂，统一中国也许只能是秦国一厢情愿的梦想。秦王赵政吞掉韩国后，立即把矛头对准了赵国。然而，赵国的实力不容小视。早在秦王赵政的曾祖父秦昭襄王时期，赵国的国君赵武灵王曾想灭掉秦国。叱咤风云的赵武灵王以推行胡服骑射而名垂史册，赵国也因为推行胡服骑射而成为战国时期的一个强国。如果不是赵国的失误，统一中国的首选之国或属赵国。可是，雄才大略的赵武灵王，在推行胡服骑射八年之后突然退居二线，交出了权力，他的这个出人意料的举措几乎给赵国带来了灭顶之灾。赵武灵王究竟是如何推行胡服骑射的呢？他为什么要退位交权呢？赵武灵王的退位交权又给秦国带来了怎样的契机呢？

胡服骑射

赵武灵王名雍，继位于公元前325年，是三家分晋后赵国的第八代国君。此时正值秦惠文王的晚年，秦国的强大已经完全彰显。不过，此时的赵国也因赵武灵王而强大起来。

赵武灵王对赵国的贡献可以概括为四个字：胡服骑射。

什么叫“胡服骑射”呢？简单来说就是改穿胡服，招募骑兵。

赵武灵王的胡服骑射共进行过两次，第一次是赵武灵王十九年（前307），推行胡服骑射。第二次是赵武灵王二十四年（前302），进一步深化胡服骑射。

赵武灵王推行的胡服骑射是一件非常艰难的事业，面临着很多困难。

第一，改变文化习俗艰难。赵国是从晋国分裂出来的诸侯国，赵国君臣的服装和中原各国诸侯的服装相同，但和赵国周围的胡人服装相差极大。赵武灵王的胡服就是改变赵国的服饰、礼俗。服饰历来是文化的一个组成部分。中原各诸侯国一向高谈华夷之辨，看不起夷狄之邦，对夷狄文化也持排斥态度。赵武灵王要抛弃中原服饰，改穿胡人服饰，阻力非常之大。所以，赵武灵王对自己推行的胡服骑射有很大的顾虑，因建功立业而改变祖宗法制一定会受到世俗的反对。赵武灵王深知改革不是一件容

夫有高世之名，必有遗俗之累。——《史记·赵世家》

易的事，特别是涉及文化习俗的改革更是一件非常复杂的工作。

第二，王公大臣们反对。赵武灵王推行胡服，遇到了王公大臣们的集体反对。王公大臣们反对的理由也是出于对夷狄文化的排斥。对此，赵武灵王抓了两件事，一是在大臣中争取支持，二是在公族中争取支持。

吾欲胡服。——《史记·赵世家》

赵武灵王正式颁布胡服令之前，先召他的臣子楼缓做工作，他对楼缓说：赵国目前四面有敌而赵无强兵，因此，我想让赵国改穿胡人服饰。楼缓毫无保留地支持赵武灵王。

臣闻疑事无功，疑行无名。王既定负遗俗之虑，殆无顾天下之议矣。夫论至德者不和于俗，成大功者不谋于众。——《史记·赵世家》

赵武灵王又找到托孤老臣肥义。肥义是元老，也是赵武灵王幼年继位时的托孤大臣。肥义不仅全力支持赵武灵王的改革，而且进一步打消赵武灵王胡服改革的心理障碍。肥义一方面用赵国历史上的赵简子、赵襄子作为激励赵武灵王的先贤，另一方面对赵武灵王讲：顾忌天下人的议论，什么事也干不成。肥义特别强调“成大功者不谋于众”，因为一般人对成大事往往缺乏超前意识，只有智者才能看到事情的未来。

愚者闇成事，智者睹未形。——《史记·赵世家》

赵武灵王还必须取得赵国公族的支持，特别是他的叔叔公子成的支持。公子成在赵国上层有很大的影响力，赵武灵王先派了一位大臣去看望公子成，并对公子成说：我想让赵国改变现有服饰而穿胡服，但担心您老不支持会让天下人非议。但是，公子成认为中原文化远胜蛮夷文化，不支持穿胡服。

> 今寡人作教易服而叔不服，吾恐天下议之也。——《史记·赵世家》

赵武灵王为了胡服改制成功，亲自到公子成家中做工作。他对公子成说了四点：

第一，从目的上看，服装是为了方便使用，礼仪是为了方便成事。

> 夫服者，所以便用也；礼者，所以便事也。——《史记·赵世家》

第二，从现实来看，赵国面临着燕国、东胡、楼烦、秦国、韩国、中山等国的包围，生存环境恶劣。如果不“变服骑射”，无法应付四面之敌。

第三，从历史上看，赵简子、赵襄子都是在应对戎狄之中获得发展的。今天的“变服骑射”其实是继承简、襄之功业。

第四，从“国际关系”上看，中山国对赵国危害极大，必须“变服骑射”以报此仇。

公子成对赵武灵王继承简、襄之志非常赞赏，立即同意穿胡服上朝。

> 今王将继简、襄之意以顺先王之志，臣敢不听命乎！——《史记·赵世家》

在取得叔叔公子成和重臣肥义的支持后，赵武灵王颁布胡服令。

从赵武灵王经过做多方工作后再发布胡服令来看，他是一位非常清醒的政治家。他懂得“变服骑射”的重要，也深知“变服骑射”的艰难。既然赵武灵王知道阻力这么大，他为什么还要提倡胡服骑射呢？

虽驱世以笑我，胡地中山吾必有之。——《史记·赵世家》

其一，拓边扩土。

赵武灵王推行胡服骑射的根本目的是北取胡地、内灭中山。赵武灵王自己也说：即使整个国家都嘲笑我，我也必须拿下胡地和中山国。赵国建国以来，曾经多次想向中原发展，但是，这种努力收效甚微。因为赵国向中原腹地的扩展必然要和韩、魏、齐诸国发生冲突，各国都会全力阻止赵国向中原腹地扩展。不过，赵国南北两部分领土中间有一个“千乘之国”的中山国，赵国的北部是广袤的胡地，如果能够北取胡地、内灭中山，赵国的领土就会大大扩展，而且不会和中原各国为争夺土地拼得精疲力竭。赵武灵王想攻占胡地、中山，根本目的是和秦国争夺统一天下的机会。

赵武灵王自己穿上胡人之服，缩短了赵人和胡人的心理差异，增强了胡人对赵人的认同感，便于和胡人融为一体，这对教化胡人，吸引胡人加入赵国非常有利。当时，赵国周边的胡人如东胡、林胡、楼烦都是游牧民族，擅长骑兵作战。赵武灵王推行胡服骑射的做法使林胡、楼烦归顺赵国。林胡王献马、楼烦王骑兵接受改编，吸引了大批胡人加入赵国的军队中，大大增强了赵军的战斗力。

其二，洗刷耻辱。

赵武灵王三年（前323），赵国和韩、魏、燕、中山五国国君相互称“王”，目的是和当时的秦、齐、楚三个大国相抗衡，加强五国之间的联系。这样，赵武灵王也就成为赵国历史上第一个称王的国君。但是，赵武灵王八年（前318）发生了一件事，让赵武灵王一下子改变了称呼。原来，这一年韩、赵、魏、燕、楚五国以楚国为首领，联合攻打秦国，结果被秦国打得大败，赵武灵王对这次失败感到格外羞耻，他说：没有实力怎么敢称“王”的名号？从此，赵武灵王下令让赵国人称自己为君。

> 曰：『无其实，敢处其名乎！』令国人谓己曰『君』。——《史记·赵世家》

赵武灵王九年（前317），韩、赵、魏三国联合进攻秦国，又遭惨败，赵国士兵被杀八万人之多。连续的失败使赵武灵王痛感赵国需要改革。

> 九年，与韩、魏共击秦，秦败我，斩首八万级。——《史记·赵世家》

其三，不改则亡。

战国和春秋的最大不同在于，战国时期诸侯国之间的兼并战争规模越来越大，各国为了生存都在谋求变法图强。魏国有李悝变法，楚国有吴起变法，秦国有商鞅变法，韩国有申不害变法，等等。变法后的各国都有不同程度的起色。特别是秦国的商鞅变法，效果最为显著，实力提升最快。强秦已经成为赵国最大的威胁，而且赵国腹地还有一个国中之国中山。正如赵武灵王自己所说：中山国在我赵国的腹地，北有燕国，东有胡人，西有林胡、楼烦、秦、韩，赵国是一个四战之地的国家，东西南北每一个方向都需要应付外敌，但我们却无强兵救援。赵国现有的弱势如果不改变，就会被周边的国家一步步蚕食。

> 今中山在我腹心，北有燕，东有胡，西有林胡、楼烦、秦、韩之边，而无强兵之救。——《史记·赵世家》

赵国已经到了不改革就要亡国的危险境地。

赵武灵王十九年（前307）施行的胡服骑射收到了极好的效果，当年派兵攻击中山，拉开消灭中山国之战的序幕。第二年，赵武灵王招募胡人军队，建立原阳骑兵训练基地，同时发动对中山国的战争，前后历时十二年，赵国灭掉了千乘之国中山国。灭中山使赵国南北领土连成一片，极大地扩展了赵国的领土，增强了赵国的实力。

在胡服骑射改革的同时，赵武灵王二十年（前306），他率领新建的骑兵军团，向西攻打胡地，使赵国向西扩地千里，这一年正是秦始皇的曾祖父秦昭襄王继位的那一年，而且，秦昭襄王也是被赵武灵王派兵从燕国护送回国才当上秦国国君的。强大统一的晋国消失了，但是，赵国在赵武灵王的统治下迅速成为东方的大国、强国，成为日后秦始皇统一天下的最大障碍之一。

且昔者中山之地方五百里，赵独擅之，功成名立则附，则天下莫能害。——《战国策·秦策三》

抱恨而终

赵武灵王推行的胡服骑射不仅拓展了赵国的疆土，壮大了赵国的实力，而且使赵国成为北方民族融合的中心之一。更重要的是，由于推行胡服骑射，赵武灵王已经取得了与秦国一争高下的军事实力和政治资本。可是，就在人们瞩目赵国如何进一步强大之时，赵武灵王二十七年（前299），正当壮年的赵武灵王突然废掉太子赵章，禅位给小儿子赵何。赵何就是赵国历史上的赵惠文王。赵武灵王在传位幼子之后，自称“主父”，并派曾经辅佐先君和自己的两朝元老肥义做惠文王的相国和师傅。那么这究竟是怎么回事呢？这里面潜伏着怎样的危机呢？赵武灵王的退位又给秦国的统一带来了怎样的契机呢？

二十七年五月戊申，大朝于东宫，传国，立王子何以为王。王庙见礼毕，出临朝。大夫悉为臣，肥义为相国，并傅王。是为惠文王。惠文王，惠后吴娃子也。武灵王自号为主父。——《史记·赵世家》

这个事还得从赵武灵王十六年（前310）说起。那年，赵武灵王外出游玩，梦见一位美少女，一边弹琴一边唱歌。第二天，赵武灵王和大臣们喝酒之时，多次提到那个美梦。他手下一位臣子吴广听赵武灵王反反复复地说这件事，就动了心思，他通过赵武灵王的夫人（正妻）把自己的女儿孟姚（据《史记索隐》，姚是她的姓，孟是她的字）献给了赵武灵王。为了和赵武灵王的美梦相符，吴广与赵武灵王的夫人串通好，说自己的女儿叫“娃嬴”。因为，赵武灵王梦中的那位美少女就姓嬴。

王游大陵。他日，王梦见处女鼓琴而歌诗曰：『美人荧荧兮，颜若苕之荣。命乎命乎，曾无我嬴！』异日，王饮酒乐，数言所梦，想见其状。吴广闻之，因夫人而内其女娃嬴。孟姚也。孟姚甚有宠于王，是为惠后。——《史记·赵世家》

赵武灵王得到孟姚之后，觉得她就是自己梦中的美少女，因此，非常宠幸她，孟姚生了一个儿子，取名赵何。孟姚不幸在赵武灵王二十五年（前301）病死。出于对孟姚的怀念，赵武灵王废掉了长子赵章的太子之位，立幼子赵何为太子。此时的赵何只有十岁左右。

太子赵章虽然被废，但是，赵章年长，又多次带兵，很有能力。赵何还是个小娃娃，在政治上远不是废太子赵章的对手。为了让年幼的赵何能够在自己百年之后顺利接班，赵武灵王在自己壮年之际宣布“退休”，以便有足够的时间辅佐幼子赵何。这是赵武灵王壮年退位的第一个原因：辅佐幼子。

第二个原因是“对付秦国”。为了让自己从繁杂的国事中解脱出来专门攻占胡地，便于从北面的云中、九原袭击秦国。有一次，退位的赵武灵王假扮成使者使秦，当时秦国国君是秦昭襄王，他不知道这个使者就是赵武灵王，但是交谈以后，秦昭襄王发现这个使者相貌奇伟，不像是做臣子的，于是派人追赶，此时，赵武灵王早已到了秦国的边关了。后来一打听，才知道真相，秦国人非常惊骇。主父入秦的目的，是想亲自看看秦国的地形，顺便了解一下秦昭襄王的为人。假扮使者入秦视察地形这件事，也说明了赵武灵王意欲灭秦的雄心。

主父欲……身胡服将士大夫西北略胡地，而欲从云中、九原直南袭秦。——《史记·赵世家》

主父所以入秦者，欲自略地形，因观秦王之为人也。——《史记·赵世家》

赵惠文王三年（前296），在彻底灭掉中山国后，赵武灵王封废太子赵章为代地安阳君，并且派田不礼为相，协助赵章治理代地。赵章不服他的弟弟赵何继位，田不礼不但不约束他，还帮他出谋划策。

章素侈，心不服其弟所立。——《史记·赵世家》

赵国重臣李兑对赵武灵王废嫡立幼可能引发的内乱看得清清楚楚，他亲自去拜见相国肥义，对肥义说：公子章强悍骄横，党羽众多，田不礼残忍傲慢。这两个人扭在一起，一定会闹出大乱子。您负有重任并手握大权，动乱会从您那里开始，灾祸会向您那里集中，您必定最先受害。您为什么不声称有病退出政坛，把国家大政移交给公子成呢？不要让自己成为怨恨的集聚地，不要做祸乱发生的阶梯。肥义听后说：这不行。当初主父把新王托付给我的时候说，不要变更法度，不要改变你的忠心，直到你去世。我接受了王命。如果我现在因害怕田不礼作乱而忘记我承诺的王命，有什么罪过比变节更大！有什么错误比负心更严重！变节负心，得不到宽容。常言说：死者如果复生，生者不应在他面前感到惭愧。我已经有言在先了，我要兑现我的诺言，怎能只顾自保！况且当灾难临头时忠臣要保持节操。您已经给我忠告了，但我不敢背叛自己的承诺。李兑说：那您好自为之吧！我只有今年能看到您了。说完痛哭流涕而去。

肥义曰：『不可。昔者主父以王属义也，曰：「毋变而度，毋异而虑。坚守一心，以殁而世。」义再拜受命而籍之。今畏不礼之难而忘吾籍，变孰大焉。进受严命，退而不全，负孰甚焉。变负之臣，不容于刑。谚曰：「死者复生，生者不愧。」吾言已在前矣，吾欲全吾言，安得全吾身！且夫贞臣也难至而节见，忠臣也累至而行明。子则有赐而忠我矣，虽然，吾有语在前者也，终不敢失。』李兑曰：『诺，子勉之矣！吾见子已今年耳。』涕泣而出。——**《史记·赵世家》**

李兑见过肥义之后，多次去见公子成，要他防范田不礼作乱。

肥义知道赵惠文王将要经历一场劫难，于是他召见了将军信（shēn）期（《史记》作高信）。他对信期说：公子章和田不礼让我非常担忧，夜不能寐，他们是说得好听，但实际上不忠不孝，所以不能不防。今后，如果有人请见国君，一定要先让我见，如果没事才能让国君进来接见。信期立即答应下来。

> 自今以来，若有召王者必见吾面，我将先以身当之，无故而王乃入。——《史记·赵世家》

赵武灵王对于自己放弃强权所带来的后果，以及废长立幼所潜伏着的兄弟相争，明显认识不足。赵武灵王手下的重臣李兑，敏感地察觉到了废太子赵章的篡位野心。他与赵武灵王的叔叔公子成，为这场即将到来的政治危机未雨绸缪。最终，在赵武灵王退位四年之后，赵国爆发内乱，赵武灵王自己被活活饿死。

这究竟是怎么回事？

赵惠文王四年（前295），群臣进都城朝会，废太子赵章也来了，赵武灵王让赵惠文王主持朝拜，自己在一旁暗中观看。他看到长子赵章垂头丧气地屈身在自己的弟弟面前，北面称臣，心中顿生怜悯之情。他想把赵国一分为二，赵章做代王，赵何做赵王，这个打算没有来得及决定就中止了。

> 主父令王听朝，而自从旁观窥群臣宗室之礼。见其长子章傫然也，反北面为臣，诎于其弟，心怜之，于是乃欲分赵而王章于代，计未决而辍。——《史记·赵世家》

朝会之后，赵武灵王和幼子赵惠文王、公子章一同到沙丘（今河北巨鹿县东南）游览，父子三人分住在三处宫殿。公子章以为机会来了，他派人假传赵武灵王的命令，召赵惠文王到赵武灵王住的沙丘宫来。肥义知道后，担心这事有假。便自己一个人先去，结果，肥义被公子赵章和田不礼所杀。将军信期知道了，保护着赵惠文王，并和赵章、田不礼的党羽打起来了。

公子成和李兑听到赵章叛乱的消息，立即从国都邯郸赶来，调动四邑的军队镇压叛乱，公子章战败，逃到赵武灵王的沙丘宫，赵武灵王收留了这个逆子。公子成和李兑追杀公子章，包围了赵武灵王的沙丘宫。结果，公子章最终被杀，而且杀死了另一位主谋田不礼，消灭了他们的党徒。

此时，赵惠文王年幼，公子成、李兑两个人掌握了大权。公子成和李兑商量说：咱们因为追杀赵章而包围了主父，即使撤兵，我们这些人也要被灭族啊！

公子成、李兑谋曰：『以章故围主父，即解兵，吾属夷矣。』——《史记·赵世家》

于是，两个人牙一咬，一不做，二不休，继续包围沙丘宫，并且向宫中的人发出通告：最后出来的人灭族。这一下，沙丘宫里的人全跑出来了。赵武灵王也想出宫，但是出不来，又没有食物，只好去掏雏雀充饥，三个多月以后饿死在沙丘宫。公子成和李兑确信赵武灵王死后，才向诸侯发讣告报丧。

宫中人悉出，主父欲出不得，又不得食，探爵鷇而食之，三月余而饿死沙丘宫。——《史记·赵世家》

赵武灵王死后，赵惠文王任命公子成为相国，代替已经捐躯的肥义，封为安平君，同时任命李兑为司寇。

不明事理

赵武灵王是赵国历史上的一代英主，他对赵国强盛的贡献堪与秦孝公对秦国的贡献相媲美。为什么赵武灵王最终竟然会惨死于沙丘宫呢?

沙丘之变实质上是赵国的一场宫廷政变，这一事件涉及赵武灵王、赵惠文王、公子章、公子成、李兑五个人，但是，究其原因不外乎两个方面。

就其内因而言，是赵武灵王自己犯了错误。

赵武灵王虽然果敢地推行胡服骑射，为赵国兴盛做出了巨大贡献，但是，他在君位继承上犯了不少错误。

一是废长立幼。公子章是赵武灵王的太子，只是因为赵武灵王后来得到了吴娃(即孟姚，据《史记集解》，娃是美丽的意思)，非常宠爱吴娃，竟然几年不出吴娃之宫。吴娃生了赵何后，赵武灵王废了公子章而立赵何。赵国国君的传位比较混乱，没有形成固定的立嫡立长制度，立长、立爱、立贤交替进行，完全随国君之意而为。所以，赵武灵王废长子立幼子在赵国并非特例，但是，这种传位制度人为地导致长子赵章和幼子赵何之间的君位之争。

二是放弃强权。赵武灵王是在自己推行胡服骑射获得成功的壮年突然宣布退居二线，这在中国历史上非常罕见。赵武灵王这样做主要是想在自己的有生之年辅佐幼子成功掌权，但是，赵武灵王的幼子因为年龄太小，根本无法掌权。赵武灵王自己退居二线，手中的权力自然会大大削减。其实，赵武灵王自己不在盛年退位，继续发展、巩固赵国胡服骑射的成果，继续提升赵

后得吴娃，爱之，为不出者数岁，生子何，乃废太子章而立何为王。——《史记·赵世家》

国的综合国力，对赵国的发展大有好处。同时，在他继续掌权的时间里，幼子赵何也会逐渐长大，当他有能力独立处理国事再传位给他，这会比传给一个少年国君强得多，沙丘政变的悲剧也完全可以避免。任何一位国君都必须拥有政治强权，一旦失去政治强权，就失去了对全国政局的控制能力。赵武灵王被困沙丘，活活饿死，就是放弃政治强权的恶果。它不仅是赵武灵王本人的悲剧，也是整个赵国的历史悲剧。

三是朝令夕改。赵武灵王是因为特别宠爱吴娃才易立太子的。但是，在吴娃去世后，他对废太子赵章的感情又增强了。此时，赵何已经继位，赵国的大臣也已经接受了赵何。但是，赵武灵王却因为偷看了长子赵章对幼子赵何行君臣之礼而怜悯赵章，想把赵国一分为二，由长子赵章做代王，幼子赵何做赵王。这件事虽然未能施行，但是，它足以启发废太子赵章的野心。沙丘政变就是在这样的背景下产生的。赵武灵王不懂得国君的地位一旦确立之后，绝不能轻易改变。朝令夕改，是为政大忌。

四是分裂国家。赵武灵王在看到长子跪拜幼子而动了分裂赵国的想法，虽然这一想法最终未能执行，但是，产生这一想法对于一个赵国的最高决策人来说实在是太幼稚了。我们可以从两方面来看，一方面，晋国一分为三已经是实力大减，如果赵国再一分为二，在战国后期的统一之战中赵国必然难以生存；另一方面，即使赵武灵王封赵章为代王，赵章会满足吗？赵章的目的是做整个赵国的王，不是仅仅做一个代王。给赵章一个代王，不可能满足赵章的要求，他必然还想要更大的权力。所以，赵武灵王分裂赵国的想法只能诱发长子赵章更大的野心，沙丘政变也就成为历史的必然。

就其外因而言，涉及赵惠文王、公子章、公子成、李兑四个人。

赵惠文王年幼，确实无法掌控朝政。但是，公子章沙丘政变，公子成围困主父达三个月之久，赵惠文王竟无一行动，也无一言相救，事后也没有任何问责，未免太不尽情理。

公子章由太子被废为安阳君，是其父因爱而废的结果。这个结果对公子章来说确实不公平。但是，公子章不明白，如果他发动叛乱，谋取君位，只能引发赵国更大的内乱。即使成功，也种下了赵国内乱的种子。如果不成功，只有死路一条。但是，废除他太子之位的理由确实使他恶气难平，这也是人性使然。

公子成是赵武灵王的叔叔，他参与了平定公子章叛乱的军事行动，但是，围攻赵武灵王的沙丘宫又使他难逃被诛的命运。他决心一不做二不休地困死赵武灵王，确实不近人情，但是，公子成这样做也有他的道理。为了自己的生存，顾不上侄子的生存，这是人的本能，但是，公子成逼杀赵武灵王也使赵国的崛起之路戛然而止，断送了赵国的大好前程。

李兑最早觉察到公子章的篡位野心，并和公子成做好了应对突发政治事件的准备。但是，在诛杀公子章以后，他和公子成逼杀了赵武灵王。虽然这种做法有自保的因素，但是，为臣者弑君，中止赵国的崛起，李兑对赵国最后的灭亡负有不可推卸的历史责任。

赵武灵王的悲剧结局的最大受益者是秦国。秦国在山东六国之中最可怕的一个对手赵国，就这样在内耗中中止了崛起之路，这是历史对秦国的再一次眷顾。秦始皇最终统一中国确实存在着历史的必然，但是，我们也不应当忽略三家分晋、赵武灵王惨死这些偶然性因素对秦始皇统一中国所发挥的巨大作用。历史之所以选择了秦国，历史之所以选择了秦始皇，不仅是因为秦国崛起了，还因为赵国在发展的关键时刻犯了各种各样难以饶恕的错误。

赵武灵王为自己的政治失误付出了高昂的代价，他用自己的生命换取了赵惠文王的继位，但是，赵惠文王能够继续其父赵武灵王的功业吗？赵惠文王能在多大程度上挽回赵武灵王的过失呢？

请看：秦赵之争。

十七

在赵国的发展史上，赵惠文王是第二个起关键性作用的国君。赵惠文王是其父赵武灵王以自己的生命为代价所拥立的赵国国君，那么，赵惠文王究竟是一位什么样的国君？赵惠文王治理下的赵国还能延续赵武灵王的上升势头吗？赵惠文王和秦国的争斗对秦始皇统一中国会产生什么样的影响呢？

出色的使命

秦王赵政统一六国所面对的第二个目标是赵国，但是赵国这块骨头并不好啃，因为在秦王赵政的曾祖父秦昭襄王时期，赵国国君赵武灵王通过胡服骑射使得赵国国力迅速提升，而且赵国还曾经有灭掉秦国的雄心与行动，这对秦国统一六国造成了巨大障碍。但是赵武灵王在其壮盛之年，由于错误地传位给小儿子赵惠文王，引来了杀身之祸。赵武灵王死后，赵国令人遗憾地停止了崛起的步伐，秦王赵政的曾祖父秦昭襄王利用这个机会，在外交和军事上向赵国发起了一轮又一轮的攻势，其中历史上著名的“完璧归赵”，就是发生在这个时期。那么和氏璧究竟是哪里来的呢？和氏璧怎么会成为秦赵之间的争斗焦点呢？除了和氏璧之争，秦赵两国之间还有哪些进一步的对抗呢？秦昭襄王为秦始皇最终统一赵国究竟奠定了怎样的基础呢？

赵武灵王之死中断了赵国的崛起之路，但是，凭借着赵武灵王胡服骑射改革的结果，赵惠文王时期的赵国仍然是东方的强国之一。而且，赵惠文王在位期间赵国涌现出了廉颇、蔺相如、赵奢等名臣良将，赵惠文王凭借着父亲的遗产，依托名臣的辅佐，称雄诸国。

赵惠文王在位之时，得到了楚国的和氏璧。秦昭襄王听说此事，立即派人给赵王送了一封书信，表示愿意用十五座城池换取这块举世闻名的和氏璧。

和氏璧是一块宝玉的名称。相传春秋时期的楚国，有个叫卞和的人，在楚国山中捡到一块没有经过加工的美玉（玉璞），献给了楚厉王。厉王让鉴宝专家来鉴定，鉴定的结果说是石头。楚厉王大怒，认为卞和在欺骗自己，就以欺君之罪名，砍掉了卞和的左脚。不久，楚厉王死了，楚武王即位，卞和又把这块玉璞献给楚武王。楚武王也让鉴宝专家来鉴定，结果还说是石头，楚武王又以欺君之罪砍掉卞和的右脚。楚武王死后，楚文王即位。卞和抱着玉璞在楚山下大哭，哭了三天三夜，眼泪哭干了，最后哭出了血。楚文王听说后，派人问他，说：天下被砍掉脚的人很多，都没有人像你这样痛哭，为什么你哭得这样伤心呢？卞和回答说：我不是为我的脚被砍掉而痛哭，我哭的是有人竟把宝玉说成是石头，给忠贞的人扣上欺骗的罪名。楚文王于是派人加工这块玉璞，发现果然是一块稀世宝玉。于是就把这块宝玉命名为“和氏璧”。由于这块宝玉珍奇，来历又如此不平凡，因此，便被公认为世间至宝，价值连城。这就是秦昭襄王不惜以十五座城池为诱饵来骗取和氏璧的重要原因。

赵惠文王和大将军廉颇及诸大臣商量：如果把宝玉给了秦国，秦国的城邑恐怕不能得到，白白受骗；如果不给，秦军一定会动武。我想派一个使者出使，又没有合适的人选。宦者令（管理宦官的长官）缪（miào）贤说：我的门客蔺相如可以担当这一重任。赵王问：你怎么知道他可以胜任呢？缪贤回答：我曾经因为犯罪打算逃到燕国去，我的门客蔺相如阻拦我说，您是怎么了解燕王的

赵惠文王时，得楚和氏璧。秦昭王闻之，使人遗赵王书，原以十五城请易璧。赵王与大将军廉颇诸大臣谋：欲予秦，秦城恐不可得，徒见欺；欲勿予，即患秦兵之来。计未定，求人可使报秦者，未得。——《史记·廉颇蔺相如列传》

呢？我对他说，我曾随大王与燕王见过一面，燕王私下握住我的手说愿跟我交个朋友，因此我想到他那里去。蔺相如对我说，赵强燕弱，您又受赵王宠爱，所以燕王想和您交友。现在您是从强大的赵国逃到弱小的燕国，燕国怕赵国，燕王肯定不敢收留您，而且还会把您押送回赵国。您不如负荆请罪，也许能侥幸得到大王的赦免。我听了他的意见照办，大王也赦免了我。所以我认为蔺相如有勇有谋，派他出使秦国非常适合。

于是赵王立即召见蔺相如，问他：秦王用十五座城请求交换赵国的和氏璧，能不能给他？蔺相如说：秦强赵弱，不能不答应。赵王接着问：秦王得了宝璧，不给我城邑怎么办？蔺相如说：秦国请求以城换璧，赵国如不答应，赵国理亏；赵国给了璧而秦国不给赵国城邑，秦国理亏。所以，宁可答应，让秦国承担理亏之名。赵王又问：谁可以当使臣？蔺相如说：大王如果无人可派，我愿意奉璧出使。城邑归赵了，就把宝璧送给秦；城邑不能归赵，我一定把和氏璧完好地带回赵国。于是赵王就派遣蔺相如带好和氏璧出使秦国。

王必无人，臣原奉璧往使。城入赵而璧留秦；城不入，臣请完璧归赵。——**《史记·廉颇蔺相如列传》**

秦昭襄王在章台接见了蔺相如，蔺相如献上和氏璧。秦昭襄王大喜，把宝璧传给妃嫔和左右的侍从观看，左右都高呼万岁。蔺相如看出秦昭襄王并没有用城邑和赵国交换和氏璧的意思，便上前说：这块璧上有个小斑，我指给大王看。于是秦昭襄王把璧交给他，蔺相如手持和氏璧退了几步，身体靠在柱子上，怒发冲冠地对秦昭襄王说：大王想得到和氏璧，送信给赵王，赵王召集全体大臣商议，大家都说，秦国贪得无厌，凭着它的强大，想空手套白狼，给我们的城邑，我们恐怕得不到。商议的结果是不和秦国交换。我认为平民百姓交往尚且不欺骗，何况是秦国这样的大国呢！而且为了一块璧惹得强秦不高兴，也不应该。赵王斋戒了五天，派我捧着和氏璧，恭呈国书。我来到贵国，大王却在普通的台观接见我，礼节傲慢；得到宝璧传给妃嫔随意观看。我看大王没有给赵王十五城的诚意，所以我才收回和氏璧。大王如果一定要逼我，我的头今天就同和氏璧一起撞碎在柱子上！蔺相如手持和氏璧，斜视着秦庭的柱子，就要往庭柱上撞。秦昭襄王怕他真把和氏璧撞碎，赶快向他道歉，请他万万不要这样做，并召来主管官员打开地图，指明从某地到某地的十五座城邑交割给赵国。蔺相如估计秦昭襄王不过是用这种欺诈手段摆摆样子，赵国根本拿不到十五座城。于是对秦王说：和氏璧是天下公认的宝物，赵王害怕贵国，不敢不献出来。赵王送璧之前，斋戒了五天，如今大王也应该斋戒五天，安排九宾大典，我才敢献上宝璧。秦王估量这事不能强力夺取，于是就答应斋戒五天，请蔺相如住在广

王授璧，相如因持璧却立，倚柱，怒发上冲冠，谓秦王曰：『大王欲得璧，使人发书至赵王，赵王悉召群臣议，皆曰「秦贪，负其彊，以空言求璧，偿城恐不可得」。议不欲予秦璧。臣以为布衣之交尚不相欺，况大国乎！且以一璧之故逆强秦之欢，不可。于是赵王乃斋戒五日，使臣奉璧，拜送书于庭。何者？严大国之威以修敬也。今臣至，大王见臣列观，礼节甚倨；得璧，传之美人，以戏弄臣。臣观大王无意偿赵王城邑，故臣复取璧。大王必欲急臣，臣头今与璧俱碎于柱矣！』——《史记·廉颇蔺相如列传》

成宾馆。蔺相如估计秦王虽然答应斋戒，但肯定会违约，便派他的随从怀中藏好和氏璧，提前从小路把和氏璧送回赵国。

相如度秦王虽斋，决负约不偿城，乃使其从者衣褐，怀其璧，从径道亡，归璧于赵。——《史记·廉颇蔺相如列传》

秦王斋戒五天后，在殿堂上安排了九宾大典，请赵国使者蔺相如。蔺相如来到后对秦王说：秦国从穆公以来的二十几位君主，没有一位君主信守过盟约。我实在是害怕被大王欺骗而对不起赵王，所以派人带着和氏璧早已经抄小路回到赵国了。秦强赵弱，大王派一位使臣到赵国，赵国立马就把宝璧送过来。凭着秦国的强大，先把十五座城邑割给赵国，赵国怎么敢留下和氏璧而得罪大王呢？我知道欺骗大王应被诛杀，我情愿被烹，希望大王和各位大臣仔细考虑一下。

秦王和群臣一听蔺相如这一番话，全傻了。有人提出把蔺相如拉下去斩首，秦王说：杀了蔺相如，还是得不到和氏璧，反而破坏了秦赵关系，不如好好款待他，放他回赵国，赵王难道敢因为一块玉而欺骗秦国吗？最终还是在殿堂上接见了蔺相如，放他回国。

蔺相如回国后，赵惠文王认为蔺相如身为使臣，不使赵国受秦欺辱，保全了稀世珍宝和氏璧，于是封蔺相如为上大夫。

秦国后来没有把城邑送给赵国，赵国也没有把和氏璧送给秦国。

相如既归，赵王以为贤大夫使不辱于诸侯，拜相如为上大夫。秦亦不以城予赵，赵亦终不予秦璧。——《史记·廉颇蔺相如列传》

此后，秦国攻赵国，夺了石城。第二年，秦再攻赵，杀死赵军两万人，但是，赵国的元气并未受到损伤。秦、赵两国基本上仍然是旗鼓相当。

赵惠文王在和氏璧一事的处理上仰仗着蔺相如的机智勇敢，没有丧失赵国的尊严。秦昭襄王在和氏璧上没占到便宜，秦昭襄王会甘心吗？

智慧加勇气

蔺相如作为门客之所以能够脱颖而出，完成完璧归赵的使命，很重要的一点就是，赵惠文王非常善于纳谏，用人唯才是举。这使得在秦、赵之间的第一次外交争斗中，秦国没有占到半点便宜。秦昭襄王为了秦国的统一大业，并没有停止对赵国的攻击，秦昭襄王又在渑池向赵惠文王发起了第二轮外交攻势，赵惠文王将会如何应对秦国的这次挑战呢？

赵惠文王二十年（前279），秦昭襄王邀请赵惠文王在渑池进行一次“友好”会晤。赵惠文王害怕秦国，不想去参加这次会盟。廉颇、蔺相如两个人商议：大王如果不去，显得赵国软弱而且胆小。于是，两位大臣极力劝说赵惠文王前去赴会，蔺相如随同赵惠文王赴会。

> 秦王使使者告赵王，欲与王为好会于西河外渑池。赵王畏秦，欲毋行。廉颇、蔺相如计曰：『王不行，示赵弱且怯也。』赵王遂行，相如从。——《史记·廉颇蔺相如列传》

廉颇送到秦、赵边境，和赵王告别时说：大王此行，往返时间加上礼仪，不会超过三十天。如果大王三十天还没回来，请您允许我们立太子为王，以断了秦国的念想。赵王同意了这个建议。渑池相会之时，秦昭襄王饮到酒兴正浓时，突然对赵惠文王说：我私下听说赵王爱好音乐，请您弹一曲瑟吧！赵惠文王还没有反应过来，便弹起瑟来。等赵惠文王刚刚演奏结束，秦国的史官上前记录说：某年某月某日，秦王和赵王一同饮酒，令赵王弹瑟。蔺相如一看这个情况，立即上前对秦昭襄王说：赵王听说秦王擅长秦地打击乐，请让我给秦王捧上个瓦盆，也请秦王助助兴。秦昭襄王一听，勃然大怒，坚决不答应。蔺相如向前，递上瓦盆，跪下请秦王演奏。秦昭襄王就是不肯赏脸，蔺相如说：五步之内，我蔺相如可以杀掉秦王！秦昭襄王的侍从一听这话，都想杀掉蔺相如，蔺相如圆睁双眼，大喝一声，秦昭襄王的侍从们吓得连连倒退。秦昭襄王无奈，很不情愿地敲了几下瓦盆。蔺相如赶快回头招呼赵国史官记载：某年某月某日，秦王为赵王击缶。秦国的大臣们说：请用赵国的十五座城向秦王献礼。蔺相如也说：请你们用秦国的咸阳向赵王献礼。直到酒宴结束，秦昭襄王始终没有占到赵国的便宜。赵国部署了重兵戒备秦国，秦国知道廉颇严阵以待，不敢轻举妄动。

廉颇和蔺相如的并肩作战，终于使赵国在第二次秦、赵之间的外交斗争中没有吃亏。

在渑池之会上，赵国的国君赵惠文王给人留下了胆怯和懦弱的印象，给人的感觉是，赵国是依靠蔺相如的大智大勇，才没有在秦、赵渑池之争中落下风，难道只凭义正词严的蔺相如就能够镇住强大的秦国吗？这背后究竟有着怎样的秘密呢？ 赵惠文王表现出来的胆怯是个性使然，还是赵国的实力不如秦国的真实写照呢？

这次渑池之会之前，秦国参与谋划了五国伐齐之战，打败了齐国。东方能够与秦国抗衡的齐国被彻底打败。齐国的惨败对赵国来说利弊兼得：赵国参与伐齐分得了齐国的济西之地，使自己东部边境的安全有了保障。但是，强大的齐国战败后，赵国就成了强秦的主攻对象，秦、赵矛盾日益尖锐。

之后，秦国于公元前280年分兵两路，大举伐楚。秦军击溃楚国主力，正乘胜扩大战果。所以，赵惠文王二十年（前279）的渑池之会时，秦军主力正陷在楚地战场上，无力顾及赵国。

如果秦国此时再和赵国闹翻，秦军根本没有力量和赵国决战。所以，这次渑池之会实际上是秦国笼络赵国，不想让赵国趁机进攻秦国的一次安抚性会面。但是，秦昭襄王依仗着秦国的强大，即使是一次安抚赵国的友好会盟，也想趁机戏弄一下赵惠文王。所以，才出现了迫使赵惠文王弹瑟，命令秦国史官做记录的事件。蔺相如针锋相对，迫使秦昭襄王击缶。蔺相如的大智大勇，值得肯定。但是，真正让秦昭襄王不敢轻举妄动的根本原因是秦军主力正在楚地激战，无暇顾及赵国，所以不愿激怒赵国，以免陷入南北两大战场同时开战的不利局面之中。

应当说，这两次外交之战秦国都没有占到上风，但是，秦昭襄王时期秦国的上升势头不减，赵国却因为赵武灵王的遇害而中止了崛起。所以，秦国一旦从全局上抽出身来，肯定不会放过赵国，秦、赵之间的战事只是一个时间问题。

赵惠文王在渑池之会上明显表现出来对秦国的畏惧心态，这和他的父亲赵武灵王曾乔装打扮成赵国使者，亲赴秦国面见秦王相

二年，楚怀王亡逃归……乃从间道走赵以求归。赵主父在代，其子惠王初立，行王事，恐，不敢入楚王。——《史记·楚世家》

比，差得太远了。

公元前297年，受秦昭襄王欺骗而被扣留在秦国的楚怀王逃出秦国，抄小路到了赵国，希望能回到楚国，赵惠文王竟然不敢收留楚怀王，最后导致楚怀王又被秦兵抓回去，客死在秦国。赵惠文王的胆怯表现得淋漓尽致。一个大智大勇的爹怎么生了这么一个窝囊的儿子，而且还搭上自己一条命传位给这个儿子。历史太爱和赵国开玩笑，而历史太眷顾秦国了。

说法与做法

赵惠文王虽然个性有些懦弱，但是能够虚心听取臣下的意见，重用廉颇、蔺相如这样有能力有担当的忠臣良将，再加上赵武灵王留下来的赵国实力雄厚，这才使得赵国在与秦国的两次外交之争中保持了尊严。可是意想不到的是，几年之后，性格懦弱的赵惠文王竟然向秦国发起了挑战，结果引来了秦、赵之间的兵戎相见，那么这究竟是怎么回事呢？秦、赵之间的军事之争最终结果如何呢？

赵惠文王二十九年（前270），赵国派了一位公子到秦国做人质，并且提出要用焦（今河南三门峡市附近）、黎（今河南浚县）、牛狐交换被秦国攻占的部分赵国土地。秦国遵守盟约，按期交还了原来攻占赵国的土地，但是，赵国却违背协议，拒绝交还用来和秦国交换的土地。赵惠文王说：你们交还我们的土地离赵国太远，我们也管辖不了。我们的先王有能力管理这些地方，但是，我没有这个能力。交换土地之事是我的臣子做的，我并不知道。

秦昭襄王一听，非常生气，便派中更（一种爵位）胡伤率兵经过韩国的上党，进攻赵国的险要之地阏（yù）与（今山西和顺县西）。

赵惠文王立即召见大将廉颇，问他：秦攻阏与能不能救。廉颇回答说：路太远，而且又艰险又狭窄，很难救援。赵惠文王不死心，又召见乐乘问能否相救，乐乘的回答和廉颇一样。最后，赵惠文王召见了赵奢。赵奢说：道远，地险，路狭，就像两只老鼠在洞里斗，哪个勇猛哪个胜。赵惠文王听了赵奢的回答，立即派赵奢带兵去救阏与。

其道远险狭，譬之犹两鼠斗于穴中，将勇者胜。——《史记·廉颇蔺相如列传》

赵军离开邯郸刚刚三十里，赵奢就下令说：敢来为战事进言的一律处以死刑。秦军驻扎在武安（今河北武安市附近）西边，击鼓呐喊的声音把武安城中的屋瓦都震动了。赵军中有一个人听到秦军的呐喊声，按捺不住，请赵奢急速援救武安，赵奢立即把他杀了。赵奢率领赵军驻守营垒，停了二十八天，就是不前进，反而增筑营垒。秦军的间谍潜入赵军营地，赵奢装作不知道，用好酒好肉盛情款待以后把他送回去。秦军间谍把赵军的情况向秦军将领做了报告，秦将听后非常高兴，说：离开国都

有以军事谏者死。——《史记·廉颇蔺相如列传》

三十里就不敢前进了，还增修营垒，阏与肯定不是赵国的了。

秦将大喜曰：『夫去国三十里而军不行，乃增垒，阏与非赵地也。』
——《史记·廉颇蔺相如列传》

赵奢送走秦军间谍之后，知道自己忽悠秦军的目的已经达到，立即命令士兵脱下铠甲，轻装简从急行军，两天一夜到达阏与。到达前线后，赵奢下令让善射的士兵离阏与五十里扎营。军营筑成后，秦军才知道赵军来了，立即全军赶来，要和赵军决战。一个叫许历的军士建议赵奢：放秦军进来。秦军没想到赵军来得这么快，现在他们赶来，士气很盛，将军一定要集中兵力，严阵以待，不然必败。赵奢说：好。许历说：您下令谁对战事提意见就杀谁，现在我该接受死刑了。赵奢说：回邯郸以后再执行吧！许历又提了一个建议：谁先占领北面山头谁就会取胜，后到的肯定失败。赵奢立即派一万人迅速冲上北面山头；秦兵后到，与赵军争夺北山的制高点，但是，攻不上去，死伤惨重，赵奢趁机指挥士兵发动猛攻，大败秦军。秦军四散逃跑，阏与的包围解除。

秦人不意赵师至此，其来气盛，将军必厚集其阵以待之，不然，必败。
——《史记·廉颇蔺相如列传》

先据北山上者胜，后至者败。
——《史记·廉颇蔺相如列传》

赵奢回到赵国，赵惠文王赐给他“马服君”的称号。

阏与之战不仅让赵惠文王时期的赵国多了一位可以和廉颇相媲美的名将，更重要的是赵国重创了秦军。这在秦、赵战争史上是赵军的一座丰碑。

赵奢为什么能够打败秦军？

首先，制造假象，麻痹秦军。赵奢是去解阏与之围的，但是，他却在离开都城三十里的地方安营扎寨，增修营垒，制造假象，让秦军觉得赵奢怯战，没有重点防范赵奢。这样，赵奢就取得了对秦军攻其不备的效果。为了制造假象，赵奢还下令不准就这场战事提出任何意见，违令者杀。赵奢这样做就是为了封住赵军将士的口，不要破坏他麻痹秦军的计划。

其次，避其锋芒，占领高地。赵奢这次对秦作战，表现得既冷静，又善于听取意见。他开始不让人提意见只是为了麻痹秦军，真正在对秦作战之时他却表现得非常善于听取他人意见。许历两次提出意见，都事关战争胜负。赵奢对许历的两次建议都表现得非常虚心，完全采纳。这才避开秦军锋芒，抢占制高点，居高临下，大败秦军。

应当说，赵惠文王远不如其父之雄风。但是，他善于用人，如蔺相如、廉颇、赵奢等。所以，这些谋臣良将的超水平发挥，弥补了赵惠文王的软弱，维持了赵国推行胡服骑射以来的强势。赵惠文王依靠着赵武灵王的业绩，依靠着廉颇、蔺相如、赵奢一批忠臣良将，基本上维护了赵国的强国地位，但是，赵惠文王时期赵国的上升势头大大减弱。这是赵惠文王的领导力、执行力、胆量、魄力远逊于赵武灵王所致。

赵惠文王时期的赵国之所以仍然能称雄东方，能够与秦国抗衡，除了上面提到的两点，还有一个重要的原因，就是赵国内部君臣团结一致，以大局为重，先国家而后个人，同仇敌忾，共同御侮。

蔺相如原先只是一个门客，因为出使秦国，完璧归赵，被提为上大夫。又因渑池之会维护赵王与赵国的尊严被封相，地位超过了大将廉颇。廉颇最初很不服气，以为自己攻城略地，为赵国立下赫赫战功，蔺相如只凭三寸之舌就位高于他，打算要侮辱蔺相如。蔺相如听说以后，借口称病不去上朝，避免与廉颇正面相遇。一次，蔺相如外出，远远望见廉颇，掉头躲避，他的家臣感到很耻辱，要求辞职。蔺相如就问他们：你们说廉颇与秦王相比，谁更厉害？家臣说：当然是秦王了。蔺相如接着说：像秦王那样的威风，我还当庭斥责他，羞辱他的臣子，我蔺相如虽然驽钝，难道我单单会害怕廉颇将军吗？我之所以这么做，是以大局为重，秦国之所以不敢入侵赵国，是因为有我们两个人在。如果我们相斗，势必不能共存。我这样做的原因是先国家而后个人啊！廉颇听说以后，深感愧疚，负荆请罪，于是，二人结为生死之交。这就是赵国历史上著名的将相和的故事。将相团结合作，共同抵制秦国的扩张野心，对维持两国的实力平衡起了很大的作用。

吾所以为此者，以先国家之急而后私雠也。——**《史记·廉颇蔺相如列传》**

不过，秦、赵之间的这种平衡能够长期保持下去吗？赵惠文王之子赵孝成王继位之后，秦、赵两强之间的实力较量会有哪些变化呢？

请看：长平之战。

十八

从晋国分出来的赵国在五国联合破齐和推行胡服骑射之后成了秦国统一中国的最强劲对手。但是，秦、赵之间的这种力量平衡并没有长期保持下去，强大的赵国因为四位君王和一场战争而痛失一流强国的地位，无可避免地走上了灭亡之路。这四位君王中的第一位是赵武灵王，第二位是赵惠文王，第三位是赵孝成王。赵孝成王在位的公元前262年，秦、赵两国在长平地区展开了一场惨烈的生死决战，战争最终以秦军获胜结束，赵军付出了四十五万鲜活生命被坑埋的沉重代价，这场战争彻底改变了秦、赵两国的力量对比，成为赵国一蹶不振的转折点。那么，赵军为什么会败得如此之惨？这场战争对后来的秦始皇统一中国又有什么重大影响呢？

赵武灵王的去世使赵国中止了崛起的步伐，赵惠文王虽然缺乏赵武灵王的胆识气魄，但是他在位期间尚有赵武灵王打下的雄厚基础，加之廉颇、蔺相如、赵奢等忠臣良将的团结辅佐，基本上维持了赵国的强势地位。

公元前266年，赵惠文王去世，赵孝成王继位。

"打酱油的"被拖进来了

野王降秦，上党道绝。
——《史记·白起王翦列传》

赵孝成王四年（前262），秦军攻占了韩国的野王（今河南沁阳市）。野王被秦攻占意味着韩国的上党郡（治今山西长治市）和韩国国都（今河南新郑市）的唯一通道被秦国截断。上党郡从此成了韩国一块孤立无援的飞地，韩国肯定守不住了，所以，韩国做了个顺水人情，将上党郡献给秦国以求和。

这本是秦、韩之间的事，但是这件事最终把赵国给拖进来了，并且拖垮了赵国，成为赵国急剧衰落的转折点。这究竟是怎么回事？

原来，韩国将守不住的上党郡拱手送给秦国以后，上党郡太守冯亭和他手下人商议：通往国都的道路已经被堵塞了，要做韩国的百姓已经不可能了。秦兵一天天逼近上党，韩国已将我们献给了秦国。我想，不如把上党献给赵国。赵国如果接受了我们，秦军一定会非常生气，必定要和赵国大战一场。赵国有难，一定会和韩国携手。如果韩、赵联合起来，一定可以阻挡住秦军。于是，冯亭派人迅速赶到赵国，表达了献地给赵国的意愿。赵孝成王一听到这个消息，立即和平阳君赵豹（赵孝成王的叔叔）、平原君赵胜商议此事。

不如以上党归赵。赵若受我，秦怒，必攻赵。赵被兵，必亲韩。韩赵为一，则可以当秦。——**《史记·白起王翦列传》**

平阳君赵豹不同意接受上党郡，他认为这样做会激怒秦国，引发秦、赵大战，弊大于利。平原君赵胜则认为，平白无故得到一个郡十七座城，简直是天上掉馅饼，不要白不要，不能不接受。赵孝成王也觉得不要他人奉送的十七座城池太可惜了，于是，采纳了平原君的意见，封冯亭为华阳君，接受上党郡。

不如勿受，受之，祸大于所得。——**《史记·白起王翦列传》**

秦国眼看到手的上党郡就这样被转手送给了赵国，秦昭襄王听说之后勃然大怒，立即派大将王龁率兵攻占了上党。上党的百姓纷纷逃往赵国，赵国大将廉颇率领的赵军驻守长平（今山西高平市），援助上党百姓。赵军杀了秦军的侦察兵，秦军侦察兵也斩了赵军的一员副将。六月，秦军攻破赵军阵地，夺取了两个营垒，抓了四个尉官。由于初战不利，廉颇改变战争策略，七月，命令赵军高筑营垒，不再出营作战。秦军开始攻坚，又俘获了两个尉官，并攻破赵军阵地，夺取了赵军西边的营垒。廉颇固守营垒，采取防御战术与秦军对峙，秦军屡次挑战，赵兵死守不出。

赵孝成王得知廉颇初战失利，又采取固守方

针，以为廉颇胆怯，于是，多次斥责廉颇不与秦军交战。

赵国初战失利之后，赵孝成王立即和虞卿、楼昌二人商讨对策。虞卿本来是一位说客，但他非常有政治眼光，因为两次觐见赵孝成王，就被赵孝成王任命为上卿。楼昌是赵孝成王手下的将军。赵孝成王说：仗打得不好，损失了一名都尉。我想让赵军找秦军决战，你们看怎么样？楼昌说：不好，应当派一个重要使者去求和。虞卿说：掌握和与战的主动权在秦不在赵。再说，大王看秦军的作战意图是不是要击败赵军？赵孝成王说：秦国可以说是竭尽全力，孤注一掷，务在胜赵。虞卿说：既然如此，大王应当立即派使臣拿出最贵重的珍宝去联合楚、魏，楚、魏两国想得到大王的珍宝，一定接纳赵国使者。赵国使者到了楚、魏，秦国必定怀疑天下诸侯又要联合抗秦了，心中一定很紧张。这样，和谈才能进行。

虞卿曰：『昌言媾者，以为不媾军必破也。而制媾者在秦。且王之论秦也，欲破赵之军乎，不邪？』王曰：『秦不遗余力矣，必且欲破赵军。』——**《史记·平原君虞卿列传》**

虞卿曰：『王听臣，发使出重宝以附楚、魏，楚、魏欲得王之重宝，必内吾使。赵使入楚、魏，秦必疑天下之合从，且必恐。如此，则媾乃可为也。』——**《史记·平原君虞卿列传》**

赵孝成王没有采取虞卿的意见，而决定采纳平阳君赵豹的意见，派自己的亲信郑朱到秦国接洽，秦国接纳了郑朱。赵王召见虞卿说：我派平阳君负责和秦国议和之事，秦国已经接纳了我们赵国的使者郑朱，您觉得怎么样？虞卿回答：大王的和谈肯定不能成功，赵军必定被击败。天下诸侯祝贺秦国胜利的使臣都已经在秦国等着了。郑朱是赵国非常有身份的人，他到秦国去求和，秦王和秦相国范雎一定会把郑朱到秦国求和当作一个新闻热点爆炒一番。楚、魏两国认为赵国到秦国求和，一定不会再出兵救赵。秦国知道天下诸侯不会救赵，那么，秦、赵之间的和谈绝不可能成功。

虞卿对曰：『王不得媾，军必破矣。天下贺战胜者皆在秦矣。郑朱，贵人也，入秦，秦王与应侯必显重以示天下。楚、魏以赵为媾，必不救王。秦知天下不救王，则媾不可得成也。』——《史记·平原君虞卿列传》

事实不幸被虞卿言中，秦国相国范雎果然把郑朱来秦国求和的事大大炒作一番，而且始终不和赵使和谈。

惨烈大屠杀

廉颇跟秦军打起了消耗战，廉颇这一耗，秦国可就吃不消了。因为长平离赵国近，赵国运输粮草、补充兵力，比较方便。秦军是远征到此，粮草、兵力，补充起来都比较麻烦。这一场战争如果就这样耗下去，秦国肯定占不到便宜。那么，秦国将怎样打破这个僵持的局面呢？

长平战场廉颇积粮之处，后来被称为“米山”，明代李雪山写诗《咏米山》来追思廉颇：“积雪如山夜唱筹，廉颇为赵破秦谋。将军老去三军散，一夜青山尽白头。”可惜，廉颇将军的胜谋，最终没有条件在战场上实施，因为他被解职了。这是为什么呢？

当时，秦相范雎派人到赵国花费千金实施反间计，到处宣扬秦国最怕的是赵奢的儿子赵括担任将领，现在的统帅廉颇太容易对付了，而且他就要投降秦国了。

秦相应侯又使人行千金于赵为反间，曰：『秦之所恶，独畏马服子赵括将耳，廉颇易与，且降矣。』——《史记·白起王翦列传》

赵孝成王本来对廉颇军队伤亡很多就已经非常恼火，而且廉颇屡次战败，又坚守营垒不出战，再加上听到这么多传言，于是信以为真，派赵括取代廉颇任赵军主帅，率兵攻击秦军。

赵括是赵国名将赵奢的儿子，自幼熟读兵书，勤习弓马，成年后，更是仪表雍容，言谈不凡。赵括谈论兵法头头是道，连他的父亲赵奢都辩论不过他，再加上赵括年轻，气血方刚。他上战场指挥作战，未必就比廉颇差，秦国使反间计却找来这么一个对手，秦国这一招用对了吗？

秦国得知赵括代替廉颇统领赵军，立即暗中派白起担任秦军的上将军，让王龁担任副将，并且严令军中谁敢泄露白起出任最高军事主官，格杀勿论。

乃阴使武安君白起为上将军，而王龁为尉裨将，令军中有敢泄武安君将者斩。——《史记·白起王翦列传》

赵括一到任，立即改变廉颇的策略，主动出兵进击秦军。秦军假装战败而逃，同时布置了两支秘密部队逼近赵军。赵军乘胜追击，一直追到秦军营垒。但秦军营垒非常坚固，赵军死活攻不进去。此时，秦军的一支两万五千人的突袭部队突然切断了赵军的后路，另一支五千骑兵的快速反应部队迅速楔入赵军的营垒之间，切断了赵军的前军和后军之间的相互联系，把赵军分割成孤立的两个部分，赵军的运粮通道也被秦军堵死。这时，秦军派出轻装精兵实施攻击，赵军交战失利，被迫构筑壁垒，顽强固守，等待援兵。秦昭襄王得知赵国粮道已被截断，兴奋得不得了，亲自赶到前线，赐给全国百姓每人一级爵位，征调秦国十五岁以上的青壮年全部赶赴长平战场，阻截赵国救兵，断绝赵军军粮。

秦奇兵二万五千人绝赵军后，又一军五千骑绝赵壁间，赵军分而为二，粮道绝。——《史记·白起王翦列传》

到了九月，长平的赵国士兵断粮已达四十六天，军中已有人暗中杀人充饥。困厄至极的赵军扑向秦军，发动攻击，打算突围。他们编成四队，轮番进攻了四五次，但是，仍然冲不出去。赵括急了眼，亲自披挂上阵，带领精锐士兵与秦军搏杀，秦军射死了赵括。赵军大败，四十万人向秦军投降。

白起认为：前些时候秦军拿下上党，上党的百姓不甘心做秦国的臣民而逃往赵国。赵国士兵变化无常，不全部杀掉他们，恐怕要出乱子。于是用欺骗手段把赵国降兵全部活埋了。只放回了未成年的二百四十人。这一仗，秦军一共杀死赵兵四十五万人，赵国举国震惊。秦军以空前野蛮的屠杀，结束了规模空前的长平之战，长平成了中国历史上一个悲苦的记忆。

武安君计曰：『前秦已拔上党，上党民不乐为秦而归赵。赵卒反复，非尽杀之，恐为乱。』乃挟诈而尽坑杀之，遗其小者二百四十人归赵。前后斩首虏四十五万人。赵人大震。——《史记·白起王翦列传》

不是玩火的料别玩火

赵国作为一个强国，在长平之战中元气大伤，最终以损失四十五万名士兵而告终。当历史最终定格在这一刹那时，赵国的亡国已经无可挽回了。长平之战前秦国固然在秦昭襄王的统治下已经成为天下第一强国，但是，此时的赵国也是六国之中唯一可以和秦国叫板的国家。一个几乎可与秦国抗衡的国家，为什么在长平之战中败得如此之惨呢？究竟是哪些方面的因素导致赵国最终的失败呢？

先说赵国。赵国在长平之战中的失误可以归纳为三句话：准备不够，底气不足，临战易将。

准备不够是长平之战失败的第一条原因。长平之战后，无数后世人关注的一个重要历史话题是：赵国应不应该接受上党之地？赵国不费一兵一卒可以白白得到一个下辖十七座城市的上党郡，从道理上讲，赵国理应接收。这叫不要白不要。赵孝成王决定接受上党郡并没有错，错在哪里呢？赵国接收了上党郡，就意味着秦、赵两强之间必然会有一场大战、恶战、生死决战。秦要统一天下，秦、赵两强之间的恶战、大战是不可避免的。赵国可以选择的只有和秦国决战的时间、地点。如果以长平之战赵国牺牲四十五万条生命为由指责赵国不该接受上党郡，那么，赵国不接受上党郡就能避免秦、赵两强的决战吗？这场决战不在长平也一定会在其他地方开战。所以，赵国接受上党郡这件事本身并不存在对与错。决定对与错的是，赵国是否做好了和秦国决战的准备。这包括心理准备、战争准备。

战争准备又包括选将、军粮筹备，等等。

特别是选将。前敌总指挥的策略得当与否直接关系到战争的胜负。在长平之战初期，廉颇确实打得不好，但是，廉颇根据双方形势及时调整，决定用固守代替进攻的战略决策，确实起到了很大作用。秦军举全国之力打了三年竟然毫无进展，这不能不说是廉颇固守方略十分得当。无可奈何的秦军最终不得不用反间计拿掉廉颇，从反面证明廉颇是秦军的大敌。但是，赵孝成王却视廉颇的策略为软弱，临战易将。这显示出赵国对秦国的战争准备明显不足。

底气不足是赵国失败的第二个重要原因。赵孝成王的底气不足主要表现为初战失利就准备议和。打得过就打，打不过就和。“和”本身并无过错，但是，何时议和、怎样议和却是一门大学问。虞卿坚决反对立即议和。因为初战失利就议和肯定难以成事。虞卿主张联合楚、魏，造成又一次诸侯合纵抗秦的态势，给秦国施加强大的外交压力，然后议和才可能成功。虞卿的计划非常有道理，长平之战本应该是山东六国又一次合纵抗秦的机会，但是，赵孝成王白白浪费了这一大好时机。初战失利就急于求和，结果越急于求和，秦国越不议和，最终兵败地削，导致亡国。

赵孝成王为什么急于议和呢？既是因为准备不够，又是因为底气不足。赵国的农业发展一直是薄弱环节，商鞅变法非常重要的一点是重农富国。赵武灵王的胡服骑射改革并没有惠及赵国的农业，所以，赵国的农业一直是制约赵国上升为一等强国的一个瓶颈。长平之战中，农业问题最终显现出来了。赵括最后自杀式突围就是因为军中断粮四十六天，这仗还能打吗？秦、赵长平之战打了三年，打到最后，赵国无粮，向齐国求援，齐国袖手旁观，不愿救赵。齐国在是否援助赵国粮食问题上出现了两种意见：有人认为赵国是齐国的屏障，唇亡则齿寒，赵国被彻底打败之日也就是齐国、楚国的灭亡之日，所以，无论从道义上看，还是从利害上讲，齐国都应当责无旁贷地救赵。但是，齐王建是齐国的亡国之君，昏庸至极，对这些具有前瞻性的意见完全听不进去，只顾享受赵国浴血奋战给齐国带来的短暂和平，不愿出手救援赵国。

赵无食，请粟于齐，齐不听。
——《史记·田敬仲完世家》

今日亡赵，明日患及齐楚。
——《史记·田敬仲完世家》

长平之战赵国惨败的第三条原因是临战易将。赵孝成王临战易将的理由无非是三条：一是初战失利，二是固守示弱，三是中敌反间。

当赵孝成王决定任命赵括为统帅时，遭到两个人的激烈反对，一个是蔺相如，一个是赵括之母。蔺相如是赵国重臣，在长平之战爆发时已经病重，他听到赵孝成王重用赵括的消息后，立即上书赵孝成王，非常严肃地指出：大王凭借赵括的名气重用赵括太不慎重，赵括只能读读兵书、聊聊兵法，完全不懂得随机应变，让这样的人指挥秦、赵两强的生死决战过于草率，简直是拿赵国的生死存亡开玩笑。

括徒能读其父书传，不知合变也。
——《史记·廉颇蔺相如列传》

另一位反对者是赵括的母亲。赵括的父亲是赵奢，赵奢曾经在赵惠文王时大败秦军，是继廉颇之后的名将。但是，长平之战爆发时，赵奢已死。赵奢之子赵括，善谈兵法却无实战经验，“纸上谈兵”这一著名典故就来自赵括。

赵括从小就学习兵法，谈论军事，以为天下没人能超得过他。他曾与父亲赵奢谈论用兵之道，赵奢都难不倒他，但是，赵奢总认为儿子赵括不能带兵。赵括的母亲问赵奢为什么，赵奢说：用兵打仗是关乎生死存亡的大事，赵括却把这种大事说得如此容易、如此轻松。如果赵国不用赵括为将也就罢了，如果赵国任命赵括为将，导致赵军失败的一定是他。等到赵括接受任命将要起程之时，赵括的母亲上书赵王：赵括不能做将军。一位母亲亲自出面阻拦自己的儿子临危受命出任主将，究竟是为什么呢？赵孝成王感到非常不解，问其原因。

奢曰：『兵，死地也，而括易言之。使赵不将括即已，若必将之，破赵军者必括也。』——《史记·廉颇蔺相如列传》

赵老太太回答：当初赵括的父亲赵奢受命为将军后，由他亲自捧着饮食侍候吃喝的有几十位，被他当作朋友相待的数以百计，大王赏赐的东西他全分给手下的官员。而且，自接受王命那一天起，就不再过问家事。现在赵括一做将军，就面向东接受下级的拜见，他手下的人没有一个敢抬头看他，大王赏赐的金帛他都带回家中收藏起来，还天天访查合适的田地房产，可以买就马上买下来。他哪一点像他父亲？父子二人如此不同，希望大王千万不要派他领兵。赵王说：这事您就别管了，我已经决定了。赵括的母亲说：

时为将，身所奉饭饮而进食者以十数，所友者以百数，大王及宗室所赏赐者尽以予军吏士大夫。——《史记·廉颇蔺相如列传》

您一定要他统兵，咱得立个条件，如果他出了事，我不能受到株连。

赵王一听，就这么个条件，不假思索地立即答应了。由于赵括的母亲有言在先，所以，长平战败之后赵孝成王没有株连赵括的母亲。

赵王亦以括母先言，竟不诛也。
——《史记·廉颇蔺相如列传》

表面上看来，赵孝成王临战易将是中了秦国相国范雎的反间计，实际上赵孝成王是没有识人之明。所以，当秦国实施反间计时，赵孝成王立即就相信了这些别有用心的话，重用赵括，撤换廉颇。

从秦国一方看，长平之战秦国的胜利也是事出有因。

首先是巧使反间计。廉颇久经沙场，初战不利之后，他既不主动出战又不开门应战，把长平之战演变成秦、赵两军的一场旷日持久的消耗战，而且，这一拖就是三年。赵国固然消耗极大，秦国同样被长平之战拖得受不了。久拖不决，对于远道而来的秦军更为不利。正是在这种情况下，秦相范雎才用反间计，让赵孝成王上了大当，撤换了老将廉颇，用了纸上谈兵的赵括。

其次是诱骗赵王。长平之战持续三年之久，秦国始终挽留着赵国的使者，但是又不议和。这样，赵孝成王始终对议和存有一丝幻想。只要赵孝成王一直没有放弃议和的想法，赵孝成王就不可能把长平之战看作是秦、赵之间的生死大决战。

最后是重用白起。白起是秦国名将，既善于作战，又心地残忍。白起不但打败了只会纸上谈兵的赵括，更把赵国的四十多万降军悉数坑杀。赵军的有生力量从此消耗殆尽，赵国因此一蹶不振，再也没有缓过气来，无可奈何地走上了灭亡之路。长平之战前白起已经名声大噪，所以，秦昭襄王任用白起为主帅时对外严密封锁消息，以免惊动赵军。白起在长平之战中表现得也极为出色，他首先示弱，引蛇出洞，让赵国四十多万大军全部离开营垒。然后一断赵军退路，二断赵军为两部，相互之间不能联系，断粮逼得赵军做困兽之斗，表现出他高超的军事指挥艺术。最终，长平之战以赵军四十五万有生力量被彻底消灭而告终。

以上我们分析了秦、赵双方在长平之战中的胜败之因。但是，归根结底，这场战争是秦、赵两强的生死决战，决定胜败的主要原因是双方对这场战争性质的认识。

赵孝成王并非不知道长平之战中，秦军是举全国之力务在败赵，赵孝成王回答虞卿时曾说过两句话："秦不遗余力矣，必且欲破赵军。"《史记·平原君虞卿列传》赵孝成王明知如此，仍然和战不定，一会儿要决战，一会儿要议和，心里根本没个定准。反观秦昭襄王，不但重用良将，甚至亲临前线进行战争总动员。又是秦民每人赏一爵，又是征发十五岁以上的秦民上前线。秦昭襄王为什么如此兴奋？因为他懂得秦、赵在此一战，必须全国总动员。面临生死大决战，赵孝成王竟然和战不定，又无识人之明，更不会像秦国一样进行全民总动员，所以，长平之战赵国必败。赵国是明败在赵括之手，暗败在赵孝成王之手。如此国君，岂是秦昭襄王的对手？

长平之战结束的第二年，秦始皇出生在赵国都城邯郸。此时赵国举国上下都充满了对秦国、秦军、秦人的深仇大恨。赵政非常幸运，在他出生之前，他未来统一天下的最强对手赵国已经被他的曾祖父秦昭襄王彻底打垮。秦、赵两强已经变成了秦强赵弱。赵政最终能够统一中国其实是在秦国列祖列宗的艰苦奋斗中完成的，是在数以百万计的鲜活生命倒在血泊中成就的。

长平之战以后，赵国的军力基本消耗殆尽，赵国的灭亡危机已经是迫在眉睫，秦国将会怎样对待长平战败的赵国呢？是让它继续苟延残喘，还是一鼓作气灭掉它呢？

请看：邯郸之战。

十九

由于赵孝成王的一系列失误，赵国在长平之战中几乎耗尽了全部有生力量，元气大伤，从与秦国平起平坐的一等强国，一下子变成了三流国家。然而获胜后的秦国并没有停止进军的步伐。秦昭襄王四十八年（前259），取得长平大捷之后的秦军，马不停蹄地开始了新一轮的攻势，大将白起兵分两路：一路由王龁率领，攻下皮牢（今山西翼城县东）、武安（今河北武安市附近）；一路由司马梗率领，攻克太原郡（今山西中部）。白起回国，上报秦昭襄王，要求增加军粮供应，一鼓作气消灭赵国。刚刚在长平之战中遭受重创的赵国，能够应对秦国的进攻吗？秦国在邯郸之战中能灭掉赵国吗？

到底哪个重

此时，秦国对是否立即灭赵产生了不同意见。三年的长平之战虽然以消灭赵军四十五万有生力量而告终，但是，秦国损失也非常大。秦国士兵死伤过半，国内空虚。秦昭襄王对是否马上灭赵持存疑态度，这是“主疑”，君主对这场战争犹疑不决。

今秦虽破长平军，而秦卒死者过半，国内空。——《史记·白起王翦列传》

秦国大臣也对此问题展开了一场斗争。

长平之战中白起虽然立了大功，但是，他是秦国前丞相魏冉所起用的大将，此时魏冉已经告别了政治舞台，新任丞相范雎是靠着挤兑前任丞相魏冉而登场的，因此，范雎对魏冉提拔重用的白起深怀戒心。

秦军在长平之战后立即发动对赵国的进攻，使赵国陷入极度的恐慌之中，因为赵军主力在长平之战已消耗殆尽，如果秦军兵临赵都邯郸，赵国将面临灭顶之灾。惊魂未定的赵孝成王立即派出使者出使秦国，游说范雎。赵使的游说抓住了两点：

第一，白起压制着范雎。赵使携带重礼拜见秦国相国范雎。一见面，赵使立即问范雎：秦军要围攻邯郸了吗？范雎说：是的。赵使对范雎说：邯郸一围，赵国必亡，赵国一亡，秦王就可以称霸天下了。但是，白起立了灭赵大功，攻取了赵国七十多座城池。南定楚国鄢、郢、汉中，北灭赵括之军。即使是古代的周公、召公、吕望，功劳也无法超过白起。如今白起又力主立即灭赵，赵国一灭，白起肯定位居三公高位。您身为秦国丞相，能不屈居其下吗？白起的功劳如此之大，即使您不想屈居白起之下，也不得不面对这一现实啊！

韩、赵恐，使苏代厚币说秦相应侯曰：『武安君禽马服子乎？』曰：『然。』又曰：『即围邯郸乎？』曰：『然。』『赵亡则秦王王矣。武安君所为秦战胜攻取者七十余城，南定鄢、郢、汉中，北禽赵括之军，虽周、召、吕望之功不益于此矣。今赵亡，秦王王，则武安君必为三公，君能为之下乎？虽无欲为之下，固不得已矣。』——《史记·白起王翦列传》

第二，秦国得地不得民。秦军曾经占领韩国上党，上党的百姓全部逃到赵国，坚决不当秦民。如果今天灭了赵国，结果会怎么样？结果肯定是赵国北部的百姓逃到燕国，赵国东部百姓逃往齐国，赵国南部百姓逃到韩国。秦国能得到多少百姓？秦国占了赵地却得不到赵国百姓，这些赵地有何用处？所以，与其攻灭赵国，不如让赵国割地议和。

赵使这番话的关键是抓住了范雎内心的隐秘。范雎绝对不希望前任丞相魏冉的爱将白起抢了自己的功劳，爬到自己头上。虽然秦国不得六国民心，但在范雎的心中，国事虽重，重不过自己的利益。挑战自己的利益，不能容忍。

于是，范雎对秦昭襄王说：秦兵经过长平之战非常疲劳，应当允许赵国割地求和。于是，秦昭襄王驳回了白起一鼓作气吞灭赵国的请求，采纳了范雎的意见，允许赵国割六座城议和。这叫“相谗”，丞相谗害将军，将相不和。

秦兵劳，请许韩、赵之割地以和，且休士卒。——《史记·白起王翦列传》

白起力主趁赵国主力丧失，民心不稳之时立即攻下邯郸，最后得到的竟然是秦昭襄王撤兵休整的命令。白起心中颇为不快，但是，王命又不能不从。被迫回师的白起打听了一下，得知是相国范雎的主张，从此，白起和范雎有了隔阂。

九月，经过数月休整之后，秦昭襄王派大将王陵率兵攻打邯郸。此时白起正生病，没有出征。

秦昭襄王四十九年（前258）正月，王陵攻打邯郸，略有进展，秦昭襄王立即增兵邯郸。但是，王陵接下来的战斗打得不顺利，损兵折将。

此时，白起的病也已经痊愈，秦昭襄王便派白起接替王陵。白起说：邯郸不容易打下来。一是诸侯的救兵快到了，秦国将再一次面临诸侯的合纵抗秦，而且，诸侯各国对秦国的仇恨非常深；二是秦国虽然打赢了长平之战，但是，秦国自身也是“死者过半”，国内空虚，战场又远离秦国；三是赵国殊死抵抗，因为你这次打的是赵国的国都；四是内外受敌，赵居城内，诸侯在外，对秦军形成合围之势。所以，秦军这次肯定打不赢。

秦昭襄王一看自己指挥不动白起，便让相国范雎去请白起。白起上次一鼓作气攻下邯郸的计划就毁于丞相范雎之手，现在，范雎来劝自己挂帅，白起自然以有病为由，拒绝出征。邯郸之战结束后，这位以托病为由拒不出征的大将白起被判迁徙之刑，发配到西北的阴密地区（今甘肃灵台县一带）。后来，秦昭襄王听说白起心有怨艾，于是赐其宝剑，令其自裁，白起走到杜邮时自杀。

白起拒不出征，秦昭襄王无奈，只好派王龁代替王陵担任前线总指挥。战争持续到这一年的八九月份，邯郸还是久攻不下。这叫“将弱”，秦国派出打击赵都邯郸的将领太弱。

主疑、相谗、将弱，有了这三条，邯郸之战怎么打？

庞大的秦军把邯郸团团围住，但由于赵军的誓死顽抗，秦军攻不下邯郸城。赵军在元气大伤的情况下，据城死守。依靠赵军现在的军事实力，它也不能打败秦军，所以秦军和赵军在邯郸是处于一种僵持状态。但赵国是首都被围，一旦邯郸被攻破，赵国就有灭顶之灾。所以赵国形势依然岌岌可危，处在这种危险的状态下，赵国采取了什么办法来解邯郸之围呢？

活下来是硬道理

秦王使使者告魏王曰：『吾攻赵旦暮且下，而诸侯敢救者，已拔赵，必移兵先击之。』——《史记·魏公子列传》

赵国在进行殊死抵抗的同时，展开了积极的外交努力。赵国的外交分为两路，一是求救于魏，二是求援于楚。

平原君赵胜的夫人是信陵君魏公子无忌的姐姐，赵国的危难促使平原君不得不紧急求助于信陵君。魏王听了信陵君的报告，立即派大将晋鄙率领十万大军救赵。秦昭襄王听说后，也立即传话给魏王说：我很快就会攻下赵国，诸侯中谁敢救赵，灭赵之后我就立即灭谁。魏王听到秦昭襄王捎来的口信，吓得立即派人通知晋鄙，停止进攻。晋鄙得到王命，将军队驻守在边境之上，名义上是救赵，实际上是按兵不动，坐山观虎斗。

魏王恐，使人止晋鄙，留军壁邺，名为救赵，实持两端以观望。——《史记·魏公子列传》

魏王一方面命令晋鄙停止前进，另一方面派了一位将军新垣衍（《战国策》作辛垣衍）潜入邯郸。新垣衍对赵孝成王说：秦国、齐国曾经相互称帝，但是，不久在各国压力之下都撤销了帝号。现在齐国已经完全衰落，不可能再称帝，只有秦国有能力称帝。所以，我认为秦国攻邯郸是假，要求赵国带头称秦王为帝是真。如果赵国真的尊秦昭襄王为帝，秦国一定非常高兴，邯郸之围可以立即解除。赵孝成王和平原君犹豫不决。

此时，一位叫鲁仲连的齐国义士恰好在围城邯郸之中，听说了这件事，找到平原君，并通过平原君见到新垣衍。

彼秦者，弃礼义而上首功之国也。——《史记·鲁仲连邹阳列传》

鲁仲连说：秦国是一个不讲礼义、崇尚杀人的国家，一旦我们尊秦国为帝，一定会使天下苍生深罹其殃。魏王没有看到奉秦为帝的危害，所以才会劝赵国这么做。一旦魏王看到这种危害，魏王绝对不会尊秦为帝，而且会帮助赵国。

尊秦为帝有什么害处？

彼将夺其所不肖而与其所贤，夺其所憎而与其所爱。——《史记·鲁仲连邹阳列传》

秦王一旦称帝，就可以名正言顺地撤换诸侯的大臣，把贤明者说成是无能者，将无能者说成是贤臣，甚至可以指派自己的宫女做诸侯的妃姬，安插在魏王的寝宫里。这样，魏王的妃嫔全是秦国派来的“女特务”，魏王还会有一天安宁的日子过吗？您还能受到魏王的信任吗？

> 彼又将使其子女谗妾为诸侯妃姬，处梁之宫。梁王安得晏然而已乎？而将军又何以得故宠乎？——《史记·鲁仲连邹阳列传》

一席话说得新垣衍再也不敢劝说赵孝成王尊秦为帝了。

不尊秦可以，但是，当前的燃眉之急是如何解除邯郸之围。

邯郸被围之后，平原君多次写信给信陵君，催促信陵君救赵。信陵君不但自己劝说魏王，还派手下的门客劝，但是，魏王畏惧秦国，始终不肯让晋鄙出兵。

平原君不了解这边的实情，看到魏国军队迟迟不至，急得天天催促信陵君，而且话说得让信陵君很为难：都说公子是急人之难的人，如今邯郸早晚都会被攻破，魏国救兵不来，这是急人之难吗？公子即使看不起我，即使不愿帮助赵国，怎么也不能不顾及你姐姐吧？信陵君听了又羞又急。但是，无论信陵君派多少人去游说魏王，魏王害怕秦国，主意坚定，不敢出兵救赵。

> 且公子纵轻胜，弃之降秦，独不怜公子姊邪？——《史记·魏公子列传》

万般无奈的信陵君只好率领一百多辆战车的宾客救赵，以作殊死之战。

经过魏国都城大梁城门时，信陵君拜访了自己的好友侯生，诉说了自己的困境以及与秦军誓死一战的决心。侯生听了信陵君的一番话，冷冷地说：公子你好自为之吧，恕老臣不能送行。信陵君走了几里地，心里越想越不是滋味。自己平时对侯生那么好，天下无人不知。但是，我今天奔赴疆场，侯生竟然没有一句话送我。难道我做的有什么不对，惹得侯生不高兴？信陵君越想越郁闷，于是立即掉头再访侯生。

侯生看见信陵君回来，笑呵呵地说：我就知道公子一定会回来的。公子待我一向不薄，今天公子要自投死地，我不送公子一句话，公子一定会非常遗憾，所以，一定会回来。信陵君问计侯生，侯生说：我听说能和晋鄙的兵符相合的另一半兵符在魏王的卧室内，只有最受魏王信任的爱妃如姬可以出入魏王的卧室，窃出兵符。我还听说如姬的父亲被人杀害，魏王亲自出面追查凶手，最终也没有成功。后来，还是公子替如姬报了仇。如姬一直想为公子效力，苦于没有机会。公子只要一张口，如姬一定会为公子盗出虎符，夺取晋鄙之军，救赵退秦。

信陵君一听，喜出望外，立即求助如姬，如姬果然将兵符窃到，送于信陵君。信陵君这次再告别侯生时，侯生说：将在外，君命有所不受。公子即使和晋鄙核实了兵符，也不一定能让晋鄙交出兵权。如果晋鄙再向魏王请示，事情就麻烦了。我有一位门客屠夫朱亥，可以和你一块儿去。这个朱亥是位大力士，晋鄙交出兵权万事皆休，若晋鄙不交兵权则当场杀了他。

公子从其计，请如姬。如姬果盗晋鄙兵符与公子。公子行，侯生曰：『将在外，主令有所不受，以便国家。公子即合符，而晋鄙不授公子兵而复请之，事必危矣。臣客屠者朱亥可与俱，此人力士。晋鄙听，大善；不听，可使击之。』——**《史记·魏公子列传》**

信陵君带着虎符出发那一天，侯生对信陵君说：

我老了，不能随侍公子。我计算着行程，估计公子到达晋鄙军营之时，我会北向自刎以送别公子。

信陵君到了晋鄙的军营，晋鄙核对了兵符，没有问题。但是，晋鄙的心里始终忐忑不安，他看着信陵君说：我现在统率十万大军，驻守国境，担负国家重任。现在你一个人坐一辆车就要取代我，我怎么办？朱亥一听，立即用袖中藏着的四十斤重的大铁锤，杀了晋鄙。信陵君夺了军权，立即下令：父子两人同在军中的，父亲回家；兄弟同在军中的，兄长回家；独子无兄弟者一律回家。此令一出，军中欢呼雀跃。余下来的八万精兵，个个摩拳擦掌，向邯郸进发。

魏国八万救援大军直奔赵国都城邯郸，信陵君所率魏军能解邯郸之围吗？

平民英雄

信陵君得到好友侯生的指点，窃符救赵，在边境夺了魏国大军的兵权，然后率领八万魏国精兵奔赴邯郸，这是救援赵国的一支有生力量。

面对秦军对邯郸的重重包围的困境，赵国不敢把鸡蛋都装在一个篮子里。在向魏求救的同时，平原君亲自向楚国求援。现在魏国的救兵搬来了，那么赵国还能搬来楚国的救兵吗？

临行前，平原君在自己的门客中挑选随从，原打算选拔二十名，但是，最终只选到十九人，就差一个人怎么也找不到合适的了。

此时，平原君门下有一个叫毛遂的人，主动找到平原君说：我愿意补足现在还差的一个名额。

平原君不认识毛遂，便对毛遂说：先生在我门下待了几年了？毛遂说：三年了。平原君说：贤士处世就像是锥子放在布袋之中，锥尖马上就会冒出来。先生在我门下待了三年，我还一无所闻，可见先生没有什么突出的才能。毛遂回答：今天就请将我放在袋子里吧。如果早把我放在袋子之中，我早就脱颖而出了。

平原君曰：『先生处胜之门下几年于此矣？』毛遂曰：『三年于此矣。』平原君曰：『夫贤士之处世也，譬若锥之处囊中，其末立见。今先生处胜之门下三年于此矣，左右未有所称诵，胜未有所闻，是先生无所有也。先生不能，先生留。』毛遂曰：『臣乃今日请处囊中耳。使遂蚤得处囊中，乃颖脱而出，非特其末见而已。』——《史记·平原君虞卿列传》

这就是中国古代有名的两个成语“毛遂自荐”和“脱颖而出”的出处。

平原君最终还是决定让毛遂一块儿出行，但是，其他十九个人都看不起他，毛遂也知道另外十九位门客看不起自己，出国后，毛遂和这十九位门客谈起使楚一事，语出惊人，谈必中的，这些门客都对毛遂佩服得五体投地。当平原君和楚王商讨合纵抗秦之事时，从日出谈到中午，也没谈出个啥结果。那十九位门客对毛遂说：先生上。毛遂二话不说，带着佩剑走上台阶。上台之后，毛遂走到平原君面前说：合纵的利害两句话就说清楚了，今天从早上谈到中午也没谈出个结果，到底为什么？楚王不认识毛遂，马上问平原君：这位客人是谁？平原君回答：这是我的门客。

毛遂比至楚，与十九人论议，十九人皆服。——《史记·平原君虞卿列传》

楚王一听，立即对毛遂吼道：还不赶快下去！

我和你的主人谈事，你插什么嘴！

毛遂手握利剑说：大王之所以敢训斥我，是因为你觉得你手下人多势众，但是，十步之内，你楚国人再多也派不上用场。大王的性命悬在我毛遂的手中。我的主人在这儿，你凭什么训斥我？

王之命县于遂手。——《史记·平原君虞卿列传》

再说，你不觉得楚国太窝囊了吗？一个白起竟然横行楚国，率领几万人攻楚，一战即拿下楚国的鄢、郢，二战就焚烧了楚国先君的陵寝，三战又羞辱了楚国的先君。连赵国都为楚国感到羞愧，大王却不知羞耻。白起前些年仅率部分秦兵攻楚，就把楚军打得落花流水。所以，毛遂才故意提起此事来刺激楚王。

白起，小竖子耳，率数万之众，兴师以与楚战，一战而举鄢郢，再战而烧夷陵，三战而辱王之先人。——《史记·平原君虞卿列传》

毛遂接着说：合纵抗秦也是为了楚，并不仅仅是为赵。

楚王听了毛遂这一番话，联想到白起攻楚的尴尬，便立即答应和赵国结盟，派兵救援赵国。

平原君目睹了毛遂在楚国的出色表现，非常欣赏毛遂。他率赵国使者先行回到邯郸，立即将毛遂待为上宾。

此时邯郸城已经危在旦夕了。魏国、楚国的救赵大军还没有到达，邯郸城中已经在讨论要不要向秦国投降了。

赵国不但搬来了魏国的救兵，还搬来了楚国的救兵。两路大军已经开拔，浩浩荡荡地向邯郸开进，但依靠当时的交通条件，两路援军到达邯郸还需要一段时间，而秦军的进攻却从来没有停止。危在旦夕的邯郸城内，平原君万分焦虑，应该采取什么办法来赢得时间，等待救援呢？

恰在此时，邯郸宾馆一位吏员的儿子李谈（《史记》作李同，司马迁避父司马谈讳而改）劝平原君：您不担忧赵国灭亡吗？平原君说：赵国一亡我就要做俘虏，我怎能不担忧呢？李谈说：邯郸城中的百姓，拿人骨当柴烧，交换孩子当饭吃，危急到极限了，您的后宫姬妾侍女数以百计，穿着丝绸，肉菜都吃不完，百姓们粗布短衣都难以遮体，粗食都吃不饱。百姓困乏，兵器用尽，您的珍宝丝毫无损。假如秦军攻破赵国，您还能拥有这些东西吗？假若赵国得以保全，您又何愁没有这些东西？现在您如果能把夫人以下的人都编到士兵队伍中，担负守城任务，把家里的东西全都分给士兵，士兵们在危急之时最容易感恩戴德。平原君采纳了李谈的意见，散家财征得三千人的敢死队。李谈率领这三千人的敢死队奔赴秦军，做自杀式进攻，秦军因此被打得退了三十里。李谈战死在疆场之上，但这三千敢死队却为赵国赢得了宝贵的喘息时间。

李同曰：『……今君诚能令夫人以下编于士卒之间，分功而作，家之所有尽散以飨士，士方其危苦之时，易德耳。』于是平原君从之，得敢死之士三千人。李同遂与三千人赴秦军，秦军为之却三十里。——**《史记·平原君虞卿列传》**

就在赵国得到喘息之时，魏、楚两国的援赵军队也火速赶到了邯郸。

在魏、楚联军的合力打击下，秦军招架不住，被迫退兵。秦将郑安平（“昭襄王称霸”一章中用车载范雎自魏进入秦国的使者，时任将军）最终竟率两万秦兵投降。秦军将领被六国军队打得投降是极为罕见的，但是，赵、魏、楚三国联军却创下了这一历史奇迹。

郑安平为赵所围，急，以兵二万人降赵。——《史记·范雎蔡泽列传》

赵孝成王依靠邯郸军民的殊死抵抗和魏、楚救赵之兵，邯郸之围得以解决。赵国暂时免掉了亡国之灾。但是，秦国会甘心这次失败吗？

力排众议

秦兵当然不甘心邯郸之战的失败，所以在解邯郸之围时，要求赵国割六县议和。

赵国因此展开了一场大辩论，争论的焦点是给不给秦国六个县。

赵国正卿虞卿坚决主张不割六县。虞卿认为：秦国知道邯郸之围是打不下去了，而不是因为想亲近赵王而罢兵。所以，秦国以强兵都得不到的六县我们却要拱手相送，这岂不帮助秦国打自己吗？

虞卿谓赵王曰：『秦之攻王也，倦而归乎？王以其力尚能进，爱王而弗攻乎？』王曰：『秦之攻我也，不遗余力矣，必以倦而归也。』虞卿曰：『秦以其力攻其所不能取，倦而归。王又以其力之所不能取以送之，是助秦自攻也。来年秦复攻王，王无救矣。』——《史记·平原君虞卿列传》

但是，深受赵孝成王宠爱的赵郝却力主割六县给秦国。什么理由呢？一是不割六县给秦，秦明年必来攻赵。二是秦不攻韩、魏而攻赵，说明赵国对秦国不如韩、魏对秦友好。所以，割六县给秦国可以表示赵国的美意。

虞卿认为：这是谬论！

第一，毫无意义。割六县给秦并不能阻止秦国再次对赵国的进攻，所以，割六县城给秦国毫无作用。

第二，这是自杀！秦兵凭武力都拿不到手的地我们还得白送给秦国，秦兵再来，我们还得割让秦兵夺不到手的土地，这是壮大秦国而削弱赵国。赵国的土地是有限的，秦国的欲望是无穷的，这样的割法早晚会有一天大王无地可给秦国，那赵国不彻底完蛋了吗？

> 且王之地有尽而秦之求无已，以有尽之地而给无已之求，其势必无赵矣。——《史记·平原君虞卿列传》

此时，原在赵国任职后到秦国任职的楼缓回国，赵孝成王向他征求意见。楼缓绕了一个大圈子，先说自己不好表态，最终还是劝赵孝成王割地给秦。楼缓也有自己的一套理由：一是虞卿不了解秦国，二是赵国被秦所困会给其他国家瓜分赵国提供机会。

虞卿听说，立即拜见赵孝成王，据理反驳说：楼缓是为秦国当说客。赵国即使能拿出六座县城也不能给秦国，我们可给齐国，齐、秦之间水火不容。齐国如果得了赵国白送的六县之地，一定会全力帮助赵国。这样，我们虽然给了齐国六个县的土地，还可以从秦国那里得到补偿。我们只要放出这个口风，秦国议和的使者就会主动到赵国来。

> 王以此发声，兵未窥于境，臣见秦之重赂至赵而反媾于王也。——《史记·平原君虞卿列传》

虞卿苦口婆心，据理力争，总算说服了赵孝成王。赵孝成王派虞卿到齐国去，虞卿还没有回来，秦国议和的使者已经到达赵国了。楼缓知道后，立即逃出赵国。

结果是博弈的结果

邯郸之战中刚刚受过重创的赵国最终打败了取得重大胜利的秦军，为什么赵国最后竟能打败秦军呢？

一是哀兵必胜。长平之战后赵国的精锐之师损失殆尽，但是，赵国军民同仇敌忾，众志成城，共赴国难，连平原君都散家财以助国难。这就是哀兵必胜。

二是秦军混乱。秦军这次攻打邯郸非常混乱。开始时打算用白起为主将伐赵，但是，白起有病，不能成行，只好派王陵担任将领，攻打邯郸。由于赵国军民的殊死抵抗，王陵打得很不顺利。恰在此时，白起的病已经痊愈，秦昭襄王便准备派白起代替王陵。白起死活不干，秦王赵政只好另派他人率部攻赵，打了两个月，还是没打下来。

三是合纵成功。邯郸之战中赵国所以能够成功，与联合魏、楚共同抗秦密不可分。秦国攻打邯郸，是想一举灭赵。如果秦国灭赵得手，魏、楚两国将成为下一个羔羊，加上信陵君窃取兵符，毛遂逼迫楚王，最终形成三国联合抗秦的合纵态势。

邯郸之战以秦军大败而告终。赵孝成王虽然靠合纵成功而保住了邯郸，但是，赵孝成王并没有从根本上改变赵国日渐衰弱的趋势，仅仅是延迟了赵国的亡国时间，把秦昭襄王就可以灭亡赵国的重任留给了秦王赵政。赵政将怎样灭亡赵国完成统一天下的重任呢？

请看：赵国之亡。

二十

赵国是秦国统一六国过程中遇到的最大障碍，因此，秦国多次不遗余力地对赵国进行军事打击，规模最大的就是长平之战和邯郸之战。长平之战赵国损失了四十多万大军；邯郸之战，赵国军民同仇敌忾，共赴国难，最终使赵国的都城邯郸得以保存。但是，两场大战使赵国元气大伤，一蹶不振，秦灭赵已经是指日可待。公元前229年，秦国大将王翦奉秦王赵政之命又一次进攻赵国都城邯郸，只用了一年多的时间，俘虏了赵国最后一位国君赵迁。赵王迁的太子嘉逃到代地称王，七年之后（前222）也被秦军所俘，赵国彻底灭亡。赵王迁是导致赵国亡国的第四位国君。那么，他是一位什么样的国君？导致赵国最终灭亡的原因究竟有哪些呢？

独木难支

公元前235年，赵王迁即位。赵王迁即位之时，已经是秦王政十二年，赵政已经亲掌秦国大权四年了。

赵王迁二年（秦王政十三年，前234），处理完吕不韦事件的秦王赵政立即派兵大举攻赵，赵王迁派兵迎战，结果，赵军主将被杀，士兵损失十万。这次赵军被杀的人数仅次于长平之战，而且距长平之战也仅仅二十七年，因此，赵国刚刚成长起来的新一代兵员再次遭到毁灭性的屠杀。

赵王迁三年（秦王政十四年，前233），赵政再次派遣大军从上党郡翻越太行山，直指赵国都城邯郸。危急关头，赵王迁从北部边疆调回李牧为大将，抵抗秦军，李牧统领赵军大败秦军。秦将桓齮（yǐ）因为战败畏罪逃到燕国（一说桓齮就是樊於期，赵政非常恼恨樊於期，所以荆轲才拿他的人头做见面礼）。李牧因功被封为武安君。

三年后，秦军进攻番吾，李牧再次击败秦军。秦国东扩灭赵的进程又一次受挫，这是因为赵国尚有一支精锐之师，尚有大将李牧。

李牧是何人？他为什么能够在赵国即将亡国的危难时刻屡屡重创秦军？

李牧原是赵国北部边境的良将。长期驻守代郡、雁门郡，防备匈奴。李牧守边有三招：一是犒赏士卒。李牧非常关心士兵，每天宰杀几头牛犒赏士兵，对将士们非常厚道，深得军心。二是精心防守。李牧平时让士兵学习骑射，派人小心谨慎地看守烽火台，并派了很多侦察员侦察敌情。三是死不出战。这是一条铁律。李牧规定，一旦遇到匈奴入侵，要赶快退入营垒防守，胆敢迎战者，斩首。

李牧者，赵之北边良将也。常居代雁门，备匈奴。以便宜置吏，市租皆输入莫府，为士卒费。日击数牛飨士，习射骑，谨烽火，多间谍，厚遇战士。为约曰：『匈奴即入盗，急入收保，有敢捕虏者斩。』——《史记·廉颇蔺相如列传》

匈奴每次入侵，李牧的军队立即点燃烽火，迅速退入营垒，绝不出战。一连好几年，他的防地人员、物资没有遭受任何损失。

匈奴人将李牧这种防守三招视为胆怯，赵国官兵也认为主将胆怯。赵王因此多次斥责李牧，李牧依然如故，我行我素。赵王发怒，把他召回，另派他人领兵，李牧什么也没说，回家休息去了。

此后一年多，匈奴每次入侵，继任的主官就出兵迎战。但是，屡屡失手，损失极多，伤亡惨重，导致边境地区不能种田，也无法畜牧。赵王实在没有办法，只好请李牧再次出山。

李牧闻讯，闭门不出，坚持称病推辞。赵王一再强迫李牧任职。李牧说：大王一定要用我的话，我还是得继续使用老三招，请大王恩准。赵王立即答应了李牧的要求。

复请李牧。牧杜门不出，固称疾。赵王乃复强起使将兵。牧曰：『王必用臣，臣如前，乃敢奉令。』王许之。——《史记·廉颇蔺相如列传》

李牧重返边境，还是按既定方针办事。匈奴几年来又一无所获，但他们一直认为李牧胆小怯战。

李牧至，如故约。匈奴数岁无所得。终以为怯。——《史记·廉颇蔺相如列传》

边地官兵每天都能得到李牧的赏赐，就是无用武之地，都想和匈奴痛痛快快打一仗。

李牧看到和匈奴决战的时机成熟了。于是，他走了三步棋。

第一步，精心备战。李牧精选优质战车一千三百辆，良马一万三千匹，勇士五万人，神射手十万人。全军一律投入备战。

第二步，示弱。匈奴小股人马入侵，李牧就佯装战败，有意把几千人扔给匈奴。单于看到这种情况，觉得有利可图，就率领大批人马入侵李牧防区。

第三步，打大仗。李牧正面迎战，同时，从左右两翼包抄敌军，结果大败匈奴，一仗歼敌十多万人。最后只有单于逃了，几个小的部落也投降了。这一仗匈奴吃了个大亏，此后十多年，匈奴人不敢接近赵国边境。

单于闻之，大率众来入。李牧多为奇陈，张左右翼击之，大破杀匈奴十余万骑。——《史记·廉颇蔺相如列传》

李牧不但能够防守边疆，而且也擅长攻坚，公元前244年，赵王派李牧进攻燕国，李牧一举攻占燕国两个县。

赵王迁七年（前229），秦国派大将王翦进攻赵国，赵国派李牧、司马尚率兵抵御秦军，因为李牧善战，秦军虽有名将王翦，但灭赵之战相持一年多仍无进展。

秦国深知李牧善战，很难对付，如果不除掉李牧，灭赵将会非常困难。王翦便向赵王的宠臣郭开行贿，让他施反间计。郭开收了秦国送来的重金，便不断散布流言蜚语，在赵王面前说李牧的坏话，造谣说李牧、司马尚要谋反。

赵王迁听说之后，便派人接替李牧，李牧不受命。赵王便乘李牧不备，秘密逮捕了他，并将他处死，还撤了司马尚的军职。三个月之后，王翦猛攻赵国，大败赵军，杀死赵将，俘虏了赵王迁。

秦多与赵王宠臣郭开金，为反间，言李牧、司马尚欲反。赵王乃使赵葱及齐将颜聚代李牧。李牧不受命，赵使人微捕得李牧，斩之。废司马尚。后三月，王翦因急击赵，大破杀赵葱，虏赵王迁及其将颜聚，遂灭赵。——**《史记·廉颇蔺相如列传》**

赵王迁的太子赵嘉逃到代地，自称代王，延续了七年之久，公元前222年，秦军攻取代地，俘虏了代王嘉。

不治之症

赵国自公元前403年立国到公元前228年灭亡，历经一百七十余年，并在今天的河北、山西等交界之地创造了辉煌的历史和灿烂的文化。在赵国历史上，也出现了后世传诵颇广的故事，如“窃符救赵”“完璧归赵”“毛遂自荐”等，赵国为战国时代的中华文明的发展做出了独特的贡献。除了赵国灿烂的文化，还有一点是后人最为称颂的，就是赵国军民的积极抗战，在秦灭六国的过程中，唯独赵国是最能打也是打得最为惨烈的国家。但是，历史没有选择赵国，除了历史的必然性，赵国之亡究竟亡在哪里呢？

赵国灭亡有四大因素：用人失误、政治腐败、主次不分、疆域锐减。

先说用人失误。

赵国人才济济，远非他国可比。但是，赵国的国君从赵孝成王开始，重用的人多是公族贵戚。比如长平之战是决定赵国生死存亡的大决战，然而，在这场生死大决战之前，赵孝成王找谁商议谋划呢？一个是平阳君赵豹（赵孝成王的舅爷），一个是平原君赵胜（赵孝成王的叔叔），全是公族贵戚。廉颇等一批名将，蔺相如等一批名臣，全不在决策人之列。赵豹主张不要接收上党郡，赵胜主张接收上党郡。二人主张虽然不同，但是，两个人都没有意识到接受上党郡将引发秦、赵两国之间的一场生死大决战。这两位参与决策的人都没有把大决战这一点给赵孝成王讲清楚。赵孝成王既想要地，又无充分思想准备要打一场硬仗、恶仗，最终一败涂地，元气大伤。

赵王迁即位之时赵国已处于亡国前夜了，但是，他还是听信谗言，杀了支撑赵国半壁江山的名将李牧。这是自毁长城啊！三个月之后，赵王迁被俘。虽然李牧就算不被杀，是否能支撑赵国这盘残局还是个未知数，但是，杀了名将李牧，赵国一定灭亡。因为，李牧至少还能让赵国坚持下去，不至于三个月亡国。赵王迁死到临头还冤杀名将，真是让人匪夷所思。司马迁在《史记·赵世家》的最后满怀愤慨地写道：“迁素无行，信谗，故诛其良将李牧，用郭开，岂不缪哉！”历史上

王大喜，召平阳君豹告之曰：『冯亭入城市邑十七，受之何如？』对曰：『圣人甚祸无故之利。』……赵豹出，王召平原君与赵禹而告之。对曰：『发百万之军而攻，踰岁未得一城，今坐受城市邑十七，此大利，不可失也。』王曰：『善。』——《史记·赵世家》

的亡国之君不一定都是昏庸之辈，但昏庸之主一定导致亡国！

第二，政治腐败。

赵国政治腐败成风。看看郭开这个人即可知赵国的政治腐败到何种程度。郭开是赵国大臣，囿于文献的缺失，我们今天已经不知道郭开担任什么职务了，但是，郭开对赵国最后的亡国负有不可推卸的责任。

战国时期有“四大名将”之说，秦、赵两国各占两位，赵国的两位名将是廉颇和李牧。李牧死于郭开之口，原因是郭开受秦重金贿赂，诬陷李牧。廉颇也毁于郭开之口，而且并非因秦反间之计。

赵孝成王错误地撤廉颇而用赵括，使赵国损失了四十五万精兵。长平之战以后，赵孝成王在一定程度上意识到了廉颇的重要性，让廉颇再次领兵，而且他又屡屡为赵国立下战功。

赵孝成王死后，继任的赵悼襄王又不信任廉颇，派乐乘代替廉颇为将。廉颇不服气，一怒之下，打跑了乐乘，这样，廉颇在赵国就待不下去了，逃到魏都大梁（今河南开封市）。

廉颇到了魏国后，魏王长期不信任他，廉颇自己也很想回赵国再次带兵。

赵悼襄王此时也感到用乐乘代替廉颇做得有些过分，想重新起用廉颇，但又不知道廉颇近来的身体状况如何。于是，赵悼襄王派使者去魏国看望廉颇。郭开作为赵国重臣，率先得知了这个消息。他对出使魏国的赵使行贿，让他设法阻止廉颇回国。使者在魏国见到了廉颇，看见廉颇饭量很大，还能披甲上马，身体极好。但是，这位使者由于收了郭开的重礼，回来对赵王说：廉将军虽然老了，但是饭量很大，不过我在那儿坐了一会儿，他去了多次卫生间。赵王听了使者的话，便认为廉颇老了，不再考虑起用廉颇。

赵使者既见廉颇，廉颇为之一饭斗米，肉十斤，被甲上马，以示尚可用。赵使还报王曰：『廉将军虽老，尚善饭，然与臣坐，顷之三遗矢矣。』赵王以为老，遂不召。——《史记·廉颇蔺相如列传》

郭开是赵王幸臣，自然知道廉颇对赵国非常重要。但是，他嫉贤妒能，不容廉颇，不惜以重金贿赂赵国使者，毁掉了赵国一员虎将。后来，楚国听说廉颇闲居在魏国，便派人暗中将廉颇接到楚国。廉颇虽然在楚国当了将军，但是，并没有立过什么战功，还总是念念叨叨地说：我喜欢用赵兵。最终廉颇客死楚国。

廉颇是赵国名将，屡立战功。长平之战他为秦反间计所害，长平之战后，廉颇又率兵对付趁火打劫的燕国，大败燕军。就是这么一位德高望重、屡立战功的名将，在赵国竟然待不下去。郭开之口胜过百万秦兵，廉颇没有死在秦军刀下，却毁于郭开口下。赵国的政坛黑暗到了这种程度，除了亡国还有什么路可走？

在赵国的历史上，不乏大将、名将，可惜的是，这些名将的结局都非常惨，李牧被杀，廉颇客死他乡，政治的腐败加速了赵国灭亡的脚步。唐朝末年的周昙曾有诗云：“秦袭邯郸岁月深，何人沾赠郭开金。廉颇还国李牧在，安得赵王为尔擒？”〔唐〕

虽然廉颇回国、李牧不死最终不一定会阻止赵国的灭亡，但是至少能在一定程度上延迟秦军东扩的速度。

第三，主次不分。

赵国当时不仅面临着秦国巨大的军事压力，同时还不断遭受北面燕国的骚扰。燕国是一弱国，实力远远比不上赵国。但是，在赵国的亡国史上，燕国发挥了不小的作用。

燕、赵两国本来是唇齿相依的关系，赵国为燕国阻挡了秦军的进攻，就此而言，燕国应当帮助赵国抵挡秦军，但是，事实并非如此。

邯郸之战尚未结束，赵国的武垣令傅豹等人率领该地原燕国百姓叛逃到了燕国，为赵、燕关系埋下了矛盾的种子。

赵孝成王十年（前256），秦派兵进攻赵国，攻占赵国二十多个县，杀死九万赵军。赵国派乐乘等率兵进攻秦信梁军，打败秦军。此时的燕国非但不帮赵国抗秦，反而趁秦、赵大战之机，攻占了赵国昌城（今河北衡水市冀州区），进一步激化了燕、赵矛盾。

赵孝成王十五年（前251），燕王派丞相栗腹出使赵国，送了五百金的重礼给赵王。但是，这个栗腹一回到燕国，马上向燕王报告：赵国的壮年人都死在长平了，未成年人还没有长大，可以趁此机会讨伐赵国。

燕王召见了重臣乐间，询问他的看法。乐间回答：赵国是一个四面都需要应敌的国家，因此，这种国家的应战能力超强，不能打。燕王又问：我是以众伐寡，用二打一的办法还不行吗？乐间肯定地说：不行。燕王赌气地说：那我用五倍的兵力去伐赵，行不行？乐间还是坚定地说：肯定不行。燕王一听，雷霆大怒。大臣们一看燕王震怒，便齐声附和燕王。面对失去理智的燕王，乐间不再说话。

王召昌国君乐间而问之。对曰：『赵，四战之国也，其民习兵，伐之不可。』王曰：『吾以众伐寡，二而伐一，可乎？』对曰：『不可。』王曰：『吾即以五而伐一，可乎？』对曰：『不可。』燕王大怒。群臣皆以为可。——《史记·赵世家》

于是，燕王派出两路大军、两千辆战车。一路以栗腹为帅，进攻鄗（今河北高邑县）；一路由卿秦为将，攻打代（今河北蔚县）。赵国兵分两路，一路由廉颇率领，迎战栗腹；一路由乐乘任主官，迎击卿秦。结果，赵军大败燕军，杀了挑起这战争的燕国丞相栗腹，俘虏了卿秦、乐间。

燕卒起二军，车二千乘，栗腹将而攻鄗，卿秦将而攻代。廉颇为赵将，杀破栗腹，虏卿秦、乐间。——《史记·赵世家》

燕国本应帮助赵国对抗秦国，这样，赵国就会成为一道屏障保护住燕国不受秦国兵燹之灾。但是，燕王鼠目寸光，只图眼前利益。自以为赵国长平之败以后，兵力大损，想趁火打劫。结果，损兵折将。

当时赵孝成王在做什么呢？

他导演的长平之战已经毁掉了赵国，因此，赵孝成王应当深知赵国的劲敌是秦而不是燕。但是，赵孝成王也像燕王一样不识大体。打败燕国之后应当立即修补赵、燕关系，全力对付秦国。然而，赵孝成王认为自己得了理，在其后的两年中，把主要兵力用来对付燕国。趁燕国战败之机，连续三年兵伐燕国：赵孝成王十六年（前250），赵国派廉颇伐燕；十七年，再伐燕国，包围了燕国的国都；十八年，协助魏国攻燕。

秦国当然不会放过这么好的一个机会。秦趁赵、燕两国大战之机，出兵伐赵，首先攻占晋阳（今山西太原市），接着攻占榆次（今山西晋中市榆次区）等三十七座城。晋阳是赵国早期的都城，战略意义十分重要。晋阳丢失，赵国在山西的门户洞开，秦军可以轻松地从西边进攻赵国。榆次等三十七城丢失，赵国大片土地落入秦国手中。直到此时，赵孝成王才醒悟过来。赵孝成王十九年（前247）燕、赵议和，双方交换土地，矛盾得以缓解。

赵孝成王主次不分，在长平之战、邯郸之战之后，并没有对内休养生息，对外广交朋友。对燕国的趁火打劫进行必要反击是必须的，但是，在教训了燕国之后，应当适可而止，不应当和燕国又打了四年之久。

燕国确实是乘人之危，落井下石，不识大体，但是，赵孝成王应当懂得赵国的大敌是秦不是燕，赵国的主要矛盾是秦、赵矛盾而不是燕、赵矛盾。长平之战和邯郸之战后，赵国应当全力应对秦国随时可能到来的新的进攻。结果，赵孝成王放过主要敌人秦国，举全国之力打击了团结对象燕国。抓住比赵国还弱的燕国穷追猛打，不但失去了一个盟友，失去了休养生息的机会，而且，放松了对秦国的戒备，让秦国坐收渔翁之利，岂不失之大矣？最终是兵力进一步消耗，国土进一步丧失，亡国之日加速到来。

第四，疆域锐减。

赵孝成王时期赵国的疆域快速减少。国土是国之根本，失去国土，国家必然灭亡。为什么赵孝成王时期赵国的国土快速减少呢？

主要有两个原因；一是被秦攻占，二是封地给人。

先说秦国攻略赵地。秦国侵占赵国国土是赵孝成王时期赵国国土快速流失的主因。长平之战以后，秦军攻取了赵国的武安、太原，赵国在西部、南部丧失了大片国土。前文讲过，秦国趁燕、赵大战之机，占领了赵国榆次（今山西晋中市榆次区）等三十七城，第二年又攻占了整个上党郡，设置了太原郡。赵国在西部的土地大都丧失。

再说赵国以地封人。赵孝成王面临秦国的巨大压力，不得不封地给他人，以救赵之急。这种分封有两种情况；一是讨好秦国，二是封给有功之士。前者如赵孝成王十七年（前249）吕不韦被秦封为文信侯，权势熏天。赵国为了讨好吕不韦，主动把赵国的河间封给吕不韦。这种做法短期内确实使吕不韦非常高兴，但是这种卖地求和的做法只能使赵国加速衰弱的进程。后者如封信陵君。邯郸之战后，为了报答信陵君窃符救赵，挽救赵国，赵孝成王把赵国重镇鄗（今河北高邑县）送给信陵君为汤沐邑（收取赋税的私邑）。

如果说赵国的这两种失地，尚有特殊情况，虽不可取，亦属无奈之举。但是，赵国拿土地换取他国将领则非常荒唐，毫无可取之处。

赵孝成王元年（前256），燕国大举进攻赵国。赵孝成王竟然拿出赵国士兵浴血奋战夺得的济东三城，送给曾经大败过燕军的齐将田单，让他率兵攻燕。济东三城包括五十七个城邑，这等于把赵国士兵用鲜血和生命换来的国土拱手送给了齐国。

这件事受到了赵国大将赵奢的严厉指责。赵奢找到主掌赵国国政的平原君，质问他：赵国拿出“覆军杀将”夺得的五十七座城邑送给齐国，只为了得到一个田单，值不值？难道赵国真的就没有人了？为什么不让我赵奢领兵？我赵奢曾经因犯罪在燕国待过，燕国也曾任命我担任过上谷（治今河北怀来县东南）郡守。燕国的地形，我熟得很。百天之内我赵奢就可以把燕国摆平，如果用田单，他还没有把部队集合起来，我已经拿下燕国了。

国奚无人甚哉！君致安平君而将之，乃割济东令城市邑五十七以与齐，此夫予与敌国战，覆军杀将之所取割地于敌国者也。今君以此与齐而求安平君而将之，国奚无人甚也！且君奚不将奢也？奢尝抵罪居燕，燕以奢为上谷守，燕之通谷要塞，奢习知之。百日之内，天下之兵未聚，奢已举燕矣。——《战国策·赵策四》

面对赵奢的质疑，平原君无话可说，只好说：将军不要计较了，这事我已经和赵王说好了，赵王也已经答应了，将军不要再说什么了。赵奢说：您做得太过分了。您之所以以大量土地换取田单，就是因为田单为齐将，齐、燕两国有世仇。我倒不这样看，如果田单笨拙，他根本就打不过燕军。如果田单聪明，他绝不会率赵军和燕国交战。二者必取其一。田单是齐国大将，他怎么会让赵国做大做强？如果赵国强大了，齐国还能称霸吗？田单率领赵国的军队一定会打消耗战，让燕、赵两国

将军释之矣，仆已言之仆主矣，仆主幸以听仆也。将军无言已。——《战国策·赵策四》

都拖得精疲力竭，他才率兵回来。

马服君曰：『君过矣。君之所以求安平君者，以齐之于燕也，茹肝涉血之仇耶。其于奢不然。使安平君愚，固不能当荣蚠；使安平君知，又不肯与燕人战。此两言者，安平君必处一焉。虽然，两者有一也，使安平君知，则奚以赵之强？为赵强，则齐不复霸矣。今得强赵之兵，以杜燕将，旷日持久数岁，令士大夫余子之力尽于沟垒，车甲羽毛裂敝，府库仓廪虚，两国交以敝之，乃引其兵而归。』——《战国策·赵策四》

平原君无话可说，但固执不改，田单后来的作为完全在赵奢的预料之中。

田单曾经用火牛阵大败燕军，但这并不等于只有田单才能打败燕国。赵国此时有廉颇、赵奢等一批名将，赵孝成王一概不用，偏偏用赵国将士浴血奋战得来的土地换一个不可能为赵国尽心尽力的齐将田单，如果不是赵孝成王脑子进水了，他可能这样做吗？

此事又牵涉平原君。平原君在邯郸之战的危急关头，求助信陵君，出访楚国，请来救兵，又散家财以助战，确实发挥了不少作用。但是，在这件事情上，平原君的做法很不明智，出如此高价去请齐国的田单这个馊主意他也想得出来，赵奢问到他头上，他无话可说但仍然不愿承认错误，反而以赵孝成王已经答应为由，请赵奢不要再管。改口失去的无非是面子，但是赵国的土地这个“里子”可是保住了。现在，只顾面子，不要“里子”，岂非糊涂虫？

以上我们讲了赵国灭亡的四大因素：用人失误、政治腐败、主次不分、疆域锐减。四大因素汇聚在一起，赵国强盛时的“太行为城漳为池，丛台歌吹青云耸”[清] 魏学渠《邯郸怀古》的局面一去不复返了。

其实这四大因素可以归结为一条：昏君庸主。

因为这四大因素都和赵国君主息息相关。

赵国一共经历了十三位国君。真正对赵国历史发挥积极作用的唯有赵武灵王一人而已，此前此后的赵国国君多为昏君庸主。但是，赵武灵王前明后暗，没有善始善终，至多也只能算作半个明君，后期连自己的生命都无法保障。所以说，赵武灵王是兴业之主，赵惠文王是守业之主，赵孝成王是毁业之主，赵王迁则是亡业之主。

赵国之亡说明了秦国统一六国其实是两大因素造成的，一方面是秦国崛起蒸蒸日上，另一方面是六国衰亡和代代昏君，一盛一衰，最后导致赵政统一中国。赵国由强到弱的历史最能说明六国衰落是秦国统一中国的重要原因之一。

赵国灭亡了，这是秦王赵政统一六国的又一辉煌战果。那么，秦王赵政的第三个目标将会锁定哪个国家呢？

请看：水灌大梁。

水灌大梁

公元前228年，秦王赵政终于拿下了山东六国中最为顽抗的赵国。赵国灭亡后，秦王赵政的政治野心日益膨胀，他把进攻的目标对准了魏国。对于秦王赵政来说，最难啃的赵国都已经拿下，攻占其他国家就会势如破竹、水到渠成。秦王政二十二年（前225），赵政派大将王贲率兵攻魏。王贲看到魏国都城大梁（今河南开封市）地势低洼，便引汴河之水水灌大梁，经过三个月的河水浸泡，城墙崩塌，城外养精蓄锐的秦兵潮水般涌进大梁，魏王假投降，魏国灭亡。魏国成为继赵国之后第三个被秦消灭的诸侯国。魏国是战国中前期最强大的诸侯之一，为什么也如此轻易地被秦国灭掉了呢？

魏国也是公元前403年三家分晋后建立的一个诸侯国，是战国前期、中期天下最强大的诸侯国之一。魏国的强大，缘于两点：一是魏国在七雄之中最早实行变法。魏文侯是魏国的开国之君，在位时间长达五十年，他重用李悝、吴起变法，开战国诸国变法之先河，国力迅速增强。二是三家分晋之时，赵取其北，韩取其南，魏取其中，魏国区位优势非常明显。占据如此优势并曾经强盛的魏国为什么面对秦国的军队手足无措，一场大水就轻易地将其灭亡了呢?

这缘于魏国的衰落!

魏国衰落的原因又是什么呢?

魏国衰落的原因很多，但最重要的原因是魏国人才的大量流失。

战国时期，韩国出思想家，如申不害、韩非；赵国出名将，如廉颇、赵奢、李牧；魏国在韩、赵、魏三国之中人才最多，不但有名将，而且有思想家、政治家、谋略家。但是，魏国的人才战略却非常失败。

在战国时代，人才只有在上升期与鼎盛期的国家才能发挥最大效益。韩非是先秦最杰出的法家代表，他的法家思想比商鞅更完备、更深刻，但是，商鞅出现在秦国的上升时期，因此，商鞅的作用在秦国得到了最大限度的发挥，韩非则出现在韩国将亡的时期，他想振兴韩国也已经无力回天了。

所以，人才只有在一个民族、一个国家、一个集团的上升期、鼎盛期得到重用才能发挥出最大效益，才能被时人与后人牢牢记住。再优秀的人才，如果出现在“无可奈何花落去”的时代，都无法将效用发挥到极致。

魏国人才战略失败最重要的表现是人才流失。

国宝流失

魏国第一个流失的国宝级人才是吴起。

吴起是魏国前期最优秀的人才，他兼有两种身份：一是名将，二是政治家。

作为名将，吴起能征善战。

魏文侯初年，吴起听说魏文侯爱才，来到了魏国。魏文侯不了解吴起，就问大臣李克（李悝）：吴起是个什么样的人？李克回答：吴起这个人贪财好色，但是，如果论用兵打仗，即使是春秋时期齐国的名将司马穰苴也比不过他。于是，魏文侯任命吴起为将军，攻打秦国，一举攻克五城。魏文侯就以这五城设立了西河郡（今陕西、山西交界一带）。

起贪而好色，然用兵司马穰苴不能过也。——《史记·孙子吴起列传》

吴起为什么能打败强大的秦军呢？

诀窍是与士兵同甘共苦。吴起和士兵穿一样的衣服，吃一样的伙食，睡觉不铺垫褥，行军不乘车骑马。有位士兵生了毒疮，吴起亲自为他吸吮脓液。这位士兵的母亲听说将军吴起为儿子亲口吸脓，号啕大哭。有人问她为什么哭，她说：当年吴起为孩子他爹亲口吸脓，不久，孩子他爹就战死疆场了。现在，吴起又为儿子亲口吸脓，我不知道我的儿子会战死在哪儿啊！所以，我才痛哭。

卒有病疽者，起为吮之。卒母闻而哭之。人曰：『子卒也，而将军自吮其疽，何哭为？』母曰：『非然也。往年吴公吮其父，其父战不旋踵，遂死于敌。吴公今又吮其子，妾不知其死所矣。是以哭之。』——《史记·孙子吴起列传》

魏文侯因为吴起善于用兵打仗，深得将士拥戴，任命他担任西河郡太守，抗拒秦国和韩国。

作为军事家的吴起善于带兵打仗，作为政治家的吴起，懂得对百姓广施德政的重要。

魏文侯死后，他的儿子魏武侯继位。魏武侯曾经和吴起一块儿泛舟黄河，魏武侯看着滔滔的黄河对吴起说：山川如此险要、壮美，这可是魏国的瑰宝啊！吴起回答：国家政权的稳固在于施德于民，不在于地势险要。夏桀的领土，左临黄河、济水，右靠泰山、华山，伊阙山在它之南，羊肠坂在它之北。因为不施仁政，所以商汤驱逐了夏桀。殷纣的领土，左有孟门山，右有太行山，常山在北，黄河在南，因为商纣王不施仁德，周武王灭了他。所以，国家的稳固在于给百姓施恩，不在于地势险要。如果您不施德，同乘一条船的人也会变成您的仇敌！魏武侯回答说：讲得好。

由此观之，在德不在险。若君不修德，舟中之人尽为敌国也。——《史记·孙子吴起列传》

这番话出自一位名将之口非常不易！战国四大名将——白起、王翦、廉颇、李牧，没有一个人讲得出这番话。因为吴起不仅是一位名将，还是一位政治家。

魏国有这样名将兼政治家的人才，岂不是魏国的福气吗？可惜，魏国的这种福气并不长久。这是为什么呢？

原来，魏武侯即位后，公叔出任魏国国相，娶了魏国的公主为妻。公叔忌妒吴起的才华，想把吴起赶走。公叔的仆人知道了他的心思以后说：赶走吴起不是个难事。公叔问：怎么才能做到呢？仆人说：吴起是个有骨气又好名望的人。您可以找机会先对魏侯说，吴起是个贤才，但是，您的国土太小了，又和强秦接壤，我担心吴起没有长期留魏的打算。魏侯一定会问怎么办，您就对他说，请用下嫁公主的办法试探他，如果吴起有长期留魏的心意，就一定会答应娶公主，如果没有长期留魏的心意，就一定会推辞，这样可以试探出吴起的心思。魏侯答应之后，您再找个机会请吴起与您和公主一块儿回家，故意让公主发怒而当面羞辱您，吴起看见公主这样傲慢，肯定不会娶公主。公叔这样做了，吴起目睹公主这么轻视国相，果然婉言谢绝了魏武侯下嫁公主的要求。魏武侯开始怀疑吴起，不再信任他。吴起怕招来灾祸，于是离开魏国到楚国去了。

田文既死，公叔为相，尚魏公主，而害吴起。公叔之仆曰：『起易去也。』公叔曰：『奈何？』其仆曰：『吴起为人节廉而自喜名也。君因先与武侯言曰：「夫吴起贤人也，而侯之国小，又与强秦壤界，臣窃恐起之无留心也。」武侯即曰：「奈何？」君因谓武侯曰：「试延以公主。起有留心则必受之。无留心则必辞矣。以此卜之。」君因召吴起而与归，即令公主怒而轻君。吴起见公主之贱君也，则必辞。』于是吴起见公主之贱魏相，果辞魏武侯。武侯疑之而弗信也。吴起惧得罪，遂去，即之楚。——《史记·孙子吴起列传》

吴起受魏武侯怀疑之时，正在西河郡太守任上。魏武侯派人召他，吴起被迫离开西河郡，望着西河郡，坐在车上的吴起潸然泪下。吴起的随从说：我平时知道您看待天下就像脱鞋一

吴起至于岸门，止车而望西河，泣数行而下。——《吕氏春秋·长见》

样，非常潇洒，为什么今天离开西河郡您会流泪呢？吴起回答：你不懂。魏武侯如果能让我在西河郡施展才华，我可以让他称王。可如今他听信谗言，不赏识我，西河之地很快就会落入秦国的手中，魏国的力量恐怕从此就会削弱了。

君知我而使我毕能，西河可以王。今君听谗人之议而不知我，西河之为秦取不久矣，魏从此削矣。——**《吕氏春秋·长见》**

吴起到了楚国，帮助楚悼王施行变法，楚国强大起来了，魏国却失去了一个重要人才。魏国的河西之地不久便落入秦国手中，吴起的预言成为现实。

那么，魏国被秦所灭，仅仅是因为一个吴起被迫逃离造成的吗？还有没有其他原因呢？

魏国流失的第二个国宝级人才是商鞅！

商鞅是卫国人，我们在“孝公变法”一章中讲过，商鞅（当时叫卫鞅）年轻时曾被临终的魏国相国公叔痤郑重推荐给魏惠王。公叔痤明白无误地告诉魏惠王：此人乃奇才！要么重用他，要么杀了他但绝对不能让此奇才出境。

魏惠王却认为公叔痤是病得说胡话，既不重用商鞅，也不杀死商鞅，结果在魏国无用武之地的商鞅到了广招人才的秦国，帮助秦孝公施行变法。商鞅变法以后的秦国国富兵强，实力急剧上升，多次打败魏国，魏国国力空虚，实力大减，被迫割让河西之地给秦国，以求短暂的平安，同时魏国被迫将都城从安邑迁到大梁，此时的魏惠王才后悔没有听公叔痤的话。然而，魏王即使肠子悔青了恐怕也于事无补。所以，商鞅离魏至秦不仅是魏国最重大的人才流失，而且直接导致魏国的衰落和迁都。

魏惠王兵数破于齐秦，国内空，日以削，恐，乃使使割河西之地献于秦以和。而魏遂去安邑，徙都大梁。魏惠王曰：『寡人恨不用公叔座之言也。』——《史记·商君列传》

魏国流失的第三个国宝级人才是范雎。

范雎之事前面已经讲过，范雎是战国中后期的顶级人才。就因为他在随同上级到齐国出差时受到齐王的重视和优待，结果，回国之后被以通敌罪诬陷，打断肋骨，如果他不装死，当场就没命了。最终，范雎逃出魏国，来到秦国。因其才能而受到秦昭襄王的重用，成为继魏冉之后秦昭襄王最信任的大臣。他提出了“远交近攻”这一秦灭六国的总方略，使秦国第一次有了明确可行的消灭六国的具体方案。

范雎在魏国几乎丧命，在秦国却位至相国，不同的用人策略，直接导致秦国的强大与魏国的衰落。

国宝仍在流失

魏国是战国时期人才最完备的国家。可谓谋臣如云，良将如雨。可惜的是，魏国又是一个留不住人才的国家。除了吴起、商鞅、范雎，还有很多被后世津津乐道的军事家和战略家。

孙膑就是其中杰出的代表。

孙膑是著名军事家孙武的后人，他曾和庞涓一道学习兵法。庞涓在魏惠王时被任命为将军，但是，他知道自己的才能比不上孙膑，就秘密地把孙膑找来。孙膑到魏国，本来想为魏国效力，这样，魏国就又多了一位名将。但是，庞涓出于私心，担心孙膑比他有才能，就找了一个罪名砍掉他的两只脚，并在他的脸上刺了字，想让他因伤残、毁容而永远不能出人头地。

> 庞涓既事魏，得为惠王将军，而自以为能不及孙膑，乃阴使召孙膑。膑至，庞涓恐其贤于己，疾之，则以法刑断其两足而黥之，欲隐勿见。——《史记·孙子吴起列传》

后来，齐使来到大梁，孙膑秘密会见了齐使。一番谈话之后，齐使立即发现孙膑是位军事奇才，就偷偷地用车把孙膑拉到齐国。齐国将军田忌非常赏识孙膑，待为上客。

田忌常常跟齐国贵族子弟赛马，而且下的赌注很大。孙膑发现田忌的赛马和其他人的赛马实力差距并不大。孙膑又发现赛马分为上、中、下三等，于是，对田忌说：您尽管下个大注，我能让您取胜。田忌非常信任孙膑，比赛时下了千金赌注。赛前，孙膑对田忌说：以您的下等马和他们的上等马赛，用您的上等马和他们的中等马赛，拿您的中等马和他们的下等马赛。三场比赛结束，田忌败了一次，胜了两次，最终赢得了齐王千金赌注。

> 孙子曰：『今以君之下驷与彼上驷，取君上驷与彼中驷，取君中驷与彼下驷。』既驰三辈毕，而田忌一不胜而再胜，卒得王千金。——《史记·孙子吴起列传》

田忌深感孙膑有才，就把孙膑郑重推荐给了齐威王。齐威王对孙膑非常尊重。

后来魏国攻打赵国，赵国向齐国求救。齐威王准备用孙膑为主将救赵。孙膑说：我是一个受过刑的人，不能出任主将。于是，齐威王任命田忌做主将，孙膑做军师，坐在车中出谋划策。

田忌想率兵直奔赵国，孙膑说：要想解开乱丝，不能生拉硬扯；劝解斗殴，自己不能卷进去打，要抓要害，争斗者如果受客观形势限制，就不得不自行解开。现在魏、赵两国相攻，魏国的精锐必定在外，老弱残兵驻守国内。你不如率军火速向大梁挺进，占据它的交通要道，冲击它最空虚的地方，魏国肯定会回兵自救。这样，我们既解了赵国之围，又可以让魏军疲于奔命。田忌听从了孙膑的意见。魏军果然回师，在桂陵（今山东菏泽市）大败魏军。

孙子曰：『君不若引兵疾走大梁，据其街路，冲其方虚，彼必释赵而自救。是我一举解赵之围而收弊于魏也。』田忌从之，魏果去邯郸，与齐战于桂陵，大破梁军。——《史记·孙子吴起列传》

十三年后，魏、赵联合攻打韩国，韩国向齐国告急。齐王派田忌率军救援，直奔大梁。魏将庞涓听到这个消息，率师撤回魏国，但是，齐军已经越过边界向西进发了。孙膑对田忌说：魏军一向非常凶悍，看不起齐兵，称齐兵胆小怯懦。善战的将领要因势利导。兵法上说：以日行百里的急行军和敌人战斗，有可能折损上将军；用每天五十里的急行军和敌人战斗，会有一半士兵掉队。于是，孙膑命令军队进入魏国国境之后第一天砌十万人做饭的灶，第二天砌五万人做饭的灶，第三天砌三万人做饭的灶。

兵法，百里而趣利者蹶上将，五十里而趣利者军半至。使齐军入魏地为十万灶，明日为五万灶，又明日为三万灶。——《史记·孙子吴起列传》

庞涓率兵走了三天，高兴地说：我早就知道齐军怯懦，进入我国国境才三天，开小差的就超过了半数啊！于是，他甩下步兵，和他的精兵日夜兼程追击齐军。孙膑估计庞涓的行程，当晚可以赶到马陵。马陵的路非常狭窄，两旁又多险阻，适合埋伏军队。孙膑就叫人砍去一棵大树的树皮，在露出的白色树干上写：庞涓死于此树之下。于是命令一万名弓箭手，埋伏在马陵道两边，约定：晚上看见树下火光亮起，就万箭齐发。

庞涓当晚果然赶到砍去树皮的大树下，看见白色树干上写有字，就让士兵点火把看树干上写的字，树干上的字他还没读完，齐军万箭齐发，魏军大乱。庞涓自知无计可施，败局已定，拔剑自刎，临死前说：今天成就了这小子的名声！

庞涓果夜至斫木下，见白书，乃钻火烛之。读其书未毕，齐军万弩俱发，魏军大乱相失。庞涓自知智穷兵败，乃自刭，曰：『遂成竖子之名！』——《史记·孙子吴起列传》

齐军乘胜追击，彻底击溃魏军，俘虏了魏太子申回国。这就是中国军事史上非常著名的马陵之战。马陵之战中，魏国十万大军被歼灭，大将庞涓自杀，太子被俘，魏国实力从此一落千丈。

孙膑身怀绝技，他到魏国来是要为魏国服务。但是，魏国将军庞涓招孙膑来魏国不是想举荐孙膑，而是要残害孙膑，通过残害其身体，妄图使孙膑永远不能再指挥打仗，自己就可以横行天下了。但是，庞涓最终却是自掘坟墓，兵败马陵，不但把自己逼上了绝路，也给魏国带来了难以弥补的损失。秦国千方百计重用六国人才，魏国却千方百计要把六国人才整残整死，魏国怎么能不灭亡？

如果魏国善待孙膑，孙膑和庞涓联手，魏国的历史必将改写，中国的历史都有可能重写。

或许有人会说，这都是庞涓干的，干魏国何事？

问题是像庞涓这样的人为什么会得到魏王的重用，庞涓残害孙膑，魏王一无所知吗？如果一无所知，魏王是瞎子还是聋子？如果不是一无所知，魏王就是这样对待人才的吗？

吴起、商鞅、孙膑、范雎，哪一位不是赫赫有名的顶级人才？但是，他们在魏国都不被赏识，反而遭到迫害。他们到了秦国、齐国、楚国，却一个个都成了栋梁之材，这些人才从魏国流失到其他国家，会给魏国带来多大的伤害！这四位国宝级人才的流失，已经让我们了解到魏国灭亡事出有因了。

最后“流失”的国宝

曾经称雄半个世纪之久的魏国，在它立国一百七十多年后灭亡。吴起、商鞅、孙膑、范雎等赫赫有名的国宝级人才一个个离它而去。透过这些人才的背影，我们看到了魏国国君的昏庸和无能。更让人吃惊的是，魏国的国君甚至不能容忍自己有才华的弟弟，那么这个有才华的弟弟是谁呢？

他就是赫赫有名的信陵君魏无忌。

我们在“邯郸之战”一章中已经讲过信陵君“窃符救赵”。“窃符救赵”是赵国邯郸之围得以解除的最重要的条件之一。因为“窃符救赵”，信陵君带来了魏国八万精锐之师，这对久困在赵都邯郸之外的秦兵来说是一支劲旅，秦兵怎么能打得过这八万精兵？最终只好退兵。

信陵君是一位有才之士。他是魏昭王的幼子，魏安釐王同父异母的弟弟。

一次，魏安釐王和信陵君兄弟二人正在下棋，忽然，边境报告：赵王率领的赵国大军即将到达魏国边境，而且，马上就会入侵魏国。魏安釐王吓得立即停止下棋，要召集大臣商讨赵国入侵之事。信陵君立即阻止了魏安釐王，并对他说：赵王只是在打猎，并不是要入侵魏国，还是镇定自若地和魏安釐王下棋。魏安釐王心里担心赵兵入侵之事，心思并没有放在下棋上。停了一会儿，北边又传来消息：赵王是在边境打猎，不是要入侵魏国。

公子与魏王博，而北境传举烽，言『赵寇至，且入界』。魏王释博，欲召大臣谋。公子止王曰：『赵王田猎耳，非为寇也。』复博如故。王恐，心不在博。居顷，复从北方来传言曰：『赵王猎耳，非为寇也。』——《史记·魏公子列传》

魏安釐王得到报告，大吃一惊，问信陵君：你怎么知道赵王的消息？信陵君回答：我有门客能够打听到赵王的一举一动，并把消息报告给我。从此之后，魏安釐王害怕信陵君的才华，不敢把国家大事交给信陵君。

魏王大惊，曰：『公子何以知之？』公子曰：『臣之客有能探得赵王阴事者，赵王所为，客辄以报臣，臣以此知之。』是后魏王畏公子之贤能，不敢任公子以国政。——《史记·魏公子列传》

信陵君利用如姬盗走了兵符，救了邯郸，救了赵国。但是，信陵君却得罪了早已对他十分猜忌的魏安釐王。因此，信陵君只好长期滞留赵国，“十年不归”。

秦国听说信陵君因为得罪魏王不能回国，“日夜出兵东伐魏”。魏安釐王这才感到离不开信陵君，屡次派人去赵国请信陵君。信陵君担心魏安釐王还生自己的气，于是，告诫他的手下，谁敢为魏安釐王的使者通报就处死。信陵君的好多门客都从赵国返回魏国，但是，没有人敢劝信陵君回国。赵国有两个信陵君非常敬重的人拜见信陵君，问他：公子您名重天下的原因是什么？是因为有魏国。现在秦国攻打魏国，魏国非常危急了，公子置魏国的生死存亡于不顾。假如秦国攻下魏都大梁，毁掉魏国先君的祖庙，公子还有什么脸面立于天下？这番话没说完，信陵君脸色陡变，立即备车回国救魏。

公子所以重于赵，名闻诸侯者，徒以有魏也。今秦攻魏，魏急而公子不恤，使秦破大梁而夷先王之宗庙，公子当何面目立天下乎？——《史记·魏公子列传》

魏安釐王看到信陵君，兄弟二人抱头痛哭。魏安釐王马上任命信陵君为上将军。

魏安釐王三十年（前247），信陵君联络诸侯，率燕、赵、韩、楚、魏五国军队，讨伐秦国。大败秦将蒙骜，一直追到函谷关，秦兵不敢出战。

公子率五国之兵破秦军于河外，走蒙骜。遂乘胜逐秦军至函谷关，抑秦兵，秦兵不敢出。——《史记·魏公子列传》

这是战国时期六国合纵抗秦非常成功的一例。

信陵君的五国伐秦震惊了秦庄襄王。于是，秦庄襄王派人携带万金潜入魏国，找到信陵君“窃符救赵”时被冤杀的大将晋鄙的门客，让他们在魏安釐王面前施反间计：信陵君在外流亡了十年，现在回国担任魏国大将军。天下诸侯的将领都归他统领，诸侯们只知道魏公子信陵君，不知道魏王了。信陵君也想借这个机会南面称王，诸侯们畏惧信陵君，也想共立信陵君为魏王。

秦庄襄王这个反间计用了好几次，最后竟然派使者到魏国大张旗鼓地祝贺信陵君继承王位。

秦数使反间，伪贺公子得立为魏王未也。
——《史记·魏公子列传》

这下子动静闹大了。魏安釐王本来就不大信任信陵君，只是迫于形势才不得不请信陵君回国，如今闹成这个样子。魏安釐王又动摇了，于是免了信陵君的大将军之职。信陵君一看就明白，又遭人暗算了，于是称病不朝，天天和宾客在一起通宵喝酒，身边还有很多美女。这种生活仅仅过了四年，郁郁寡欢的信陵君就病死了。同年，魏安釐王也死了。

其后秦稍蚕食魏。
——《史记·信陵君列传》

秦王政五年（前242），秦国听说信陵君病死，执政的吕不韦立即派被信陵君打败过的蒙骜攻打魏国，一次占了二十座城，建立了东郡。这以后，秦国对魏国采取蚕食政策，只用了十八年就俘虏了魏王假，灭了魏国，对大梁进行了屠城。

信陵君是魏国的顶级人才，也是魏国后期最著名的政治家。将他列入魏国流失的人才之列，似乎有点不确切。因为，信陵君晚年待在魏国，死在魏国，并未自魏国流失。但是，信陵君人未出国，却不能为自己的国家效力，从这个意义上讲，他是魏国流失的人才。信陵君晚年纵情声色，不问国事，是魏安釐王造成的。他的下世，是魏国后期最不幸的事件。此后的魏国已经完全沦为秦国的附庸，完全没有顶级人才可言了。所以，当秦将王贲水淹大梁之时，魏国轻易地就灭亡了。

魏国灭亡的原因也许还有许多许多，但我更愿意讲一讲人才问题。因为只有人才才是一个民族、一个国家、一个集团、一个单位最核心的竞争力。离开了杰出人才，会有什么结果？历史上的魏国就是最好的案例。

魏国的灭亡意味着韩、赵、魏三晋全部灭亡。三晋灭亡，实际上预示着秦统一天下的步伐的一次大提速。那么，秦王赵政的下一个目标选定的是哪个国家呢？

请看：秦灭燕国。

秦灭燕国

二十二

公元前228年，秦军攻下赵国都城邯郸，赵国灭亡，燕国门户洞开，秦国大军陈兵燕国边境，燕国命运岌岌可危。燕国太子丹曾在秦国做过质子，受过秦王赵政的冷遇。无论是国仇还是私恨，太子丹都要想方设法阻挡秦王赵政的进攻。最终，太子丹谋划了千古传颂的荆轲刺秦事件。结果，壮士一去兮不复还，刺杀失败，太子丹本想用刺杀方式拯救燕国，没想到荆轲刺秦反而激怒了赵政，一年多以后燕国就被秦国灭了。宋代苏洵在《六国论》里认为荆轲刺秦是祸事，这一刺杀事件加速了燕国的灭亡。燕国是怎样灭亡的？谁该为燕国灭亡负责呢？

灭了他

刺杀秦王赵政！一场秘密刺杀行动正在进行。

谁这么大胆，敢组织这场刺杀呢？

燕王喜的太子丹。

秦王赵政可不是一般人，要刺杀这么一位国君，绝不是一天两天就能完成准备工作的，太子丹怎么可能立即组织起这场震惊中国历史的刺杀呢？

燕国的太子丹从小在赵国做人质，秦王赵政生于赵国，小时候和他还是玩伴。赵政即位以后，太子丹又到秦国做了人质。由于秦王赵政没有善待他，公元前232年，身为质子的太子丹逃归燕国。

燕太子丹者，故尝质于赵，而秦王政生于赵，其少时与丹欢。及政立为秦王，而丹质于秦。秦王之遇燕太子丹不善，故丹怨而亡归。——**《史记·刺客列传》**

太子丹逃归燕国后的第三年（前230），韩国灭亡。秦军灭韩后，兴兵攻赵，赵国危在旦夕。

恰在此时，秦将樊於期因得罪秦王赵政逃到燕国，投奔好友太子丹，太子丹接纳了他。秦、燕关系因此更加紧张。

太子丹的老师鞠武知道这件事后，力主将樊於期送到匈奴，以免秦国以此为借口进攻燕国。太子丹没有接受老师的意见，他觉得朋友落难，不应该落井下石。

鞠武谏曰：『不可。夫以秦王之暴而积怒于燕，足为寒心，又况闻樊将军之所在乎。是谓「委肉当饿虎之蹊」也，祸必不振矣！虽有管、晏，不能为之谋也。愿太子疾遣樊将军入匈奴以灭口。请西约三晋，南连齐、楚，北购于单于，其后乃可图也。』太子曰：『太傅之计，旷日弥久，心惛然，恐不能须臾。且非独于此也，夫樊将军穷困于天下，归身于丹，丹终不以迫于强秦而弃所哀怜之交，置之匈奴，是固丹命卒之时也。愿太傅更虑之。』——**《史记·刺客列传》**

鞠武看见太子丹不愿接受自己的意见，便向太子丹推荐田光，说：燕国有位田光先生，智谋深邃而勇敢沉着，可以与他商量。

燕有田光先生，其为人智深而勇沈，可与谋。——《史记·刺客列传》

鞠武告诉了田光，田光登门拜访太子。太子非常客气地迎接田光。

太子丹对田光说："燕秦不两立，愿先生留意也。"《史记·刺客列传》田光郑重地向太子丹推荐了荆轲。太子丹临出门之时，向田光说：今天谈的都是国家机密，请先生千万不要向外泄露。

太子送至门，戒曰：『丹所报，先生所言者，国之大事也，愿先生勿泄也！』——《史记·刺客列传》

荆轲是谁呢？

荆轲原是齐国人，后来移居卫国，到燕国后，燕人叫他荆卿。

荆轲自幼"好读书击剑"，"好读书"，自是士人，好"击剑"，则是剑客。

荆轲到燕国后交了三个朋友：一个是以杀狗为生的"狗屠"，一个是善于击筑的民间乐手高渐离，一个是隐士田光。田光非常器重荆轲，认为荆轲绝非凡人。

荆轲"好读书"而未有著述，爱剑术却剑术不精，喜交往而结交面广，愿从政却求仕无门。

田光告别太子丹之后立即拜访荆轲，说：咱俩关系这么铁，整个燕国无人不知。太子丹告诉我，燕、秦两国势不两立，希望你能关注这件事。我力不从心了，把你推荐给太子了，你赶快到宫中见太子。荆轲曰：遵命。田光又说：太子在我临走之时说，今天谈的都是国家大事，希望先生不要泄露。这是太子对我不放心。你见到太子，就说我已经死了。说完，田光就自杀了。

偻行见荆卿曰：『光与子相善，燕国莫不知。今太子闻光壮盛之时，不知吾形已不逮也，幸而教之曰：「燕秦不两立，愿先生留意也。」光窃不自外，言足下于太子也，愿足下过太子于宫。』荆轲曰：『谨奉教。』田光曰：『吾闻之，长者为行，不使人疑之。今太子告光曰「所言者，国之大事也，愿先生勿泄」，是太子疑光也。夫为行而使人疑之，非节侠也。』欲自杀以激荆卿，曰：『愿足下急过太子，言光已死，明不言也。』因遂自刎而死。——《史记·刺客列传》

田光的自杀使荆轲知道太子丹是要买凶，但是，荆轲仍然决定要去见太子丹并且最终答应了太子丹请求刺杀秦王的要求。荆轲与燕国并不沾亲带故，而且荆轲到了燕国之后也没有被当局者重用，所以荆轲面对燕国的存亡完全可以袖手旁观，那么荆轲最终为什么接受了这个危险的刺杀任务呢？荆轲为了完成刺杀秦王赵政的任务，他又做了哪些准备呢？

荆轲答应刺杀秦王，缘于荆轲的两个情结：一是从政情结，二是侠义情结。

太子丹对荆轲的到来，非常恭敬，先沉痛哀悼田光，再盛情礼遇荆轲，最后和盘托出刺杀秦王的计划。太子丹要求荆轲完成两项任务：

一是劫持秦王赵政，让他完全归还侵占诸侯国的土地。

二是劫持不成功，或者秦王不答应，就刺杀了他。造成秦国政坛内乱，然后诸侯趁机合纵，破秦。

诚得劫秦王，使悉反诸侯侵地……则不可，因而刺杀之。——《史记·刺客列传》

荆轲听了太子丹的计划，沉思很久，最后回答太子丹说：这可是国家的大事，我没这个本事，恐怕不足以胜任。

> 久之，荆轲曰：『此国之大事也，臣驽下，恐不足任使。』——《史记·刺客列传》

荆轲在田光死后已经知道太子丹让他干的是一个“不可能完成的任务”。这个任务无论成功与否，生还希望都非常渺茫。

听到荆轲的拒绝，太子丹一是叩头，二是再三请求，荆轲见此，同意了。

> 太子前顿首，固请毋之上，然后许诺。——《史记·刺客列传》

荆轲听完太子丹的买凶计划之后，完全可以全身而退，或者当面拒绝，或者佯装答应而暗中抽身。但是，荆轲最终答应了太子丹。

太子丹尊荆轲为上卿，让他住在最豪华的宾馆里，为他提供佳肴、豪车、美女，供其享乐。只要荆轲想要，太子丹无不答应。

> 于是尊荆卿为上卿，舍上舍。太子日造门下，供太牢具，异物间进，车骑美女恣荆轲所欲，以顺适其意。——《史记·刺客列传》

但是，荆轲享尽了人间富贵，还是没有动身之意。

因为荆轲在思索接近秦王的方式。

公元前228年，秦军攻克赵国都城邯郸，俘虏赵王迁，兵临燕国。

此时的太子丹再也坐不住了，亲自催促荆轲动身。

> 二十年，燕太子丹患秦兵至国，恐，使荆轲刺秦王。——《史记·秦始皇本纪》

荆轲说：我去秦国，如果没有可以打动秦王的东西，就不能见到秦王，也就无法完成使命。

> 今行而无信，则秦未可亲也。——《史记·刺客列传》

现在能够打动秦王的东西只有两样，一是樊於期的人头，二是督亢地图。

樊於期是秦王赵政最恨的叛将，这颗人头能使荆轲获得秦王的信任，领取一张进入秦廷面见秦王赵政的门票。督亢是战国时期燕国最富庶的地区，包括今河北涿州、定兴、新城、固安一带，它的价值是能激发起秦王赵政的贪欲。

有了这两样东西，秦王赵政一定会接见荆轲。

诚得樊将军首与燕督亢之地图，奉献秦王，秦王必说见臣，臣乃有以报。——《史记·刺客列传》

太子丹犹豫未决，荆轲私见樊於期。

荆轲对樊於期说：秦王与你可以说是结下了深仇大恨。你的父母妻子全部被秦王所杀，现在又以赏金千斤、封邑万户悬赏你的人头，你打算怎么报仇呢？荆轲这番话刚好说到樊於期的痛处，樊於期顿时泪如雨下，说：我现在就是想不出复仇之计。荆轲说：现在有一个办法可以报将军之仇、解燕国之危。樊於期赶快问荆轲是什么办法，荆轲说：我如果带着你的人头去面见秦王，秦王一定会接见我。那时，我左手抓住他的袖子，右手直刺他的胸膛，这样，将军的大仇可报，燕国所受的凌辱可以雪耻，将军有此意吗？樊於期听了之后说：我日日夜夜想的就是如何报仇，今天我才找到了报仇的方法。说完，立即刎颈自杀。

荆轲曰：『愿得将军之首以献秦王，秦王必喜而见臣，臣左手把其袖，右手揕其胸，然则将军之仇报而燕见陵之愧除矣。将军岂有意乎？』樊於期偏袒搤捥而进曰：『此臣之日夜切齿腐心也，乃今得闻教。』遂自刭。——《史记·刺客列传》

荆轲获得了进入秦廷的一张通行证。

太子丹为了确保行动成功，还准备了一把著名的匕首——赵人徐夫人匕首，在打造匕首过程中，把烧红的匕首放在毒药中浸泡。这种毒药浸泡的匕首，只要划破人的皮肤，其毒性就会见血封喉，置人于死地。

太子丹又为荆轲准备了一位副手，此人叫秦舞阳。秦舞阳是燕国名将秦开的儿子，十三岁就曾经杀过人，燕国人都不敢正眼看他。稚龄杀人，胆量过人。

太子丹准备好这一切之后，就等荆轲出发了。但是，荆轲始终没有行动。太子丹怀疑荆轲临阵怯懦，便对荆轲说：时间已经不早了，您是否有动身的打算，要不我让秦舞阳先动身。

顷之，未发，太子迟之，疑其改悔，乃复请曰：『日已尽矣，荆卿岂有意哉？丹请得先遣秦舞阳。』——《史记·刺客列传》

太子丹这句话惹恼了荆轲，荆轲十分恼怒地说：我之所以迟迟没有动身，是等我的一个朋友。他住得远，来得迟；既然太子怀疑我，那就不等了，立即出发。

荆轲怒，叱太子曰：『何太子之遣？往而不返者，竖子也！且提一匕首入不测之强秦，仆所以留者，待吾客与俱。今太子迟之，请辞决矣！』遂发。——《史记·刺客列传》

荆轲要等的这个“吾客”是谁？《史记·刺客列传》没有交代，但是，据推测可知：此人应当是荆轲十分信任而且武功高强的一位杀手。

临行那一天，太子和知道这件事的全体人员，全都穿上白衣，戴上白帽，在易水边上为荆轲送行。荆轲的好友高渐离亲自击筑，荆轲动情地唱道：风萧萧兮易水寒，壮士一去兮不复还。送别的场面极其悲壮。

荆轲头也不回地走了。

荆轲登车而去，奔赴秦廷，他自己要等的朋友没有如期到来，随同他去的却是他并不了解的秦舞阳。荆轲在秦廷刺杀赵政的失败，其中一重要原因就是秦舞阳怯懦。

于是荆轲就车而去，终已不顾。——《史记·刺客列传》

总之，荆轲刺秦的行动最终以失败而告终。

荆轲刺秦一事彻底激怒了秦王赵政。他命令王翦攻燕，秦王政二十年（前227），秦军击败燕军主力。秦王政二十一年（前226），攻占燕国都城蓟（今北京），燕王喜逃往辽东地区。秦将李信率军追至辽东，燕王喜无计可施，他听从了代王嘉的建议，为了讨好秦王，竟然杀了自己的亲生儿子太子丹，想用他的头颅换取自己的苟且偷安，却终究难逃亡国的命数。秦王政二十五年（前222），秦兵攻占辽东，俘虏燕王喜，最终灭掉燕国。荆轲刺秦惹恼了秦王赵政，但是，荆轲不刺秦王秦国就不会灭燕了吗？

其实对于燕国来说，它的灭亡不是太子丹造成的，荆轲刺秦充其量只是一个导火索。燕王喜杀了太子丹之后赵政不是照样要灭掉燕国吗？那么，真正导致燕国灭亡的原因是什么呢？

添乱者

燕国是战国七雄之一，但是燕国在战国七雄中实力比较弱小，所以在很长的时期里默默无闻，没有参与逐鹿中原的争斗，对别国也没有什么大的威胁。因此有人认为，导致燕国灭亡的直接原因是荆轲刺秦，这给了秦国一个进攻燕国的借口。

真正导致燕国灭亡的原因到底是什么呢？

主要有三个因素：一是禅让乱国，二是灭齐自削，三是疲赵自弱。

赵武灵王壮盛之年传位赵惠文王，导致自己饿死沙丘。这是中国历史上少有的在位君王放弃强权被杀的特例。在战国史上，燕国也出现了一例国君放弃强权的案例，而且，比赵武灵王更为荒唐。

这位燕国国君叫燕哙。

燕王哙继位后，子之做燕国的国相。子之是一个非常有政治野心的人，他想让燕王哙重用他，于是，采取了两种办法。

一是利用齐宣王的重臣苏代。苏代使燕，燕王哙问：齐王能称霸吗？苏代回答：齐王肯定不能称霸。燕王问为什么，苏代说：齐王不信任他的大臣。燕王哙听了苏代的话，对子之更加信任。子之因此赠给苏代一百镒黄金。

燕相子之与苏代婚，而欲得燕权，乃使苏代侍质子于齐，齐使代报燕，燕王哙问曰：『齐王其霸乎？』曰：『不能。』曰：『何也？』曰：『不信其臣。』于是燕王专任子之。——**《史记·苏秦列传》**

二是利用亲信游说燕王。子之有一位亲信叫鹿毛寿，鹿毛寿受子之嘱托，对燕王说：您不如干脆把国家禅让给国相子之。尧被称为贤圣，就是因为他要把天下让给许由，才有了让天下的美名，但是，尧并没有失去天下。如果现在您把燕国让给子之，子之一定不敢接受，而您就会得到和尧一样的美誉。

鹿毛寿谓燕王：『不如以国让相子之。人之谓尧贤者，以其让天下于许由，许由不受，有让天下之名而实不失天下。今王以国让于子之，子之必不敢受，是王与尧同行也。』——《史记·燕召公世家》

燕王哙三年（前318），燕王哙听从了苏代、鹿毛寿的花言巧语，把国家禅让给相国子之。

子之掌握了燕国实权后，又有人对燕王哙说：如今大王说是把国家托付给了子之，但官员都是太子的臣子，这是名义上把国家托付给子之，实际上还是由太子掌实权。燕王哙听后，干脆把俸禄三百石以上的官吏的印信全部交给子之。子之面南而坐，行使燕王的权力，而燕王哙因年迈不再处理国政，反而成了臣子，国家大政全都由子之裁决。

或曰：『禹荐益，已而以启，人为吏。及老，而以启人为不足任乎天下，传之于益。已而启与交党攻益，夺之。天下谓禹名传天下于益，已而实令启自取之。今王言属国于子之，而吏无非太子人者，是名属子之而实太子用事也。』王因收印自三百石吏已上而效之子之。子之南面行王事，而哙老不听政，顾为臣，国事皆决于子之。——《史记·燕召公世家》

子之执政三年，燕国大乱，百官恐惧。

燕王哙的做法受害最大的是太子平。公元前314年，太子平和将军市被密谋攻打子之。

齐国大臣对齐湣王说：燕国现在发生内乱，趁机出兵燕国，肯定能把燕国打垮。齐湣王于是派人对燕太子平说：我们齐国支持你。太子平本来就想夺回权力，听了齐国使者的话，率领将军市被包围王宫，攻打子之，但没能攻下来，将军市被和百官又反过来攻打太子平。结果，将军市被战死。燕国国内出现了几个月的内乱，死了好几万人。民心恐惧，百官离心。

将军市被与太子平谋，将攻子之。诸将谓齐湣王曰：『因而赴之，破燕必矣。』齐王因令人谓燕太子平曰：『寡人闻太子之义，将废私而立公，饬君臣之义，明父子之位。寡人之国小，不足以为先后。虽然，则唯太子所以令之。』太子因要党聚众，将军市被围公宫，攻子之，不克。将军市被及百姓反攻太子平，将军市被死，以徇。因构难数月，死者数万，众人恫恐，百姓离志。——《史记·燕召公世家》

齐湣王借机派出齐军讨伐燕国。燕国的士兵不迎战，城门也不关，齐兵攻入燕都，杀死燕王哙和子之，只用了“五旬”时间就占领整个燕国。

孟轲谓齐王曰：『今伐燕，此文、武之时，不可失也。』王因令章子将五都之兵，以因北地之众以伐燕。士卒不战，城门不闭，燕君哙死，齐大胜，燕子之亡。——《史记·燕召公世家》

燕国被齐国占领达两年之久。燕国百姓原以为齐国可以给燕国百姓带来和平、幸福。但是，齐国作为占领军，在燕国随意杀人，毁坏燕国宗庙，大肆掠夺燕国的国宝。最终，齐军的作为使燕国百姓极其反感，不久，“燕人叛”。

杀其父兄，系累其子弟，毁其宗庙，迁其重器。——《资治通鉴》卷三

公元前312年，齐军不得不撤出占领了两年的燕国。燕国人共立太子平为王，他就是燕昭王。

添堵者

燕王哙由于听信他人的蛊惑，贪图让贤虚名，稀里糊涂地把君位禅让给相国子之，把燕国搞得大乱。燕昭王在国家残破、民心离散的形势下登上君位。为了振兴燕国，燕昭王四处寻找治国良才，那么燕昭王究竟有

何妙招招揽人才呢？当燕国因招揽人才逐步走向强盛，连强大的齐国也臣服于燕国之时，实际上也在逐步削弱自己的力量，这该怎么理解呢？

燕昭王是在齐国占领军撤走之后即位的。他痛感燕国被齐国灭国的耻辱，决心召纳天下贤才，复国报仇。

他对大臣郭隗说：齐国趁我们燕国内乱，攻破燕国，我深知燕国小、力量弱，不足以报仇。可是，如果能得到天下贤士和我一起来治国，雪洗先王的耻辱，这是我的愿望啊！请问为国报仇要怎么样做？郭隗回答：大王如果能遴选出有才之士，亲自拜访他们，天下的贤臣听说大王求贤若渴就会到燕国来了。

燕昭王大惑不解地看着郭隗说：我去拜访谁呢？

郭隗说：我听说过一个故事。古代有一个喜欢千里马的国君，找了三年也没有得到一匹千里马，他身边一位清洁工（涓人）花了五百金买了一个死千里马的马头，献给国君，国君大怒，清洁工却说：天下的人知道这件事之后，肯定认为您是真想得到千里马，所以，千里马很快就会出现。果然，不到一年，送来的千里马就有好几匹。

假若大王一定要招纳天下的贤士，那就先从我郭隗做起。至于那些比我更有才能的人，还会不从千里之外到燕国来吗？燕昭王于是给郭隗改建豪华住

燕昭王收破燕后，即位，卑身厚币，以招贤者，欲将以报雠。故往见郭隗先生，曰：『齐因孤国之乱，而袭破燕，孤极知燕小力，不足以报。然得贤士与共国，以雪先王之耻，孤之愿也。敢问以国报雠者奈何？』……王诚博选国中之贤者，而朝其门下，天下闻王朝其贤臣，天下之士必趋于燕矣。』——《战国策·燕策一》

宅，像对老师那样用最高的礼节对待他。

燕昭王招贤一事迅速传遍天下，有一个人知道了这件事，风尘仆仆地从魏国来到了燕国。他就是乐毅！乐毅酷爱军事，听说燕昭王礼贤下士，礼尊郭隗，乐毅就想到燕国来施展才华，实现自己的抱负。

乐毅到了燕国，燕昭王以宾客之礼接待他。乐毅先礼让，后来向燕昭王表示愿意做臣下，燕昭王任命他为亚卿。尽管燕昭王得到了像乐毅这样的优秀人才，但是，以燕国一国之力要想打败齐国非常不易。

怎么办呢？燕昭王一心想复仇。于是，他采取了两种方法，一是等，二是做。“等”是等待机会，“做”是创造机会。

有些机会是等来的，有些机会是求来的。燕国苦苦等待攻打齐国的机会，终于等来了。什么机会呢？

原来，当时齐国国力强大，一心想吞并宋国。公元前287年，韩、赵、魏、齐、楚五国攻秦。五国攻秦的同时，齐国出兵灭掉了宋国，扩地千里。因为齐国知道当时各国都忙于战争而无暇顾及齐国，所以，齐国选择这个时候伐宋。

但是，齐国一国独吞宋国引发了韩、赵、魏、楚、秦等国的不安和不满。各国频繁出访，寻机攻齐。秦国丞相魏冉想通过伐齐得到当时最大的商业城市陶邑作为封地，力主伐齐，遂使秦昭襄王决定参加伐齐

郭隗先生曰：『臣闻古之人君有以千金求千里马者，三年不能得。涓人言于君曰：「请求之。」君遣之，三月得千里马，马已死，买其首五百金，反以报君，君大怒曰：「所求者生马，安事死马而捐五百金？」涓人对曰：「死马且买之五百金，况生马乎？天下必以王为能市马，马今至矣。」于是不能期年，千里之马至者三。今王诚欲致士，先从隗始。隗且见事，况贤于隗者乎？岂远千里哉？』于是昭王为隗筑宫而师之。——《战国策·燕策一》

之战。

公元前285年，秦将蒙骜带兵攻齐，攻下九城。此后，各国之间又进行了一系列以伐齐为中心的外交活动。燕昭王趁此良机积极参加了伐齐的外交活动。

公元前284年，秦、韩、赵、魏、燕五国联手伐齐。燕昭王动员全国兵力，派乐毅担任上将军，赵惠文王也把相国大印交给乐毅，乐毅统一指挥五国联军攻打齐国。济水一仗，五国联军大败齐军，亲征的齐湣王逃至莒（今山东莒县）。各路诸侯军队都停止了攻击，撤回本国，燕国军队却在乐毅的指挥下单独追击败逃的齐军，一直追到齐国都城临淄（今山东淄博市临淄区）。乐毅集中力量一举拿下齐国都城临淄后，把齐国的珍宝财物以及宗庙祭祀的器物全部运回燕国。

燕昭王悉起兵，使乐毅为上将军，赵惠文王以相国印授乐毅。乐毅于是并护赵、楚、韩、魏、燕之兵以伐齐，破之济西。诸侯兵罢归，而燕军乐毅独追，至于临菑。齐湣王之败济西，亡走，保于莒。乐毅独留徇齐，齐皆城守。乐毅攻入临菑，尽取齐宝财物祭器输之燕。——《史记·乐毅列传》

燕昭王大喜，亲自赶到济水岸边慰劳军队，用酒肉犒劳军队。封乐毅为昌国君。

燕昭王大说，亲至济上劳军，行赏飨士，封乐毅于昌国，号为昌国君。——《史记·乐毅列传》

燕昭王带着战利品回到燕国，让乐毅继续进攻还没拿下来的齐国城邑。

乐毅在齐国坚持战斗了五年，攻占齐国七十多座城邑，全部设为燕国的郡县，只有莒和即墨（今山东平度市）未被燕兵攻占。

乐毅留徇齐五岁，下齐七十余城，皆为郡县以属燕，唯独莒、即墨未服。——《史记·乐毅列传》

齐国就这样被燕国占领了五年。但是，五年之后齐军用火牛阵大败燕军，把燕军悉数逐出齐国，收复了全部失地。

齐国确实是燕国的仇国，但是，一向对燕国示好的秦国也是燕国的仇国。燕国只看到了仇国齐国，却忘记了秦国更是亡燕之心不死。

灭齐，实现了燕昭王对齐国复仇的愿望，齐国经此五年亡国，一蹶不振，从一流强国滑落到谷底。齐国的削弱使其对燕国的威胁大大减小了。

谁是齐国衰落的受益者呢？首先肯定是燕国。燕昭王享受着灭齐的快乐，观赏着从齐国掠夺来的珍宝。但他不曾想到，他的快意恩仇竟然成就了另一个重大受益者——秦国，加速了燕国自身的亡国步伐。

这该如何理解呢？

灭齐是一把双刃剑，在充分满足燕国复仇愿望时，齐国的大国、强国地位一落千丈。齐国是战国七雄之中能够和秦国一决雌雄的少数国家之一。一个强大的齐国严重制约了秦国对三晋的蚕食，秦国在对付三晋之时必须考虑的是齐国的态度。如果三晋有齐国的支持，秦兼并三晋就非常困难，至少不敢放开手脚。如果齐国衰落了，秦国军锋便可直指三晋，肆无忌惮地攻打三晋。三晋的衰败又洞开了攻打燕国的大门。燕国最后的亡国就是在韩、赵、魏相继亡国之后发生的。此时，秦国已毫无顾虑地对燕国用兵了。到了秦国可以对燕国动手之时，燕国也已不堪一击。所以，燕昭王灭齐对燕国来说是一种变相的自我削弱。

燕国其实处在一种两难的困境中，齐国是燕国的世仇，自然必须给齐国以沉重打击，这是从燕国自身利益出发的明智之举。但是，攻齐又必须掌握分寸。分寸不够，齐国对燕国是威胁，分寸过了，齐国衰落又导致秦国对燕国的威胁加大。燕国的国君完全不具备这种战略眼光，因此，也看不到如何把握这个分寸。

一世英明的燕昭王为燕国灭亡埋下伏笔。这一点，燕昭王完全始料不及。

又一个自亡者

燕国灭亡的第三个原因是“疲赵自弱”。

所谓“疲赵”，就是不让赵国与秦军大战后得到休整。

燕国不仅利用五国攻齐之机占领齐国长达五年，而且，在邯郸之战秦军失败后，又打起了赵国的主意。

我们在“赵国之亡”一章中已经讲过，公元前251年，燕王喜趁赵国长平之战损兵四十五万主力的机会，派出大军攻赵，企图在赵国再大捞一把，结果被赵国大将廉颇、乐乘打得大败。主战的相国栗腹被杀，赵军一直追杀到燕都。接下来赵军又在公元前250年、公元前249年两次围攻燕国都城，打得燕国喘不过气来。但是，赵国在长平之战最需要的是休整，而不是疲于奔命地应对燕国的入侵。燕国的趁火打劫使赵国疲惫不堪。

赵国是三晋之中唯一能够和秦国过招的国家。由于秦国实行“远交近攻”的战略，再加上五国攻齐的教训，齐国开始奉行明哲保身的策略，不再过问秦与三晋之间的争斗。因此，战国后期中原战场上只有赵国一国在力阻秦国东进。赵国以一国之力保护了“远交近攻”的受益国燕国、齐国，给了燕国、齐国以和平。但是，燕国对赵国的战略性作用没有一点点认识。

当燕王喜力主攻赵之时，除了重臣乐间反对，还有一位燕国大夫将渠也坚决反对。将渠认为：燕国和赵国订了盟约，还拿了五百镒黄金的重礼给赵王祝酒，使者一回来就要进攻赵国，这不吉利，所以攻赵肯定不会成功。

与人通关约交，以五百金饮人之王，使者报而反攻之，不祥，兵无成功。——**《史记·燕召公世家》**

将渠反对对赵国用兵的理由竟然是害怕不吉利。

燕国君臣有战略眼光吗？一点也没有。燕国当时完全不具备纵览天下兴亡的战略眼光，丝毫不懂疲赵是一种自我削弱，攻赵是自我亡国。

赵国疲劳，军队得不到休整，赵国将会被秦国打败。如果赵国被秦国打败了，燕国还能享受赵国用鲜血和战火换来的和平吗？

所以，燕国灭亡的原因在于灭齐与疲赵。当齐国衰落之时，当赵国疲惫之日，也就是燕国的亡国之日。燕王喜看不到这一点，甚至于在丢失国都逃往辽东后，还幻想用杀死自己的儿子太子丹来换取苟且偷安，结果还是被秦国所灭。燕国国君毫无战略眼光，直至灭亡仍不觉悟。

秦王赵政易如反掌地打垮了燕国，之后东方六国只剩下齐国和楚国在苟延残喘，秦王赵政又会将死亡之剑指向哪个国家呢？

请看：楚国之亡。

楚国之亡

二十三

秦王赵政在攻下韩、赵、魏，击破燕国之后，立即把进攻的矛头对准了南方大国楚国。楚国地域辽阔，历史达八百年之久，秦王赵政对于这个国家垂涎已久。可是，楚国实力非常强大，尤其是距秦王赵政统一六国一百多年前，楚国的疆域北涉黄河，东到江浙，西控巴蜀，南制闽粤，是当时战国七雄中领土最大的国家，军事力量雄极一时，楚国兵强马壮，横扫中原，也显露出了争雄之势。到了秦王赵政时期，楚国实力依然不可小视，尤其是楚国还有一个著名的将领——西楚霸王项羽的祖父项燕，秦国也一时奈何不了它。可是当秦王赵政派出了大将王翦进攻楚国后，秦楚对峙的局势立刻发生了翻天覆地的变化，只用了三年时间，强大的楚国就被秦军攻陷。那么秦国最终依靠怎样的谋略把楚国消灭的呢？楚国灭亡的原因究竟是什么呢？

自保是必须的

楚王负刍四年（前224），秦王赵政派遣王翦、蒙武率六十万大军攻楚。王翦临行前对送到灞上的秦王赵政说：请大王多多赏赐我良田美池吧。秦王说：将军你尽管去吧，还担心以后会贫困吗？王翦回答：作为大王的将军，建功最终也不得封侯，我这是为子孙后代着想啊。赵政大笑。

大军到了边关以后，王翦又派使者请求赏赐好田有五次之多，有人对王翦说：将军是不是太过贪心了？王翦却回答：你不懂，秦王性情粗暴而不信任人，现在把秦国的全部军队委托给我，如果我不多多请求田宅替子孙经营产业，以此来显示我对秦国的忠心，秦王就会怀疑我。可见，王翦绝对不只是一介武夫，而且颇有政治头脑。

王翦行，请美田宅园池甚众。始皇曰：『将军行矣，何忧贫乎？』王翦曰：『为大王将，有功终不得封侯，故及大王之向臣，臣亦及时以请园池为子孙业耳。』始皇大笑。王翦既至关，使使还请善田者五辈。或曰：『将军之乞贷，亦已甚矣。』王翦曰：『不然。夫秦王怚而不信人。今空秦国甲士而专委于我，我不多请田宅为子孙业以自坚，顾令秦王坐而疑我邪？』——《史记·白起王翦列传》

王翦率军进入陈邑、平舆一带后，停止前进，构筑壁垒坚守。楚国调集大军，全力抵抗。两军相逢，楚军主动出击，多次挑战，秦军就是不应战。王翦让士卒洗沐休息，天天犒赏士卒，自己和士卒还同吃同饮，但是，就是不打仗。过了一段时间，王翦问：士兵们在干什么？左右的人告诉他：士兵在投石块玩游戏，看谁投得远。王翦听了之后心中暗喜。

这种不战不和的局面相持了一年左右，创造了秦王赵政发动统一战争以来的一个奇迹——来而不打。一年多来想打而打不成的楚军开始向东移动。王翦一看，机会来了，立即派出精兵追击正在调动的楚军。结果，楚军大败。

> 久之，王翦使人问军中戏乎？对曰：『方投石超距。』于是王翦曰：『士卒可用矣。』荆数挑战而秦不出，乃引而东。翦因举兵追之，令壮士击，大破荆军。——《史记·白起王翦列传》

公元前223年，王翦、蒙武率领秦军攻入楚国最后的都城寿春（今安徽寿县），俘获了楚王负刍。

楚王负刍被俘后，楚将项燕东山再起，在淮南拥立昌文君为楚王，继续抗秦（此从《史记·秦始皇本纪》。然该篇说是昌平君，非昌文君。杨宽《战国史》考订昌平君系昌文君之误。《史记》的《楚世家》《王翦列传》《六国年表》等均说项燕兵败被杀）。秦将王翦、蒙武在淮南大败楚军，昌文君战死，项燕自杀，楚国灭亡。秦在楚地设立九江郡、长沙郡。公元前222年，王翦平定了江南地，降服越君，建立了会稽郡。

灭楚之战是中国历史上疲敌制胜的典型战例。秦国大将王翦采取了养精蓄锐、伺机出击的作战方针。楚军求胜心切，与秦军总交不上锋，最终斗志逐渐消失殆尽。这场秦楚之战成为秦国灭楚的转折点。然而熟悉楚国历史的人都知道，楚国在战国七雄中是最早实行变法图强的国家之一，甚至比秦国的商鞅变法还要早。战国时代有两句流传极广的话，“横成则秦帝，从成则楚王”《战国策·秦策四》，意思是说，连横成功则秦国称帝，合纵成功则楚国称王。可见，楚国曾经是战国时代和秦国一样最强大的诸侯国。那么，幅员辽阔、实力强大的楚国为什么会在短短三年内就被秦王赵政给灭了呢？

其实，楚国之亡至少有三方面的原因：一是改革不力，二是政治腐败，三是不明大势。

少一个都不行

先谈改革不力。

战国初年第一个强国是谁？魏国。魏国为什么强大？因为魏国的创始者魏文侯重用李悝施行变法。战国时期的变法，其实就是政治、军事、经济的一次全面改革。乱世之中，谁变法早、变法彻底，谁就能迅速强大。魏文侯在位时间长达五十年，对变法的认识大大早于其他诸侯国，所以，魏国变法最早，魏国因此成为战国初年最强大的诸侯国。

楚国的变法较晚，楚国真正的变法是在楚悼王时期，此时，魏国名将兼政治家的吴起因受魏武侯的猜忌来到楚国。吴起到楚国之后，先任一年边地郡守，后来因楚悼王知道他的才能出众而被任命为令尹，施行变法。

楚悼王素闻起贤，至则相楚。
——《史记·孙子吴起列传》

吴起的变法早于秦孝公的变法二十年左右，在战国七雄之中算是领风气之先者。吴起变法的内容主要有四点：

第一，废除世卿世禄。

世卿世禄是宗法制的衍生物。由于政权可以世袭，所以，爵位、俸禄也可以世代承袭。这种体制是政治、经济共同体，既有政治上世袭的爵位，又有经济上世袭的俸禄。这种世卿世禄制度对贵族、功臣是一种奖励，贵族功臣者的后世子孙，无论有无才能，有无功劳，都可以享受丰厚的爵禄。

那么，后世有功者怎么办？这种世卿世禄制度的最大弊端是严重地阻碍了后世有才有功者的晋升之路，无法调动人才为国效力的积极性。如果人才没有为国建功立业的积极性，国家肯定无法强大起来。所以，吴起在楚国首先从废除世卿世禄制入手，剥夺那些前辈有功而后世无功者的爵禄，将无功者的爵禄拿过来奖给那些今天的立功者。

均楚国之爵，而平其禄，损其有余，而继其不足。——《说苑·指武》

具体怎么执行呢？吴起的办法是：前代封君的后世子孙，只要到了三代，就可以没收他们原有的爵禄。当然，到了三代又立新功者例外。这样一来，世卿世禄制实质上是被废除了。

封君之子孙三世而收爵禄。——《韩非子·和氏》

收回来的爵禄怎么办？奖励那些在战斗中立功的将士。这样做的结果必然使楚军的战斗力大大增强。

第二，整顿吏治。

吏治是国家大治的根本问题，所以，吴起的变法非常重视吏治的整顿。吴起在这一方面做了两项工作：

首先是减少大臣、封君。吴起认为，楚国的问题是“大臣太重，封君太众”《韩非子·和氏》。“封君”指接受封邑的贵族。“大臣”“封君”的权力太重。对国君是威胁，对百姓是灾难。这种情况不改变，楚国就不可能强大。要改变这种局面，就必须像修理树枝一样进行一番抑制。

上逼主而下虐民。——《韩非子·和氏》

其次是废除冗官。官员队伍中确有“无能”“无用”之辈，吴起的办法是把那些无能、无用的官员淘汰出官场。同时，国家通过裁汰冗官，减少不必要的开支。

罢无能，废无用。——《史记·范雎蔡泽列传》

第三，奖励耕战。

富民强国的根本问题是两点，一是耕，二是战。“耕”是重视发展农业，“战”是提高军队战斗力。这两点是富民强国的根本。吴起的做法是禁止农民离开土地成为游民，奖励农民、战士，让他们得到实惠。

禁游客之民，精耕战之士。——《史记·范雎蔡泽列传》

第四，广辟土地。

楚国土地广袤，加上它对一些小国不断采取兼并灭国的策略，所以，楚国闲置的土地特别多。吴起看到这种现象，便劝楚悼王派贵族去垦荒开发。这是件苦差事，被派的贵族都叫苦不迭。

于是令贵人往实广虚之地。皆甚苦之。——《吕氏春秋·贵卒》

吴起在魏国只是一位名将，但他完全具备一位政治家的基本素质，而且他目睹了魏国的李悝变法。所以，得到楚悼王的大力支持后，吴起在楚国进行了大刀阔斧的改革。

吴起变法的时间并不长，但是，效果非常明显。蔡泽评价吴起变法的成果是："兵震天下，威服诸侯。"《史记·范雎蔡泽列传》《史记·孙子吴起列传》论及吴起变法的结果是："南平百越；北并陈蔡，却三晋；西伐秦。诸侯患楚之强。"

吴起变法与商鞅变法一样触及富国强兵的根本，但是，吴起变法没有像秦国的商鞅变法一样获得巨大成功是为什么呢？一是楚悼王下世，二是楚国既得利益者势力强大。

吴起帮助楚悼王变法之时已是楚悼王的晚年，不像年轻的秦孝公一继位就重用商鞅进行变法，所以，楚悼王、秦孝公两位君主对吴起、商鞅两位改革家支持的力度差别很大。这个差别完全取决君王的生命长度。楚悼王一死，这些既得利益在吴起变法的过程中受到严重损伤的宗室大臣，公然在灵堂上攻杀吴起。吴起一看，大事不妙，立即跑到楚悼王的遗体旁，伏在楚悼王的尸体上。叛乱的宗室大臣用乱箭射杀吴起。由于吴起伏在楚悼王尸体上，这些箭也射中了楚悼王的尸体。楚悼王死后，太子继位，他让令尹把射杀吴起时射中楚悼王尸体的人，全部处死。因此案而被株连的七十多家统统被杀掉。

及悼王死，宗室大臣作乱而攻吴起，吴起走之王尸而伏之。击起之徒因射刺吴起，并中悼王。悼王既葬，太子立，乃使令尹尽诛射吴起而并中王尸者。坐射起而夷宗死者七十余家。——**《史记·孙子吴起列传》**

商鞅死后，秦惠文王并未废除商鞅的新法。但是，楚悼王死后，吴起的新法虽然还有一些影响，但是，大部分内容被废除。楚国从此再也没有像吴起这样大规模的变法，因此，楚国并未在吴起变法之后持续强大，秦国却因商鞅变法迅速崛起。

楚国的灭亡有多种原因，但自身力量的衰弱是最根本的原因。

大老虎

纵观历史，政治腐败是亡国的重要原因之一，很早就变法图强的楚国也难逃政治腐败这个顽疾的困扰。尤其是楚国的末期，被冠以“战国四公子”之一的春申君成为楚国腐败的焦点，从他的身上我们可以看到楚国内政是怎样腐败的。

楚国的政治腐败主要表现在用人上。楚国早期，公族长期受楚王宠爱；之后，屈、昭、景三大姓在楚国政坛上举足轻重；晚期，春申君又受楚王重用。这种用人制度的缺陷是非公族的或者是非三大姓的杰出人才很难脱颖而出。

春申君是楚顷襄王的弟弟，他和平原君、孟尝君、信陵君并称为“战国四公子”。

春申君曾陪伴楚太子到秦国做人质。秦国一直扣着楚太子，不让太子回国，后来，楚顷襄王病重，太子想回国，一旦楚顷襄王病故便即位，但是，秦国坚持不放楚太子回国。

楚太子和秦国相国范雎的私交甚好，于是，春申君拜见范雎说：楚王病危，秦国应当早点让楚太子回国，这样，一旦楚王有何不测，太子就可以即位。如果太子被立为楚王，一定会感谢相国放其回国的恩德。楚太子回国与留秦是两重天：太子回国即是楚王，留在秦国不过是一介布衣。如果太子不能回国，楚王病故之后一定会再立他人，再立的太子会尊奉秦国吗？请相国考虑考虑怎样做对秦国更有利。于是范雎向秦昭襄王进言，放楚太子回国。秦昭襄王认为，先派楚太子的随从回国看一下楚王的病情，再决定是否放他回国。春申君得知这个消息后，对楚太子说：如果太子不能如期回国，一旦大王过世，一定会立他人。太子不如和楚国使者一起逃离秦国，我留下来善后。于是，楚太子换了衣服，随着楚国使者逃出秦国，春申君留守在秦国，以楚太子有病为由，阻挡前来的秦国官员。一直到楚太子起程多日之后，春申君估计秦国已经追不上太子了，才去见秦昭襄王。春申君对秦昭襄王说：楚太子已归国，我黄歇欺骗大王，当死。秦昭襄王一听春申君的话勃然大怒，想立即杀死春申君。范雎一看秦昭襄王怒不可遏，便劝秦昭襄王说：黄歇作为臣子，能不计个人安危保护太子，太子继位之后一定会重用他，不如放黄歇回国，让他执行亲秦国策。秦昭襄王仔细想了想，还是忍住了愤怒，放春申君回国。春申君回国不久，楚顷襄王病故，太子被立为楚王，他就是历史上的楚考烈王。楚考烈王继位之后，立即任命春申君当了相国。

楚使歇与太子完入质于秦，秦留之数年。楚顷襄王病，太子不得归。而楚太子与秦相应侯善，于是黄歇乃说应侯曰：『相国诚善楚太子乎？』应侯曰：『然。』歇曰：『今楚王恐不起疾，秦不如归其太子。太子得立，其事秦必重而德相国无穷，是亲与国而得储万乘也。若不归，则咸阳一布衣耳；楚更立太子，必不事秦。夫失与国而绝万乘之和，非计也。愿相国孰虑之。』应侯以闻秦王。秦王曰：『令楚太子之傅先往问楚王之疾，返而后图之。』黄歇为楚太子计曰：『秦之留太子也，欲以求利也。今太子力未能有以利秦也，歇忧之甚。而阳文君子二人在中，王若卒大命，太子不在，阳文君子必立为后，太子不得奉宗庙矣。不如亡秦，与使者俱出；臣请止，以死当之。』楚太子因变衣服为楚使者御以出关。而黄歇守舍，常为谢病。度太子已远，秦不能追，歇乃自言秦昭王曰：『楚太子已归，出远矣。歇当死，愿赐死。』昭王大怒，欲听其自杀也。应侯曰：『歇为人臣，出身以徇其主，太子立，必用歇，故不如无罪而归之，以亲楚。』秦因遣黄歇。歇至楚三月，楚顷襄王卒，太子完立，是为考烈王。考烈王元年，以黄歇为相，封为春申君。——**《史记·春申君列传》**

楚考烈王无子。春申君为此事伤透了脑筋，多方寻求能生育的女人进奉给楚考烈王，但是，仍然无效。

此时有一个叫李园的人，想把自己漂亮的妹妹送给楚王，但是，听说楚王不能生育，担心自己的妹妹入宫后会因为无子而失宠，便想了一个办法。他先投在春申君门下当舍人，不久告假，有意误期不返。等他回来，专门为此事去拜见春申君，春申君问他为何误期，他说：我有一个漂亮的妹妹，齐王派使者来求婚，因此，才耽搁了几天。春申君听后，便问：出嫁了吗？李园回答：没有。春申君又问：我可以见见你妹妹吗？李园一听，正中下怀，便爽快地答应了。于是，李园领着她漂亮的小妹来拜见春申君，春申君一见李园的小妹，非常喜欢，李园趁机把自己的小妹许给了春申君。

> 楚考烈王无子，春申君患之，求妇人宜子者进之，甚众，卒无子。赵人李园持其女弟，欲进之楚王，闻其不宜子，恐久毋宠。李园求事春申君为舍人。已而谒归，故失期。还谒，春申君问之状，对曰：『齐王使使求臣之女弟，与其使者饮，故失期。』春申君曰：『娉入乎？』对曰：『未也。』春申君曰：『可得见乎？』曰：『可。』于是李园乃进其女弟，即幸于春申君。——**《史记·春申君列传》**

等到李园的小妹跟随春申君怀孕之后，李园的小妹对春申君说：楚王信任先生超过自己的兄弟，如今您在楚国当了二十多年的相国，但是，大王却无子。假如大王百年之后，只能再立其他兄弟。如果楚王的其他兄弟被立为楚王，新楚王也一定会重用他所喜欢的人，您怎么能够长保尊位？现在我已经怀上了您的孩子，而且和您相处的时间不长，很多外人不知内情，不如趁此机会把我献给楚王。大王非常信任您，如果您进献我，大王一定会接纳。假如将来生个儿子，那么您的儿子就会继承君位。这样，楚国就是您的了，您还会担心您的前程吗？春申君认为李园的小妹讲得非常有道理。于是，他把李园的小妹安置在宾馆，立即向楚王推荐了李园之妹。楚王召见李园的小妹，看见这位楚楚动人的女子，立即笑纳了。后来，李园的小妹生了一个孩子，还是个男孩。楚考烈王便立李园小妹所生的儿子为太子，立李园的小妹为王后，重用李园。

> 知其有身，李园乃与其女弟谋。园女弟承间以说春申君曰：『楚王之贵幸君，虽兄弟不如也。今君相楚二十余年，而王无子。即百岁后将更立兄弟。则楚更立君后，亦各贵其故所亲，君又安得长有宠乎？非徒然也，君贵用事久，多失礼于王兄弟，兄弟诚立，祸且及身，何以保相印江东之封乎？今妾自知有身矣，而人莫知。妾幸君未久，诚以君之重而进妾于楚王，王必幸妾；妾赖天有子男，则是君之子为王也，楚国尽可得，孰与身临不测之罪乎？』春申君大然之。——**《史记·春申君列传》**

李园眼看着自己的小妹一天天发达起来，担心春申君会泄露自己小妹先怀孕后入宫的丑闻，于是私下里养了一批亡命徒，想找个机会除掉春申君，楚国不少人已经得知了李园的阴谋。

李园既入其女弟，立为王后，子为太子。恐春申君语泄而益骄，阴养死士，欲杀春申君以灭口，而国人颇有知之者。——《史记·春申君列传》

春申君是贵族后裔，他为了使自己进一步得宠，在李园和他妹妹的蛊惑下，把李园的妹妹献给了楚考烈王，这可以说是春申君一生中最大的败笔。这件事不仅造成了楚国政权更迭中的血案，也为春申君带来了满门抄斩的厄运。这场改变楚国命运的灾难原本是可以避免的，那么，春申君为什么最终还是走向了这条不归之路呢？春申君在这个事件的处理上，显示出了他怎样的弱点呢？

春申君做了二十五年楚相，楚考烈王病危，春申君的一位门客朱英对春申君说：这个世界上有意想不到的福，又有不期而至的祸。您现在处在生死无常的世上，侍奉喜怒无常的君主，又怎么会没有意料不到的人呢？

朱英谓春申君曰：『世有毋望之福，又有毋望之祸。今君处毋望之世，事毋望之主，安可以无毋望之人乎？』——《史记·春申君列传》

春申君问他：什么叫意想不到的福？朱英回答：您任楚相二十多年，名为相国，实为楚王。现在楚王病重，危在旦夕，您辅佐幼主，代他掌握国政，如同伊尹、周公一样，等君王长大成人再把大权交给他。否则，就干脆自己去当楚国的国君。这就是所说的意想不到的福。春申君又问：什么叫不期而至的祸？朱英回答：李园不掌国政却是国君的舅父，他不管军事却豢养了不少亡命之徒。楚王一下世，李园必定抢先入宫夺权，而且要杀您灭口。这就是我所说的不期而至的祸。春申君又问：什么叫意料不到的人？朱英回答：您把我安排在楚王的卫队里，楚王一下世，李园必定抢先入宫，我替您杀掉李园。这就是所说的不期而至的人。春申君听完之后说：您不要说了，李园是个软弱的人，我对他很好，他怎么会这样做！朱英知道自己的话不会被采用，担心祸患殃及自身，立即逃走。

十七天后，楚考烈王去世，李园果然抢先入宫，并在城门埋伏下刺客。春申君进入宫门，李园豢养的刺客立即杀了春申君，并派人把春申君全家满门抄斩。李园妹妹的儿子被立为楚王，这就是楚幽王。

春申君去世的这一年是秦王政九年（前238），离秦王赵政发动统一战争的公元前230年，仅仅只有八年了。

春申君向楚考烈王进奉怀孕的李园之妹一事，极类吕不韦与赵姬之事，我在这里不再详辨。但是，我认为有几点是可信的：

第一，春申君进献李园之妹一事有可能是真的，它反映了楚国后期政治的腐败。春申君是为自己永葆荣华富贵而向楚考烈王进献美女的。

第二，春申君死于李园之手反映了春申君本人毫无政治斗争经验。朱英已经向他讲述了李园私养亡命徒要谋杀他一事，他竟然全不相信。这样一个完全不懂政治的人掌管楚国的国政长达二十五年，楚国政治的昏乱黑暗不言自明。

春申君曰：『何谓毋望之福？』曰：『君相楚二十余年矣，虽名相国，实楚王也。今楚王病，旦暮且卒，而君相少主，因而代立当国，如伊尹、周公，王长而反政，不即遂南面称孤而有楚国？此所谓毋望之福也。』春申君曰：『何谓毋望之祸？』曰：『李园不治国而君之仇也，不为兵而养死士之日久矣，楚王卒，李园必先入据权而杀君以灭口。此所谓毋望之祸也。』春申君曰：『何谓毋望之人？』对曰：『君置臣郎中。楚王卒，李园必先入，臣为君杀李园。此所谓毋望之人也。』春申君曰：『足下置之。李园，弱人也，仆又善之，且又何至此！』朱英知言不用，恐祸及身，乃亡去。——**《史记·春申君列传》**

我们再看看春申君的生活。

楚考烈王元年（前262）春申君受赏淮北十二个县。十五年以后，黄歇向楚王进言：淮北地区靠近齐国，属于边境地区，请把这个地区划为郡治理。同时献出淮北十二个县，请求改封到江东。楚考烈王答应了他。春申君就在吴国故都修建城堡，作为自己的都邑。春申君的住宅极其豪华，司马迁在《史记·春申君列传》的“太史公曰”中说：“吾适楚，观春申君故城，宫室盛矣哉！”直到西汉时代，司马迁看到的春申君故宅还如此豪华，可以想见，这座建筑在战国后期多么奢华。

春申君客三千余人，其上客皆蹑珠履以见赵使，赵使大惭。——《史记·春申君列传》

有一次，赵国平原君派使者拜访春申君，春申君把平原君的使者一行安排在上等客馆住下。平原君的使者想向楚国夸耀赵国的富有，有意用玳瑁簪子绾插冠髻，还亮出用珠玉装饰的剑鞘。会见之时，平原君的使者发现，春申君的上等宾客都穿着镶嵌珠子的鞋子，平原君的使者立即感到自惭形秽。我们不知道春申君的宾客是否得知了平原君使者的意图而有意为之，但是，春申君的门客穿镶嵌珠玉的鞋子，的确过于豪奢。

春申君黄歇在楚国末期大权独揽、生活侈靡、苟且偷安、无所作为，最终造成了楚国的政治腐败。楚国后期的统治者，就是沿着这样腐败的轨道最终走向了灭亡。这种腐败的局面是有历史渊源的，楚国很多人才都得不到重用，如热情来投的异邦人杰吴起惨遭杀害，才华横溢、富有政治抱负的屈原两遭贬抑。

不明大势

除了楚国的政治腐败，还有一个更重要的原因导致楚国灭亡。这个原因是当时六国所犯的一个通病。什么通病呢？不明大势。

楚国灭亡的重要原因之一是不懂得战国发展的大趋势。战国时代历史发展的大趋势是由春秋时期的争霸发展到兼并统一。

楚国历代国君对此没有清醒的认识。表现之一是不知变法图强，不追求统一天下，只知醉生梦死。表现之二是不知道天下大势是趋于一统，如果楚国不能统一天下，天下最终必然被其他诸侯国统一。

何以见得呢？我们前面讲过的邯郸之战带来了两大结果：

一是合纵成功。赵、魏、楚三国联军大败秦军的现实，显示了山东六国合纵的巨大威力，同时，也给山东六国的合纵提供了新的机遇。如果山东六国能够抓住这一机遇，加强合纵，削弱秦国，这将是对秦国统一六国的严重挑战。但是，山东六国无一国有此战略眼光。燕国认为赵国壮年士兵都死于长平之战，于是发动了对赵国的战争。楚国呢？楚国乘机灭掉鲁国。秦国的压迫稍一减弱，六国之间就展开相互攻伐。

二是秦国受挫。秦国兵败邯郸是秦国统一战争中的一次重大挫折，由于这次挫折，秦国暂时中止了对六国的蚕食。此事发生在秦昭襄王时期，而楚国君王对天下统一的大势毫无认识。

我们再举一例。

《史记·春申君列传》记载了春申君给秦昭襄王的一封上书。这封上书被司马迁全文引用，可见，司马迁非常重视这封信。但是，现代史学家认为此书非春申君所写，事情也非秦昭襄王时期之事。

这封所谓春申君给秦昭襄王的上书中心有三点：一是“伐楚”不如“善楚”；二是攻楚不如攻韩、魏；三是攻占齐国部分土地，切断燕、赵和齐、楚的联系。

这封给秦王的信虽然使楚国暂时避免了亡国之难，但是，对秦国统一六国却是一个极有战略意义的建议。它和范雎后来“远交近攻”的方略完全一致。所以，从长远来看，这是一个对楚国极为不利的方案。

这封上书与“通天大计”一章中韩非的上书有异曲同工之妙，即嫁祸于人。

我们可以不相信这是春申君对秦昭襄王的说辞，但是，我们应当相信这是楚国使者对秦国国君的说辞。这个说辞的前提是秦并天下已成大趋势。由于这个大趋势已经难以改变，所以，韩非要存韩灭赵，楚国要存楚灭韩、魏。

不论韩非还是这位写奏书给秦昭襄王的楚国大臣，都只看到眼前利益，而忽略了或者是已经顾及不到本国的长远利益了。

楚国最终在各种因素的共同作用下灭亡了。秦王赵政的灭楚意味着他发动的统一战争已经取得了决定性的胜利。对于仅存的齐国，赵政又将采取什么样的方法将其消灭呢？

请看：不战而降。

二十四

从公元前230年秦王赵政拉开灭亡六国的序幕，长剑直指，所向披靡，战国七雄中的韩、赵、魏、楚、燕，一个个烟消云散。现在，秦国大军直接面对着最后一个对手——齐国。齐国因为不和秦国接壤，又受惠于秦国的“远交近攻”策略，长期休养生息，几十年没有发生大的战争。所以，当秦国的大军攻入齐国的时候，齐国还有上千里的土地，数十万的雄兵。但是，秦王赵政的收官之战几乎不费一兵一卒，被困的鸟兽尚且作最后的生死挣扎，为什么齐国这样一个大国，在秦军兵临城下的时候，打都没打就举国投降了呢？

不战而屈人之兵

公元前222年，秦将王贲灭掉燕国之后率领秦军自北向南攻入齐国。齐王建看到韩、赵、魏、楚、燕五国全部灭亡，如今秦兵又兵临齐国，顿时慌作一团。齐王建继位四十四年来，从来没有遇到过如此棘手的问题。要抵抗，几十年未做任何战备；不抵抗，只能束手就擒。正当齐王建惶惶不可终日之时，秦王赵政的使者来到了齐国都城临淄。田建认为，如果秦王赵政真的要灭掉齐国，还会派使者来吗？肯定不会。既然派来了使者，齐国肯定有转机了，难道自己几十年事奉秦国真的有结果了？

于是，齐国都城临淄的王宫里举行了一场特别隆重的仪式，齐王建接见了来自秦国的使者。秦国使者对齐王建说：只要齐王愿意投降，秦国准备拿五百里地，让齐王建做一个封君。齐王建听后，大为兴奋。五国相继灭亡，五国国君非死即俘，唯独自己还能捞个封君当当，这个待遇相当不错了。于是，齐王建立即爽快地答应了秦使的要求，下令举国投降。

秦使陈驰诱齐王内之，约与五百里之地。齐王不听即墨大夫而听陈驰，遂入秦。——《战国策·齐策六》

这一年是秦王政二十六年（前221）。从秦王政十七年赵政派内史腾攻韩，拉开了统一六国的序幕，到齐王建举国投降，秦国完成统一天下，正好用了十年的时间。

齐王建一到秦国，秦王赵政把他安置在共地（今河南辉县市）一片松柏林间，断绝对齐王建的一切食物供应，齐王建最后竟然被活活饿死在林子里。

秦处之共松柏之间，饿而死。
——《战国策·齐策六》

在齐王建四十余年的投降政策下，齐国军民都放弃了武装，百姓看着秦兵开进都城，没有人敢抵抗。秦国不亡一兵一卒就顺利接管了齐国。

秦兵卒入临淄，民莫敢格者。
——《史记·田敬仲完世家》

在秦王赵政灭亡的六国之中，赵国是抵抗秦国最为顽强的诸侯国，原因是赵国名将辈出：赵奢有大败秦军的阏与之战，廉颇在长平之战中让秦国名将白起头疼得不得不用反间计，李牧在赵国败亡之际仍然能够大败秦军，最后秦国也不得不用反间计除掉李牧。六国中燕国比较弱，但是，燕国还派荆轲去刺了一下秦王，不管怎么样，它还挣扎了一下。齐国则是伸出脖子等着挨人家一刀，齐国亡国最窝囊，不战而降。

齐国的灭亡虽然窝囊，但齐国的历史并不窝囊。齐国有过辉煌的历史。齐国是周王朝最早分封的国家之一。齐国地处今天山东东北部，是沿海国家，有鱼盐之利，物产丰富。这样一个国家，为什么会不战而降呢？

让我们翻开《史记·齐太公世家》《史记·田敬仲完世家》，从齐国的兴衰历程中，也许能找到历史的一丝脉络。齐国的第一任国君，是周王朝的开国功臣姜太公，齐国还是春秋五霸中第一个称霸的国家。

春秋五霸之首的齐桓公，任用管仲改革，选贤任能，加强武备，发展生产，国力迅速强盛。“临淄之途，车毂击，人肩摩，连衽成帷，举袂成幕，挥汗成雨，家殷人足，志高气扬”《史记·苏秦列传》，就是齐国强盛时期的写照。战国齐威王、宣王时期，齐国曾经是七国中的佼佼者。后来，秦昭襄王为了自称西帝，不得不拉着齐湣王，让齐湣王称东帝。可见，齐国在七雄之中地位之重，实力之强。但是，战国后期，齐国由于独吞宋国，导致五国伐齐，从而元气大伤，齐国曾经的辉煌已经不再。齐国晚期虽然实力衰落，但尚有上千里土地，数十万雄兵，面临秦国进攻的时候，齐国没有任何抵抗就投降了。这究竟是为什么呢？

顶层设计很重要

齐国灭亡，有两个重要原因：一是国策失误，二是政治腐败。

先说国策失误。

齐国的国策失误并非仅仅在后期，齐国中期的国策就曾有过重大失误。

齐湣王初年，齐国的国力还相当强大。但是，此时的齐湣王对灭宋已按捺不住。宋国濒临齐国，都城在睢阳（今河南商丘市），如果攻占了宋国，齐国的领土将会大大增加。宋国此时的国君宋康王偃，暴虐无道，人称“桀宋”。“桀”是暴虐之君的谥号，可见当时宋国百姓对宋康王极端不满。

秦国使者苏代为了削弱秦国的主要对手齐国，竭力怂恿齐湣王灭宋。齐湣王听信了苏代的蛊惑，对灭宋更是充满了渴望。于是，齐国寻找时机，趁五国攻秦之际，独灭宋国。

齐国的灭宋引发了诸侯各国的不满。这时，苏代又来到齐国的世仇燕国，对燕昭王说：齐湣王南攻楚国五年，耗尽了齐国的储备。西与秦战三年，民力用尽，军队疲敝。苏代的目的无非是想激发燕昭王伐齐的欲望，实际上不用秦国离间燕昭王，此时的燕昭王也要报齐亡燕之仇了，加上苏代的游说，燕昭王更希望借此机会伐齐灭齐。苏代有关齐国国力困乏的游说立刻起到了催化剂的作用。

齐湣王只考虑灭宋之后的既得利益和疆域扩展，没有充分考虑灭宋后可能带来的种种后果。战国中后期，天下统一大势渐趋明晰，各国都不愿意看到某一国家特别强大，以至于发展成为灭亡六国统一天下的诸侯国，合纵连横的策略即是在这种情况下形成的。合纵连横主要是针对秦国，因为秦国对六国的威胁最大。但是，合纵连横并非仅仅针对秦国，任何一个诸侯国一旦威胁到他国，都有可能会成为各国共同的敌人。在这样的国际环境中，齐湣王触犯了这条大忌，齐国灭宋引发了各国之间力量新的不平衡，由此导致新一轮的对抗。

齐之伐宋也，苏代实启之。秦之救宋也，苏代复止之。盖苏代为燕反间，骄其君，劳其民，而速其亡也。——《大事记》

齐湣王趁五国伐秦之机灭宋的军事活动，恰恰给燕国带来了联合伐齐雪耻的借口。所以，从齐湣王灭宋开始，齐国就成为各国诸侯讨伐的对象。秦国想借机打击齐国，燕国也想借机报灭国之仇，三晋（韩、赵、魏）对齐湣王独吞宋国也心怀不满。总之，齐湣王灭宋使齐国成为众矢之的。齐湣王利用齐威王、齐宣王积累的强大国力，肆意用兵，招致五国伐齐，兵败身亡，使齐国一落千丈，再也恢复不到五国伐齐之前的国力。齐国的最后灭亡已基本成为定局。

国策是一国的顶层设计，与国家命运关系甚大。齐湣王妄自尊大，擅用武力，导致齐国亡国五年。

齐湣王之后，齐襄王有心恢复齐国往日荣光，却无力回天。君王后、齐王建接受齐湣王的教训，反其道而行之，事秦而不顾天下。齐湣王是滥用武力，齐襄王、齐王建则是坚决不用武力，连保家卫国的武备也不修整，导致齐国大而弥弱，成了一个空架子。

齐国后期奉行的国策叫“事秦谨，与诸侯信”。什么叫“事秦谨”，就是恭恭敬敬地对待秦国，不和秦国打仗，而制定和执行这个国策的人叫君王后，君王后是一个女人，她比吕后专政要早得多，她执掌齐国国政十几年，但是后人很少提到这个人，实际上这个人还是值得一提，君王后是谁？她是从哪儿来的？

我们在“秦灭燕国”一章中讲到，公元前284年，秦、韩、赵、魏、燕五国联手伐齐。在五国伐齐之战中，齐湣王被杀。落地的凤凰不如鸡，齐湣王死后，齐湣王的儿子法章为了活命，流落到民间，改名换姓，在一位莒大夫（莒地封君）家中当用人。这位莒大夫有一位千金小姐，颇具慧眼，她一眼就看出这个用人气度不凡，绝不是普通人。

于是，出于爱心，小姐经常偷偷地拿好东西给落难的公子吃，拿好衣服让公子穿，公子落难，小姐竟出手相救，公子法章自然非常感谢小姐。这位小姐不但从生活上照顾公子法章，而且还以身相许。公子法章和莒大夫小姐的关系自然日益密切。可见，中国古代小说中大量的落难公子与千金小姐的姻缘，也不全是文人一厢情愿的凭空捏造。

齐湣王被杀之后，整个齐国只有莒和即墨两地还被齐国军民坚守着。逃亡的齐国大臣和莒人都到处寻找齐湣王的公子，想立其为齐王。公子法章知道了这件事，但出于担心，他一直不敢承认自己的身份。不过，他一直在关注着这件事的进展，后来，公子法章知道齐国大臣是真心在找他，而不是要加害于他，他才站出来，说明自己就是已故齐湣王的儿子。齐国的大臣经过考察，确认他就是齐湣王的合法继承人。于是，大家共同拥立他做了齐王，即齐襄王。

久之，乃敢自言『我湣王子也』。——《史记·田敬仲完世家》

公子法章当了齐王，莒大夫的千金自然是一步登天，内心甭提多高兴了，齐襄王于是立她为王后，这就是齐国历史上非常有名的君王后。这位王后还生了一个儿子田建。小姐虽然贵为王后，但是君王后的父亲却非常恼怒，他认为：不经过媒人而自由恋爱，不是我的孩子应该做的，玷污了我家的门风，于是，终生不见贵为王后的女儿。不管父亲认与不认，君王后还是齐襄王

太史敫曰：『女不取媒因自嫁，非吾种也，污吾世。』终身不睹君王后。——《史记·田敬仲完世家》

的王后。她对父亲的拒不相认深表理解，而且不曾因为父亲不见自己失了做女儿应有的礼数。她该怎么孝敬父母仍然怎么孝敬，所以，天下的人都夸君王后是个孝女。

齐襄王在莒待了五年，田单在即墨（今山东平度市）大破燕军，将燕军全部从齐国的土地上驱逐出境。田单复国成功后，立即派人迎接在莒地已继位五年的齐襄王进入齐国国都临淄。可是，齐襄王并不是一位长寿之君，仅仅当了十九年国君就一命呜呼了。齐襄王去世了，君王后的儿子田建名正言顺地继位，成为齐国最后一位国君。

《战国策 · 齐策六》记录了这么一则故事：秦昭襄王曾经派使者给君王后送了一副玉连环，并对君王后说：齐国有很多智商很高的人，不知道能否解开这个玉连环。玉连环到底是什么，文献记载不详，但它应当是一种益智玩具，解开玉连环应当用智慧和耐心。但是，君王后看了看玉连环，立即令人拿来一把铁锤，一锤下去，玉连环被砸得粉碎。君王后看着砸碎的玉连环，笑着对秦使说：解开了。秦昭襄王送玉连环，目的大概是要羞辱君王后，但是，君王后却以锤解题。可见，君王后是一个有智慧、有魄力的女主。

君王后引椎椎破之，谢秦使曰：『谨以解矣。』——《战国策 · 齐策六》

齐王建十六年（前249），君王后病逝。临终之前，她对齐王建说：大臣中有一人你可以重用。齐王建赶快说：请母后把话写下来。君王后说：好。等齐王建准备好了笔和简牍，君王后说：我忘了。这位执掌齐国国政长达十五年的女主临终之前为什么欲言又止，史书无载。

其实，君王后这么一位聪明的女主肯定不会忘掉哪个大臣可堪大任，她之所以最终决定不说出这位大臣的姓名，无非是不想让齐王建重用这位大臣。因为君王后有私心。什么私心呢？君王后死后，君王后的弟弟后胜为相，掌握了齐国的实权。君王后之所以最终不说可以重用的大臣，就是因为她预料到了她死后她的弟弟后胜会专掌齐国国政，她不愿意毁掉她弟弟的前程。

君王后慧眼识人，不仅看出落难公子非寻常之人，还看出大臣中可堪重用者是谁；在“玉连环事件”中又表现出她的果敢机智，但是，君王后私心太重。国家大政只能由最有才能而又有忠心的大臣掌管，而她却出于私心，把权力移交给了她的弟弟。同样，在处理六国之间错综复杂的关系时，她的局限再次暴露无遗。君王后的眼界也仅限于此，在秦国统一天下的大势中，她不知道齐国应当怎样做才能最大限度地保护自己的利益。

齐王建三年（前262），秦、赵长平之战爆发。

当时，齐、楚两国都要救援赵国。秦国盘算，齐、楚如果是真心援赵，我们就必须退兵。如果他们不是真心救赵，我们就和赵国做生死决战。长平之战打了三年，赵国军粮匮乏，向齐国请求援助，齐王建坐视不

及君王后病且卒，诫建曰：『群臣之可用者某。』建曰：『请书之！』君王后曰：『善。』取笔牍受言，君王后曰：『老妇已亡矣。』——《战国策·齐策六》

救。有人对齐王建说：应当援助赵国，使秦国退兵，如果我们不援赵，秦兵不退，秦国一旦得逞，齐、楚两国就危险了。对齐、楚来说，赵国是屏障啊！赵国援齐是保护自己的嘴唇，唇亡齿寒。今天赵国灭亡，明天就该齐、楚灭亡了。救赵是义举，退秦显威名。仗义救亡，扬威退秦，这种事不做，还能做什么？但是，齐王建不听，结果赵国大败于长平。

王建立六年，秦攻赵，齐楚救之。秦计曰：『齐楚救赵，亲则退兵，不亲遂攻之。』赵无食，请粟于齐，齐不听。周子曰：『不如听之以退秦兵，不听则秦兵不却，是秦之计中而齐楚之计过也。且赵之于齐楚，扞蔽也，犹齿之有唇也，唇亡则齿寒。今日亡赵，明日患及齐楚。且救赵之务，宜若奉漏瓮沃焦釜也。夫救赵，高义也；却秦兵，显名也。义救亡国，威却强秦之兵，不务为此而务爱粟，为国计者过矣。』齐王弗听。——《史记·田敬仲完世家》

长平之战爆发时，在齐国执掌大权的是君王后。君王后对秦国采取的策略是“事秦谨，与诸侯信”。但是，君王后“事秦谨”是真，“与诸侯信”则是假。因为君王后历经秦昭襄王、秦孝文王、秦庄襄王三代秦国国君，这正是秦国逐渐称雄天下之际，秦国不断地对六国发动战争。如果君王后“事秦谨”，那么她就不可能对其他诸侯“信”。“与诸侯信”必然会激怒秦，怎么再“事秦谨”？因为“事秦谨”和“与诸侯信”二者本身就是相互矛盾的。在这对矛盾中，君王后选择的只能是“事秦谨”。长平之战时，齐国拒绝向赵国提供粮食即是明证。

齐王建毫无政治能力，他即位后，齐国大权都掌握在相国后胜手中，后胜非常贪婪。秦国对齐国现状了如指掌，对贪婪的后胜大肆行贿。秦国不计成本，不仅对后胜大肆行贿，而且对后胜的门客也大肆行贿。接受秦国大量金钱的后胜和他的门客们，都劝齐王建不要准备和秦国开战，不要帮助其他五国。齐王建整天处在这么一批人的包围之中，既不准备时刻应对秦国的军事进攻，又不帮助五国抗秦。

君王后死，后胜相齐，多受秦间金，多使宾客入秦，秦又多予金，客皆为反间，劝王去从朝秦，不修攻战之备，不助五国攻秦。——《史记·田敬仲完世家》

在一帮投降派的极力怂恿下，齐王建甚至想去朝见秦王。这件事被一位雍门司马知道了，他问齐王建：大家拥立你当齐王，是为了江山社稷呢，还是只为了立王呢？齐王建听后回答：当然是为了江山社稷。这位官员继续发问：既然是为了江山社稷，为什么大王要离开自己的国家而去秦国呢？齐王建听了这句话，立即掉转车头返回齐国。

齐王建入朝于秦，雍门司马前曰：『所为立王者，为社稷邪？为立王王邪？』王曰：『为社稷。』司马曰：『为社稷立王，王何以去社稷而入秦？』齐王还车而反。——《战国策·齐策六》

齐王建虽然在臣子的劝说下放弃去秦国朝拜秦王，但是，齐王建的国策并没变，仍然是明哲自保、事奉秦国。即墨大夫听说齐王建听从了雍门司马的劝告不去秦国了，以为齐王建的国策发生了变化，非常兴奋，立即求见齐王建。他对齐王建说：齐地有数千里之广，雄兵数十万之多。韩、赵、魏虽然已经亡国，但是，不愿亡国的三晋大夫还有数百人聚集在齐地，如果大王给他们十万军队，他们就可以收复韩、赵、魏三国的故地。楚国虽然亡国，但是，不甘于亡国的楚国大夫聚集在齐地的也有数百人，假如大王给他们十万军队，他们也可以收复楚地。如果韩、赵、魏、楚各国纷纷复国，齐国的势力立即可以强大起来。我们齐国就可以灭了秦国。

即墨大夫的话显然有夸张的成分，但是，这是一位齐国官员在秦兵压境的情况下不愿亡国的义举。当然，齐王建也不会听从即墨大夫的这番话。

从君王后开始，齐国一直奉行“事秦谨”的国策。“事秦谨”，说白了就是不和秦国对抗。君王后与齐王建为什么要采取这种国策呢？

首先，不愿得罪秦国。与齐国“事秦谨”国策相匹配的是秦国的“远交近攻”。范雎入秦之后，秦国开始实行“远交近攻”的国策。齐国和秦国并不搭界，自然成为秦国的“远交”之国。“远交”的好处是不受秦国攻击，但是，“远交”的代价是三晋受到“近攻”。当三晋在秦国连年蚕食下苦苦挣扎时，齐国和秦国却相安无事。但表面上的安宁实际上是付出了高昂的代价的。当三晋灭亡后，这个代价立刻就显露出来。秦国的“远交”是有条件的，这个条件就是齐国不要援助三晋，让秦国放手削弱三晋，灭亡三晋，但是，到三晋真正灭亡之日，齐国末日也就来临了。

其次，秦国金钱战略的影响。齐国“事秦谨”的国策能够执行数十年之久有一个重要原因是，即秦国用重金收买权臣后胜和他的门客，这些拿了秦国重金的蛀虫当然主张“事秦谨”。这样，秦国的金钱贿赂了齐国权臣，误导了齐王建。秦国用于贿赂齐国

即墨大夫与雍门司马谏而听之，则以为可为谋，即入见齐王曰：『齐地方数千里，带甲数百万。夫三晋大夫皆不便秦，而在阿、鄄之间者百数，王收而与之百万之众，使收三晋之故地，即临晋之关可以入矣。鄢、郢大夫不欲为秦，而在城南下者百数，王收而与之百万之师，使收楚故地，即武关可以入矣。如此，则齐威可立，秦国可亡。』——《战国策・齐策六》

的这点金钱与得到一个偌大的齐国相比是微不足道的，但是却让后胜及其党羽出卖了齐国。

最后，五国伐齐的误导。公元前284年，五国伐齐，赵国是参与国之一，齐国对此耿耿于怀，而且汲取了教训。五国既然可以联手灭齐，齐国凭什么还管三晋之事？齐王建不懂，五国伐齐后，齐国虽然复国了，但是，齐国的实力已大不如前。此时只有赵国以一国之力在抵抗秦国的东进，如果赵国再惨败于秦，秦国的东进就无人可挡了。唇亡齿寒，齐王建不救赵只能说明齐王建和执政的君王后完全不顾大局。长平之战由于赵国指挥失误，加之军粮严重不足，最终导致四十五万大军全军覆灭。从此，齐国再也不能安享赵国抗秦所带来的短暂安宁与和平了。

齐王建的“事秦谨”可以说是到了愚蠢的地步。秦国灭了五国后，兵临齐境，齐王建还幻想当一个五百里地的封君。由于心存这种幻想，所以，他到死都不愿抵抗。

腐败亡国

齐国灭亡的第二个原因是政治腐败。

齐国和三晋不同。三晋独立后，都谋求改革，赵武灵王的胡服骑射，魏文侯的李悝变法，韩国的申不害变法，都是为了图强，“活下来”成为三晋变法图存的最现实的目的。三晋分封为诸侯后，都处在激烈的争斗中，韩、赵、魏三家本身就是晋国六卿之中相互斗争的胜出者，而且，韩、赵、魏三国都没有齐国广袤的国土和优越的自然条件，这些因素促使韩、赵、魏三国希望通过变法图强获得生存。秦国地处西陲，不受中原诸国重视，只有变法图强，才能东进中原。生存的艰难使七雄之中的韩、赵、魏、秦相继变法，唯独齐国，历史悠久，地大物博，生存条件的优越使齐国毫无忧患意识。所以，齐国尽管有名相、名将，有雄才大略的君王，但是，没有秦国奖励军功的军功爵制，齐国不能用制度保障立功者的利益。即使在五国伐齐后，齐国重新复国，仍然不思进取。君王后和齐王建更是把政治的腐败推向极致。后胜专权，受金误国，这样的政治局面怎么可能应对秦国？

秦王赵政灭齐是统一战争中的经典战例：不战而屈人之兵。尚有数十万雄兵的齐王建不战而降，使秦王赵政完成了历史赋予他的使命——统一天下。齐国军事家孙武写过一部著名的兵书《孙子兵法》，该书《谋攻》篇有句名言："不战而屈人之兵，善之善者也。"齐国以自己的灭亡印证了这句名言，真是莫大的历史讽刺。

至此，我们讲完了秦王赵政统一天下的过程。这个过程可以用一句话来概括：势如破竹。"秦王扫六合""诸侯尽西来""六王毕，四海一"的局面终于形成。秦王赵政统一天下为什么如此顺利呢？赵政又该如何来治理统一后的国家呢？

请看：股肱之臣。